民航旅客运输

主 编 郭 沙 汤 黎
副主编 张桥艳 刘亚玲

重庆大学出版社

图书在版编目（CIP）数据

民航旅客运输 / 郭沙,汤黎主编.—重庆:重庆
大学出版社,2017.2(2021.1 重印)
高职航空服务类系列教材
ISBN 978-7-5689-0068-3

Ⅰ.①民… Ⅱ.①郭…②汤… Ⅲ.①民用航空—旅
客运输—高等职业教育—教材 Ⅳ.①F560.83

中国版本图书馆 CIP 数据核字(2016)第 234298 号

民航旅客运输

郭 沙 汤 黎 主编
策划编辑:雷少波 唐启秀 陈 曦
责任编辑:陈 力 版式设计:陈 曦
责任校对:张红梅 责任印制:张 策

*

重庆大学出版社出版发行
出版人:饶帮华
社址:重庆市沙坪坝区大学城西路 21 号
邮编:401331
电话:(023) 88617190 88617185(中小学)
传真:(023) 88617186 88617166
网址:http://www.cqup.com.cn
邮箱:fxk@ cqup.com.cn(营销中心)
全国新华书店经销
重庆升光电力印务有限公司印刷

*

开本:787mm×1092mm 1/16 印张:15.75 字数:334千
2017 年 2 月第 1 版 2021 年 1 月第 3 次印刷
印数:5 001—7 000
ISBN 978-7-5689-0068-3 定价:49.00 元

出版说明

这套教材的开发是基于两个大的时代背景:一是职业教育的持续升温;二是民航业的蓬勃发展。

2014年6月23至24日,全国职业教育工作会议在北京召开,习近平主席就加快职业教育发展作出重要指示。他强调,要牢牢把握服务发展、促进就业的办学方向,坚持产教融合、校企合作,坚持工学结合、知行合一,引导社会各界特别是行业企业积极支持职业教育,努力建设中国特色职业教育体系。这是对职业教育的殷切期望,也为我们的教材编写提供了信心和要求。

民航业的发展态势非常好,到2020年,伴随中国全面建成小康社会,民航强国将初步成形。到2030年,中国将全面建成安全、高效、优质、绿色的现代化民用航空体系,实现从民航大国到民航强国的历史性转变,成为引领世界民航发展的国家。民航业井喷式的发展必然导致对航空服务类人才产生极大的需求。而据各大航空公司提供的数据来看,航空服务类人才的缺口非常大。

在这样两个前提下,我们用半年多的时间充分调研了十多所航空服务类的高职院校,向各位老师详细了解了这个专业的教学、教材使用、招生及就业方面的情况;同时,将最近几年出版的相关教材买回来认真研读,并对其中的优势和不足作了充分的讨论,初步拟定了这套教材的内容和特点;然后邀请相关专家到出版社来讨论这个设想,最终形成了教材的编写思路、体例设计等。

本系列教材坚持本土创作和港台相关教材译介并行。首批开发的教材有《航空概论》《民航旅客运输》《民航货物运输》《民航服务礼仪》《民航客舱服务》《民航客舱沟通》《民用航空法规》《民航服务英语》《民航地勤服务》《民航服务心理学》《职业形象塑造》《形象塑造实训手册》《值机系统操作基础教程》等。

 CHUBAN SHUOMING

　　本套教材具备如下特点:1)紧跟时代发展的脉络,对航空服务人员的素质和要求有充分的了解和表达;2)对职业教育的特点有深刻领会,并依据《教育部关于职业教育教材建设的若干意见》的精神组织编写;3)在全面分析现有航空服务类相关教材的基础上,与多位相关专业一线教师和行业专家进行了充分的交流,教材内容反映了最新的教学实践和最新的行业成果;4)本套教材既注重学生专业技能的培养,也注重职业素养的养成;5)教材突出"实用、好用"的原则,形式活泼、难易适中。

　　本套教材既能够作为高职航空服务类院校的专业教材使用,也可以作为一般培训机构和用人单位对员工进行培训的参考资料。

前　言

　　随着我国民航业的快速发展,民用航空运输市场对航空服务人才需求的迅速增加,空中乘务专业作为一门新兴专业,专业建设和课程改革也在不断地探索与发展。"安全第一,服务至上"是民航运输工作的重要指导思想,是其赖以生存和发展的基础。民航旅客运输是航空运输生产组织的一个重要组成部分,为便于空中乘务专业学生更有效、更有针对性地学习旅客运输相关知识,保障航空运输的安全、高效,进一步提高旅客服务及管理水平,我们编写了这本《民航旅客运输》教材。

　　本编写组秉承教材开发要在一定程度上与工作过程相联系的设计理念,按照企业实际工作任务的过程进行系统的教材开发,注重理论与实践相结合,遵循学生职业能力培养的基本规律,从旅客运输服务及管理的角度出发,阐述了旅客运输过程及一些突发事件的处理程序与方法,整合、序化知识内容,并逐步深入。

　　为使学生在掌握民航旅客运输相关知识的同时,更好地适应民航市场对旅客运输服务技能的实际要求,熟悉旅客运输服务与管理的实际情况,本书围绕旅客运输服务实例,根据不同单元内容的特点与重点,引入了大量的现实案例与资料链接,使教材内容更加丰富、生动、立体、易于掌握,激发学生的自主学习、分析与思考。

　　本书由郭沙、汤黎主编,张桥艳、刘亚玲为副主编。本书的编写任务分工是:第一、八、十部分由郭沙编写,第三、六、九部分由汤黎编写,第四、五部分由张桥艳编写,第二、七部分由刘亚玲编写,郭沙负责全书的统稿工作。

 .... **QIAN YAN**

　　本书在编写过程中得到了武汉职业技术学院、桂林航天工业学院、武汉商学院的大力支持和帮助,在此表示衷心感谢! 由于教材编写时间紧,水平有限,在撰写过程中难免有所疏漏,不足之处在所难免,恳请各位专家、教师及业内外人士不吝赐教,提出宝贵意见,在此致以诚挚的谢意!

编　者

2016 年 12 月

CONTENTS

第一部分

民用航空运输概述

【知识目标】 了解世界及中国民用航空运输业的发展及不同
历史阶段的特点；
了解运输业的性质、特征及民用航空运输相比
与其他交通运输方式的显著特点与作用；
理解民用航空运输管理体系结构。

【能力目标】 理解并关注民航业未来发展趋势；
对民用航空运输系统建立初步的认识。

【案例导入】

中国国际航空公司与德国汉莎航空公司都是星空联盟（Star Alliance）成员航空公司。2014年7月两家宣布成立合资企业并签订谅解备忘录，两家的合作将覆盖欧洲—中国35%的航线和84%德国—中国航线。对于汉莎航空来说，与国航的合作将加强其日本和北美的市场，这是国航首次的长航线合资经营。

两家航空公司于2000年在德国和中国间开展代码共享合作，当初只限于法兰克福/北京/上海：国航每周9个航班，汉莎航空每周13班。时至今日，汉莎已成为国航最大的长线代码共享合作伙伴，其包括汉莎每周36班/国航每周27班德国—中国航班。此外，代码共享还涵盖汉莎在欧洲和国航在中国的短程航线。

2014年上半年，汉莎集团有1 500个欧洲—中国航班：飞往北京和上海航班可用座公里数占87%～89%；而国航分别从欧洲13个城市飞往中国，且大部分集中在北京。国航38%欧洲航班是从德国始发：法兰克福占23%，54%是从汉莎集团其他枢纽始发。

【案例解析】

民用航空运输联盟化发展趋势以及中国由民航大国向民航强国的转化，将有助于联盟框架下的合作经营，减少合作伙伴之间的不平衡并能更好地提升航班衔接和服务。

在本案例中，国航和汉莎航空的合作经营，使彼此枢纽航班的连接更为顺畅，将使航空公司享有欧洲—中国航线最大的份额。

第一单元 》》》》》》》》
民用航空运输业的发展

一、世界民航运输业的发展

升空飞行是人类古老且美好的愿望之一。千百年来，中国及其他国家和地区流传着许许多多有关飞行的美妙神话和动人传说。由于科学技术发展的限制，飞行的探索直到近代一直处于盲目冒险和无尽幻想的阶段。在人们认识到简单模仿鸟类的扑翼飞行方式并不能使人升空之后，在近乎偶然的情况下，人们开始转向轻于空气的航空器的研制。

人类探索航空的过程是很漫长的，1783 年 11 月，法国的罗齐尔和达尔朗德乘蒙特哥菲兄弟发明的热气球第一次升上天空，同年 12 月，法国的查尔斯和罗伯特首次乘氢气球升空，开创了人类航空的新时代。随后，德国人用气球运送邮件和乘客，开启了民用航空的序幕。1852 年 9 月，法国的季裴制成第一艘软式飞艇，这是可由人操控的有动力的飞行器。19 世纪是气球、飞艇等轻于空气的航空器主宰航空的时代，但无论在军用还是民用领域都不能代表真正航空时代的到来。

1903 年 12 月，美国的莱特兄弟发明的带动力装置的飞机第一次试飞成功，在 59 秒内飞行了 260 米，莱特兄弟制造的飞行者一号如图 1.1 所示。此后，在不到十年的时间内，飞机开始应用于航空运输中。

1909 年，法国人布莱里奥成功飞越英吉利海峡，开启了第一次国际飞行；1910 年 10 月，法国的费勃成功地解决了水上飞机的起降问题，并制成世界上第一架水上飞机；

图 1.1　飞行者一号

1910 年 11 月，美国莫尔豪斯貂皮公司委托飞行员菲利普·帕马利驾驶莱特 B 型双翼机，将一批丝织品从代顿运往哥伦布，完成了第一次航空货运；1911 年 2 月，英国皇家海军中校温德姆请法国飞行员亨利·佩凯驾驶法制"索默"双翼飞机携带 6 500 封信在印度运送，即进行了首次邮政飞行。1914—1918 年的第一次世界大战，极大推动了航空技术的发展，战争结束后，随着军事需要的骤然减少，才开始将飞机应用于民间的邮政及交通运输。

1919 年，德国开始了国内航空运输，同年，法国和英国开通了定期的空中服务，民用航空的历史正式开始，在此后 20 年间，民用航空迅速从欧洲发展到北美，并扩展到全球各地，中国也在 1920 年开始建立了第一条航线。

1939 年第二次世界大战爆发，各国倾全力将航空力量展现在军事活动上，战后航空技术的发展为中断了的民用航空恢复和快速发展奠定了基础，机场、航路等基础设施大量兴建，逐步形成了一个全球范围的航空网，喷射发动机的出现适时为民航客机喷射化奠定了基础。喷射机投入使用是民航技术的另一次跃升，不仅使民航飞机的速度提高，而且使飞行高度跨举到平流层，提升了安全性和舒适性。

最初使用涡轮喷射技术的民航机是 1950 年英国的 Viscount 子爵式客机，其安装了 4 具涡轮螺旋桨发动机，利用涡轮喷射原理转动螺旋桨，并不算是真正的喷射机。

运用于民航的第一种纯喷射客机是英国"彗星"式，翼根装有四具喷射发动机，1949 年由迪哈维兰公司设计，1952 年 5 月开始在伦敦—南非航线上使用。

1958 年美国波音 707 和 DC-8 进入航线，标志着民航进入全球化、大众化运输的时代，作为喷气式飞机的代表机种，波音 707 的速度可达到 900 ~ 1 000 千米/时，航程可达 12 000千米，乘客 158 人，民用航空极大地促进了全球交通运输的发展，使航空运输成为国内及国际交通运输的重要方式。

20 世纪 70 年代之后，民航运输业继续保持高速发展的态势，1970 年，波音 747 宽体客机投入航线是民航运输大型化的重要标志。现在，空客 A380 作为 550 座级超大型远程宽体客机的代表，在更大范围内采用了复合材料，引入了许多新的系统和工业技术，改进了气动性能、飞行系统和航空电子设备，使之为 21 世纪的第一个十年树立了标准，并于 2011年 10 月执行了中国大陆第一个载客飞行任务，空客 A380 如图 1.2 所示。

图 1.2 空客 A380

从 20 世纪初发明飞机至今已满百年，民航客机从最初只能载客 4 ~ 10 人发展到今天的400 ~ 500 人；速度从最初每小时几十千米到今天的 2 000 多千米，民航业已经成为一个大型的国际化产业，对世界经济或国家发展起着重要作用。

二、中国民航运输业的发展

（一）中国民航业的发展概况

新中国民航业迎着共和国的朝阳起飞，从无到有、从小到大、由弱到强，航空力量发展迅速，并且已经在国际市场上有相当的影响力。特别是改革开放 30 余年来，市场化改革循序渐进，促使我国民航业在航空运输、通用航空、机队规模、机群更新、机场建设、航线布局、法规建设、航行保障、飞行安全、人才培训以及运输保障等方面实现了持续快速的发展，取得了举世瞩目的伟大成就。

从 2005 年开始，我国航空运输总周转量排名世界第二，并连续保持这一位置，2009 年，全行业完成运输总周转量、旅客运输量和货邮运输量为 427.1 亿吨公里、2.3 亿人和 445.5 万吨，与 1978 年相比，年平均增长率分别为 17.4%、16% 和 14.7%，共有民用运输机场（含军民合用机场）166 个。运输机队规模迅速扩大，从 2005 年年底的 863 架增至 2009 年的 1 417 架，2009 年年底，通用航空企业已有 99 家，飞机近 1 000 架，完成作业飞行 12.6 万小时，比 2008 年增长 13.5%。

截至 2010 年年底，全行业共有运输飞机 1 604 架，比 2005 年净增 741 架。通用航空机队翻番，2010 年年末达到 1 000 架。5 年累计实现利润 557 亿元，与"十五"相比，增长 4.6 倍。"十一五"全国共新增机场 33 个，改扩建机场 33 个，"十一五"年均增幅为 13.4%。通用航空增长加速，到 2010 年年底全国颁证运输机场达到 175 个，覆盖了全国 91% 的经济总量、76% 的人口和 70% 的县级行政单位。2010 年中国民航全行业完成运输总周转量、旅客运输量和货邮运输量分别达 536 亿吨公里、2.67 亿人次和 557 万吨，分别增长 25.6%、15.8% 和 25.1%。首都机场旅客首次超过 7 000 万人次，全国旅客吞吐量超过 1 000 万人次的机场达 16 个。2010 年全行业完成营业收入 4 115 亿元、利润总额 437 亿元，分别同比增长 37.2% 和 300%，其中，航空公司实现利润总额 350 亿元，增长 5 倍。

各类统计数字揭示了中国民航快速发展的轨迹，中国已成为当今世界名副其实的航空运输大国，在中国经济社会发展和世界民航业的进程中，扮演着越来越重要的角色。

总体来看，中国民航业在较长时间内仍处于成长期，目前航空运输经济方面还有不少薄弱环节，在数量和质量上都还不能充分适应改革开放和经济社会发展的需要，同民航发达国家相比存在诸多差距，使得航空运输发展尚不能很好地适应我国全面建设小康社会的需要，不能很好地适应世界航空运输发展的趋势。因此，在发展民航业的道路上，我们还要向发达国家学习先进的技术，以更好地促进我国民航事业发展，为祖国蓝天事业谱写壮丽的篇章。

（二）中国民航业发展的四个阶段

中国民航业的发展主要经历了四个阶段，1949 年 11 月 2 日中国民用航空局的成立，揭

开了我国民航事业发展的新篇章。

（1）第一阶段（1949—1978年）

1949年11月2日，中共中央政治局会议决定，在人民革命军事委员会下设民用航空局，受空军指导。11月9日，中国航空公司、中央航空公司总经理刘敬宜、陈卓琳率两公司在香港地区员工光荣起义，并率领12架飞机回到北京、天津，为新中国民航建设提供了一定的物质和技术力量。1950年，新中国民航初创时，仅有30多架小型飞机，年旅客运输量仅1万人，运输周转量仅157万吨公里。

1958年2月27日，国务院通知：中国民用航空局自本日起划归交通部领导。1958年3月19日，国务院通知：全国人大常委会第95次会议批准国务院将中国民用航空局改为交通部部属局。

1960年11月17日，经国务院编制委员会讨论原则通过，决定中国民用航空局改为"交通部民用航空总局"。为部属一级管理全国民用航空事业的综合性总局，负责经营管理运输航空和专业航空，直接领导地区民用航空管理局的工作。

1962年4月13日，第二届全国人民代表大会常务委员会第53次会议决定民航局名称改为"中国民用航空总局"。4月15日，中央决定将民用航空总局由交通部属直属改为国务院直属局，其业务工作、党政工作、干部人事工作等均直接归空军负责管理。这一时期，民航由于领导体几经变化，航空运输发展受政治、经济影响较大，1978年航空旅客运输总量为231万人，运输周转量为3亿吨公里。

（2）第二阶段（1978—1987年）

1978年10月9日，邓小平同志指示民航要用经济观点管理。1980年2月14日，邓小平指出："民航一定要企业化。"同年3月5日，中国政府决定民航脱离军队建制，把中国民航局从隶属于空军改为国务院直属机构，实行企业化管理。这期间中国民航局是政企合一，既是主管民航事务的政府部门，又是以"中国民航（CAAC）"名义直接经营航空运输、通用航空业务的全国性企业。下设北京、上海、广州、成都、兰州、沈阳6个地区管理局。1980年全民航局只有140架运输飞机，且多数是20世纪50年代或40年代生产制造的苏式伊尔14、里二型飞机，载客量为20~40人，载客量100人以上的中大型飞机只有17架，机场只有79个。1980年，我国民航全年旅客运输量仅343万人。全年运输周转量4.29亿吨公里，居新加坡、印度、菲律宾、印度尼西亚等国之后，列世界民航第35位。

（3）第三阶段（1987—2002年）

1987年，中国政府决定对民航业进行以航空公司与机场分设为特征的体制改革。主要内容是将原民航北京、上海、广州、西安、成都、沈阳6个地区管理局的航空运输和通用航空相关业务、资产和人员分离出来，组建了6个国家骨干航空公司，实行自主经营、自负盈亏、平等竞争。这6个国家骨干航空公司是：中国国际航空公司、中国东方航空公司、中国南方航空公司、中国西南航空公司、中国西北航空公司、中国北方航空公司。此外，以经营通用航空业务为主并兼营航空运输业务的中国通用航空公司于 1989 年 7 月成立。

在组建骨干航空公司的同时，建立六个地区管理局，如民航北京管理局、上海管理局、广州管理局、成都管理局、西安管理局和沈阳管理局，六个地区管理局既是管理地区民航事务的政府部门，又是企业、领导管理各民航省局和机场，如北京首都机场、上海虹桥机场、广州白云机场、成都双流机场、西安西关机场（现迁至咸阳，改为西安咸阳机场）和沈阳桃仙机场。

航空运输服务保障系统也按专业化分工的要求相应进行了改革。1990 年，在原民航各级供油部门的基础上组建了专门从事航空油料供应保障业务的中国航空油料总公司。该公司通过设在各机场的分支机构为航空公司提供油料供应。属于这类性质的单位还有从事航空器材（飞机、发动机等）进出口业务的中国航空器材公司；从事全国计算机机票销售系统管理与开发的计算机信息中心；为各航空公司提供航空运输国际结算服务的航空结算中心以及飞机维修公司、航空食品公司。

在这 20 多年中，我国民航运输周转量、旅客运输量和货物运输量年均增长分别达 18%、16% 和 16%，高出世界平均水平两倍多。2002 年，民航行业完成运输总周转量 165 亿吨公里、旅客运输量 8 594 万人、货邮运输量 202 万吨，国际排位进一步上升，成为令人瞩目的民航大国。

（4）第四阶段（2002 年至今）

2002 年 3 月，中国政府决定对中国民航业再次进行重组。主要内容如下所述。

①航空公司与服务保障企业的联合重组。民航总局直属航空公司及服务保障企业合并后于 2002 年 10 月 11 日正式挂牌成立，组成为六大集团公司，分别是：中国航空集团公司、东方航空集团公司、南方航空集团公司、中国民航信息集团公司、中国航空油料集团公司、中国航空器材进出口集团公司。成立后的集团公司与民航总局脱钩，交由中央管理。

②民航政府监督机构改革。民航总局下属 7 个地区管理局（华北地区管理局、东北地区管理局、华东地区管理局、中南地区管理局、西南地区管理局、西北地区管理局、新疆管理局）和 26 个省级安全监督管理办公室，对民航事务实行监督管理。

③2004 年 10 月 2 日，在国际民航组织第 35 届大会上，中国以高票首次当选该组织一类理事国。2008 年，我国内地共有通航机场 152 个，完成旅客吞吐量 4.06 亿人次，货邮吞吐量 883 万吨。

④2008 年，国际金融危机席卷全球，国际金融危机严重冲击着中国民航业，首先影响的就是国际航线，2008 年 1—11 月，中国民航业亏损 39.5 亿元人民币，航空公司亏损 70.7 亿元，中国民航运输总周转量、旅客运输量和货邮运输量增长率与上年相比生产效益大幅度下滑。航空公司经营困难加剧，有的公司已资不抵债。机场亏损面极大。行业内资金流动不畅，欠款现象增多。

⑤即通过中国民航全行业的齐心协力，中国民航平稳地应对了这场危机，中国民航迅速在航空安全、市场秩序、运力增长、基础设施、财经政策、节能减排等十个方面，果断采取措施，短期内即取得初步成效，国内航线市场迅速回暖。

⑥2013 年 3 月，十二届全国人大一次会议通过了《国务院机构改革和职能转变方案》，提出交通运输部统筹规划铁路、公路、水路、民航发展，加快推进综合交通运输体系建设。此次改革形成了由交通运输部负责管理国家铁路局、中国民用航空局、国家邮政局的交通运输大部门管理架构格局，初步建立起与综合交通运输体系相适应的大部门体制机制。

新建立的大交通部负责组织拟定综合交通运输战略、政策、法律法规草案、标准等职责以及组织编制综合交通运输体系规划和统筹衔接平衡铁路、公路、水路、民航和邮政规划方面的职能，促进了各种交通运输方式的有效衔接和服务一体化。

第二单元 〉〉〉〉〉〉〉〉〉
运输系统

一、运输系统概述

运输是人类社会发展和生产活动中不可缺少的一种生产活动，公共运输包括民航、铁路、公路、水运、管道等运输类型，从运输对象而言主要包括人员与货物运输两个方面，现代运输系统包括轨道交通系统、陆上交通、水上交通和空中交通。

航空运输用于运输的航空器主要是飞机，其次为直升机，航空运输是随着社会经济的发展和人民生活水平的提高而飞速发展的一种交通运输方式，在远距离、时效性方面具有区别于其他交通运输方式的显著优势。

二、运输业的性质、特征

（一）运输业的性质

运输业既是从事旅客和货物运输的物质生产部门，同时也是公共服务业，属于第三产业。由于运输生产活动是运输生产者使用劳动工具作用于劳动对象，改变劳动对象空间位置的过程，因此，实现劳动对象的空间位移成为运输的基本效用和功能，通过改变劳动对象的空间位置，使其价值和使用价值发生变化。"公共服务"强调运输业在运输活动中的服务性质，即运输业必须以服务作为前提向全社会提供运输产品。

（二）运输业的特征

相对于其他行业和部门来说，运输业有其明显的特征，如下所述。

①运输业是一个不产生新的实物形态产品的物质生产部门。运输产品是运输对象的空间位移，用旅客人公里和货物吨公里计量。运输业劳动对象既可以是物，也可以是人，且劳动对象不必为运输业所有。运输业参与社会总产品的生产和国民收入的创造，但却不增加社会产品实物总量。

②运输业的劳动对象。运输业的劳动对象是旅客和货物，运输业不改变劳动对象的属性或形态，只改变其空间位置。运输业提供的是一种运输服务，它对劳动对象只有生产权（运输权），不具有所有权。

③运输是社会生产过程在流通领域内的继续。产品完成了生产过程后，必然要从生产领域进入消费领域，这就需要运输。产品只有完成这个运动过程，才能变成消费品，运输与流通是紧密相连的，是社会生产过程在流通领域内的继续。

④运输生产和运输消费是同一过程。运输业的产品不能储存、不能调配，生产出来的产品如果不及时消费就会被浪费。运输产品的效用是和运输生产过程密不可分的，这种效用只能在生产过程中被消费，生产过程开始，消费过程也就开始，生产过程结束，消费过程也就结束。这一特点要求运输业一方面应留有足够的运输能力储备，以避免由于能力不足而影响消费者的需求，另一方面应对运输过程进行周密的规划和管理，因为运输过程出现的任何差错都无法通过对运输产品的"修复"而使消费者免受侵害或影响。

⑤运输业具有"网络型产业"的特征。运输业的生产具有"网络型产业"特征，它的场所遍及广阔空间。运输业的网络性生产特征决定了运输业内部各个环节以及各种运输方式相互间密切协调的重要性。

⑥运输业的资本结构有其特殊性。运输业的固定资本比重大，流动资本比重小，资本的周转速度相对较慢。

第三单元 »»»»»»»»
民用航空运输的特点与作用

一、现代交通运输方式

（一）概念

现代交通运输方式主要有公路运输、水路运输、铁路运输、航空运输，未来可能要发展的是航天运输。

（二）民用航空

民用航空是指利用各类民用航空器从事除执行军事、海关和警察任务以外的民用航空飞行活动，包括民用航空运输和通用航空。

民用航空运输是指在国内和国际航线上以营利为目的而使用大、中型客机、货机和支线飞机以及直升机从事定期和不定期飞行运送旅客、行李、货物、邮件的运输。民用航空运输习惯上称为航空运输或简称空运，它是航空运输、铁路运输、水路运输、公路运输和管路运输五种主要现代化运输方式之一，是民用航空的主要部分。

通用航空是指利用民用航空器从事为工业、农业、林业、牧业、渔业生产和国家建设服务的作业飞行，以及从事医疗卫生、抢险救灾、海洋及环境检测、科学实验、教育训练、文化体育、旅游等项飞行活动。通用航空涉及了国民经济的各个部门。

二、航空运输的特点

航空运输是现代最新科学技术及成果的综合应用，它是人类社会借助运输工具实现运输对象空间位置变化的有目的的活动，其主要特点如下所述。

（一）运送速度快

当今世界市场竞争十分激烈，行情瞬息万变，时间成本是企业需要考虑的重要因素，航空运输较高的运送速度已成为当前国际市场上商品竞争的有利因素。

速度快是航空运输最大的优势和主要的特点。涡轮螺旋桨和喷气式民用飞机的时速为 500～1 000 千米，比海轮快 20～30 倍、比火车快 5～10 倍。航空运输是世界上最快的一种交通工具。随着时代的进步，时间价值日益增大，利用航空运输节省时间，所创造的社会价值是难以估量的。由于现代社会对航空运输的需求与日俱增，从而使航空运输的发展速度居所有运输方式之首。

鲜活商品对时间的要求很高，航空运输的快速性可有效避免因运输延迟而使商品失去原有价值，采取航空运输可以保证商品新鲜成活，有利于开辟远距离的市场。对于季节性商品，航空运输能够保证在销售季节到来前应市，避免了由于错过季节导致商品无法销售而产生的费用。

（二）航线建立方式灵活

在两地之间只要有机场及必备的通信导航设备就可开辟航线，不受高山、大川、沙漠、海洋的阻隔。因此，运输距离相对其他交通运输方式更加方便，而且可根据客货运量大小和流向变化及时调整航线及机型。民用航空可以在短时间内完成政治、军事、经济上的紧急任务，例如抢险救灾、医疗急救、近海油田的后勤支援工作等。

（三）安全舒适

现代的民用航空飞机飞行高度高，不受低空气流的影响，飞行平稳舒适。20世纪70年代出现的宽体客机，客舱宽敞、噪声低，机内有娱乐餐饮设施，舒适程度大大提高。统计表明，航空运输的安全性高于铁路、海运，更高于公路运输。

随着航空技术的发展，以及维修技术和空中交通管制设施的改进，航空运输的安全性正在不断提高。

（四）破损率低，节省包装等费用

采用航空运输的货物本身价值较高，航空运输的地面操作流程环节比较严格，管理制度比较完善，这就使货物破损率降低，安全性较好。

航空运输速度快、商品在途时间短、交货速度快，可降低商品的库存数量、减少仓储费、保险费和利息支出等。另外，航空运输保管制度完善，货损货差较少，包装可相应地简化，降低了包装费用和保险费用。产品流通速度加快，也加快了资金周转速度。

（五）国际化

航空运输从一开始就具有国际化的特点。到了20世纪80年代，随着世界航空运输相互依赖和合作关系的发展以及多国航空公司的建立，航空运输国际化的特征就更加明显。国际化的目的要使任何一位旅客、一吨货物或邮件，能够随时从世界上任何一地，方便、安全、经济、可靠地被运送到另一地，这是航空运输对国际交往和人类文明的为其他运输方式不可替代的巨大贡献。

（六）准军事性

由于航空运输所具有的快速性和机动性，以及民航所拥有的机场、空地勤人员对军事交通运输的潜在作用，因而各国政府都视民航为准军事部门。一旦发生战争或紧急事件，

军事部门可依据有关条例征用设施和人员，直至民航完全受军事部门的指挥。

（七）不足之处

航空运输的不足主要有投资大、运量小、运费比较高、易受天气的影响等，飞机的载重量一般只有几百千克或几吨，即使大型的宽体波音747飞机，商务载重也仅80吨。同时，航空运输属资金和技术密集型行业，投资大，飞行的支出也大，因此，运营成本高，客货邮的运价贵。

三、航空运输的作用

（一）航空运输的作用概述

航空运输是一个对国民经济贡献极大的行业。根据国际民航执行组织（ATAG）的测算，航空运输对经济的贡献率为GDP的8%。作为航空运输重要基础设施的机场，它不仅是航空运输的起点和终点，更是现代城市重要的交通枢纽，承担着重要的社会公共服务职能。它对城市发展的贡献不仅在于发挥强大的运输功能，还表现为拉动和推动区域社会经济的发展。具体来看，航空运输的社会作用主要有下述几个方面。

第一，航空运输能够有效促进产业结构调整和社会就业。航空运输的快速发展，能够有效促进以现代服务业为主体的第三产业的快速发展，而第三产业的发展，既能加快区域产业结构的升级，实现经济转型，也能够有效促进社会就业与城市消费升级。

第二，航空运输可以改变区域经济的空间布局。围绕机场周边的土地开发，机场发展与城市功能相结合，工业、商业、物流业、高端服务业，以及居住区逐渐聚集和完善，使机场对区域经济的发展承担了重要的功能，对城市人口的地理分布、产业发展和布局都会产生重要影响。

第三，航空运输可以提高经济体系的运转效率。机场的投入使用与快速发展，将会加速形成区域内的立体交通网络，通过不同运输方式间的无缝隙连接，实现客货运输的一体化完整链条，提高区域经济社会体系的运转效率。

第四，航空运输可以保障区域经济的可持续发展。航空运输的域内聚集功能和域外辐射功能，使其既可以吸引更远地区的资金、技术、人才、信息等生产要素向区域内流入，也可以将区域内的经济能量向更远的地区扩散。

第五，航空运输的快速发展可以促进城市升级。航空运输的发展有助于加快区域旅游业的发展，加强本区域的对外合作与文化交流，促进人们思想观念的变化，提高当地人的生活品质，最终提升该区域在中国城市体系中的层级，实现城市结构转型。

第六，在军事方面，航空运输是远程兵力投送、后勤补给的重要手段，特别在一些重特大军事任务中，航空运输能力往往起到很重要的作用，航空运输在速度、距离、机动性、隐蔽性等方面独具优势，在特种作战中，航空运输是决定成败的重要方面。

（二）航空运输的主要生产指标

1. 航空运输量

航空运输量是指航空运输企业使用航空器承运的旅客、行李、邮件、货物的数量。它是反映航空运输企业业务量的主要指标。

旅客运输量是指航空运输企业承运的旅客数量，计算单位为人，成人和占座位的儿童均按一人计算，婴儿不计。

行李运输量是指航空运输企业承运的行李数量（不含手提行李），计算单位为吨。

邮件运输量是指航空运输企业承运的邮件数量（包括航空邮件、包裹等），计算单位为吨。

货物运输量是指航空运输企业承运的货物数量，计算单位为吨。

通常把行李运输量、邮件运输量、货物运输量之和称为货邮运输量。

2. 航空运输总周转量

航空运输总周转量是指航空运输企业使用航空器承运的旅客、行李、邮件、货物的数量与它们的运输距离乘积的总和，是反映航空运输企业生产成果的综合性指标之一。由旅客周转量、行李周转量、邮件周转量、货物周转量构成，计算单位是吨公里，其中：旅客周转量是航空运输企业承运的旅客数量与运输距离的乘积，通常用客公里或人公里表示。但为了计算运输总周转量，需将客公里换算成吨公里。

目前，中国国内航线的每位成人旅客重量按 72 千克计算，即国内航线的一个客公里换算为 0.072 吨公里。国际航线和地区航线上的每位成人旅客按 75 千克计算，即国际、地区航线上的一个客公里换算为 0.075 吨公里。

货物、行李、邮件周转量是航空器承运的货物、行李（不含旅客手提行李）、邮件（包括航空信件、包裹等）的重量与运输距离的乘积，习惯上有时将行李周转量、邮件周转量、货物周转量之和称为货邮周转量。

3. 航班客座利用率

航空器承运的旅客数量与航空器可提供的座位数之比简称为航班客座率或客座率，其反映航空器座位的利用程度，是航班效益的重要指标，其计算公式是：

$$航班客座率 = \frac{航班旅客数}{航班可提供座位数} \times 100\% \qquad (1.1)$$

或

$$航班客座率 = \frac{航班旅客数（万人公里）}{最大客公里} \times 100\% \qquad (1.2)$$

在公式（1.1）中，航班可提供的座位数不等于航空器所安装的座位数。因为有些座位要留给机组使用，或因飞机减载要减少的座位。

在公式（1.2）中，最大客公里是指航空器可提供的座位数与航空器飞行距离的乘积。

计算某一航段的客座率时，使用公式（1.1）比较方便。在计算多航段多航班的平均客座率时，应使用公式（1.2）。

4. 航班载运率

航空器执行航班飞行任务时的实际业务载量与可提供的最大业务（商务）载运能力（简称最大业载或最大商载）之比。其反映飞机载运能力的利用程度，是航班效益的重要指标，也是合理安排航班、调整航班密度的重要依据。其计算公式是：

$$航班载运率 = \frac{航班实际业载}{航班最大业载} \times 100\% \quad (1.3)$$

或

$$航班载运率 = \frac{总周转量}{最大周转量} \times 100\% \quad (1.4)$$

航空器可提供的最大业载是由航空器的最大起飞重量、最大着陆重量、基本重量、燃油重量、最大无燃油重量等计算出来的。而航空器的最大起飞重量、最大着陆重量又受到着陆时的气温、气压、跑道长度、净空条件等因素的影响。所以每次航班航空器可提供的最大业载是不同的，由运输业务部门计算后确定。计算某一航段的载运率时，使用公式（1.3）比较方便。在计算多航段、多航班平均载运率时，应使用公式（1.4）。其中，最大周转量是航空器可提供的最大业载与飞行距离的乘积。

5. 航班正常率

用百分率表示的正常运行航班数与计划航班数的比例关系，即正常运行航班数占计划航班数的百分比。其客观地反映一个航空运输企业的航班实施运行状况。航班正常率的高低与升降体现航空运输生产组织与管理的水平，是考核航空企业生产情况的重要指标之一。

造成航班不正常的因素，大致有下述五个方面。

（1）航空公司原因

因运力调配、飞机机械故障、机务维修、运输服务、空勤人员及车辆保障等原因而造成的不正常。

（2）民航保障原因

因跑道不能使用、航行管制、通信导航雷达、气象保障、油料供应及地面车辆保障等出现问题而造成的航班不正常。

（3）天气原因

由于航线或起降航站天气不适航，或天气原因临时更改航线需增减燃油装卸货物，而造成航班延误或取消。

（4）非民航保障原因

国家行政部门在机场派出机构的值班人员工作安排不当或过失造成航班延误或取消。这些部门包括海关、边防、安全检查及武装警卫等。

（5）其他原因

由于重要飞行、科学试验、敌情警报等原因，上级发出"禁航令"，以及由于空中交通流量限制而需实施流量控制，而致使航班延误或取消。

第四单元 »»»»»»»
民用航空运输管理体系与结构

一、国际民用航空运输管理机构

（一）国际民用航空组织

1. 组织概况

国际民用航空组织（民航组织）是联合国的一个专门机构，其前身为根据1919年《巴黎公约》成立的空中航行国际委员会（ICAO）。由于第二次世界大战对航空器技术发展起到了巨大的推动作用，使得世界上已经形成了一个包括客货运输在内的航线网络，但随之也引起了一系列亟须国际社会协商解决的政治上和技术上的问题。因此，在美国政府的邀请下，1944年11月为促进全世界民用航空安全、有序的发展而成立了国际民航组织。本次会议签订了《国际民用航空公约》（通称《芝加哥公约》），按照公约规定成立了临时国际民航组织（PICAO）。

1947年4月4日，《芝加哥公约》正式生效，国际民航组织也因此正式成立，并于5月6日召开了第一次大会。同年5月13日，国际民航组织正式成为联合国的一个专门机构。1947年12月31日，"空中航行国际委员会"终止，并将其资产转移给"国际民用航空组织"。

民航组织总部设在加拿大蒙特利尔，负责国际民航组织的主要工作是：制订国际航空安全标准，收集、审查、发布航空情报，也作为法庭解决成员国之间与国际民用航空有关的任何争端，防止不合理竞争造成经济浪费、增进飞行安全等。在成员国的合作下，该组织已逐步建立气象服务、交通管制、通信、无线电信标台、组织搜索和营救等飞行安全所需设施模式，是191个缔约国（截至2011年）在民航领域中开展合作的媒介。2013

年 9 月 28 日，中国在加拿大蒙特利尔召开的国际民航组织第 38 届大会上再次当选为一类理事国。

2. 组织机构

（1）大会

大会为最高权力机构，每三年举行一次，由全球成员国组成。每次会议由理事会召集选举主席和其他职员，审查理事会各项报告。根据会议决定，将其职权范围内的任何事务交给理事会、附属委员会或任何其他机构处理，赋予理事会为行使本组织职责所在地必需的或适宜的权力和职权，并可随时撤销或变更所赋予的职权，审议有关变更或修正本公约条款的提案，处理在本组织职权范围内未经明确指定归理事会处理的任何事项。

大会的日常工作是通过制订和修改《国际民航公约》的 18 个技术附件，以确定各国应采用的统一的民航技术业务标准，包括飞行程序、国际航路、空中交通管制、通信、气象、机务维修、适航、国际机场及设施等方面统一的国际标准；该组织还通过对各国航空运输政策和业务活动的调研（包括对各成员国航空协定进行登记汇集，统计运输业务数据，跟踪运力、运价市场变化等），并通过协调、简化机场联检手续等一系列活动，促进国际航空运输业务有效而经济地发展，力避不公平的竞争，管理在冰岛和丹麦设立的公海联营导航设施，充任联合国开发计划署向缔约国提供的民航技援项目的执行机构。

（2）理事会

理事会是向大会负责的常设机构，由 33 个理事国组成，理事会由每届大会选举产生，每年举行三次例会，理事会下设航空技术、航空运输、法律、联营导航设备、财务和制止非法干扰国际民航六个委员会。理事会的主要职责之一，是通过国际标准和建议的做法并作为附件将其纳入《国防民用航空公约》。

（3）秘书处

秘书处负责处理日常工作，设航空技术、航空运输、法律、技术合作和行政服务五个局，以及对外关系办公室等。1994 年 10 月 1 日，秘书处正式成立中文科。另外，该组织设西非和中非（达喀尔），南美（利马），北美、中美和加勒比（墨西哥城），中东（开罗），欧洲（巴黎），东非和南非（内罗毕），亚洲和太平洋（北京）七个地区办事处。

（二）国际航空运输协会

1. 组织概况

国际航空运输协会（IATA）是由各国航空公司于 1945 年成立的世界范围的非政府组织，其前身是国际航空业务协会（International Air Traffic Association）。1944 年 4 月，各国航空公司在哈瓦那审议了协会章程，58 家航空公司签署了文件。1945 年 10 月，国际航空运输协会第一届年会在加拿大蒙特利尔召开。

国际航空运输协会是世界航空运输企业自愿联合组成的非政府性的国际组织，目的在于促进安全、正常和经济的航空运输。

国际航空运输协会的活动主要分为行业协会活动、运价协调活动及行业服务。国际航空运输协会通过召开运输会议确定运价，在旅客票价和货物运费方面也采用一致的标准，如有争议，有关国家政府有最后决定的权力。为便于工作，协会将全球划分为三个区域，即一区——包括所有北美和南美大陆及与之毗连的岛屿，格陵兰、百慕大、西印度群岛和加勒比海群岛、夏威夷群岛（包括中途岛和帕尔迈拉）；二区——包括欧洲全部（包括俄罗斯联邦在欧洲的部分）和与之毗连的岛屿，冰岛、亚速尔群岛、非洲全部和与之毗连的岛屿、阿森松岛和地处伊朗西部并包括其在内的亚洲部分；三区——包括除二区已包括部分的亚洲全部和与之毗连的岛屿，东印度群岛的全部、澳大利亚、新西兰和与之毗连的岛屿，以及除一区所包括之外的所有的太平洋岛屿。

国际航空运输协会制订了一整套完整的标准和措施以便在客票、货运单和其他有关凭证以及对旅客、行李和货物的管理方面建立统一和程序，这也就是所谓的"运输服务"，主要包括旅客、货运、机场服务三个方面，也包括多边联运协议。

国际航空运输协会为航空公司与代理人之间的关系设置了模式，举行一系列培训代理人的课程，近年来随着自动化技术的应用发展制订了适用客、货销售的航空公司与代理人结算的"开账与结算系统"和"货运账目结算系统"。

国际航空运输协会对《芝加哥公约》附件的制订起到了重要的作用，目前在技术领域仍然进行着大量的工作，主要包括：航空电子和电信、工程环境、机场、航行、医学、简化手续以及航空保安等。1993年，中国国际航空、中国东方航空和中国南方航空公司正式加入了国际航空运输协会。此后，我国其他航空公司也相继加入了国际航空运输协会。

2. 组织机构

（1）全体会议

全体会议是国际航空运输协会的最高权力机构，每年举行一次会议，经执行委员会召集，也可随时召开特别会议。所有正式会员在决议中都拥有平等的一票表决权，如果不能参加，也可授权另一正式会员代表其出席会议并表决。全体会议的决定以多数票通过。在全体会议上，审议的问题只限于涉及国际航空运输协会本身的重大问题，如选举协会的主席和执行委员会委员、成立有关的委员会以及审议本组织的财政问题等。

（2）执行委员会

执行委员会是全会的代表机构，对外全权代表国际航空运输协会。执委会成员必须是正式会员的代表，任期分别为一年、二年和三年。执委会的职责，包括管理协会的财产、设置分支机构、制订协会的政策等。执委会的理事长是协会的最高行政和执行官员，在执委会的监督和授权下行使职责并对执委会负责。在一般情况下，执委会应在年会即全体会议之前召开，其他会议时间由执委会规定。执委会下设秘书长、专门委员会和内部办事机

构，维持协会的日常工作。目前执委会有 30 名成员。

（3）专门委员会

国际航空运输协会分为运输、财务、法律和技术委员会。各委员会由专家、区域代表及其他人员组成并报执委会和大会批准。目前运输委员会有 30 名成员，财务委员会有 25 名成员，技术委员会有 30 名成员，法律委员会有 30 名成员。

（4）分支机构

国际航空运输协会总部设在加拿大蒙特利尔，但主要机构还设在日内瓦、伦敦和新加坡。国际航空运输协会还在安曼、雅典、曼谷、达卡、香港、雅加达、吉达、吉隆坡、迈阿密、内罗毕、纽约、波多黎各、里约热内卢、圣地亚哥、华沙和华盛顿设有地区办事处。

（三）国际航空电信协会

国际航空电信协会 SITA 是一个专门承担国际航空公司通信和信息服务的合资性组织，1949 年 12 月 23 日由 11 家欧洲航空公司的代表在比利时的布鲁塞尔创立。

SITA 经营着世界上最大的专用电信网络，由 400 多条中高速相互连接 210 个通信中心组成。各航空公司的用户终端系统通过各种不同形式的集中器连接至 SITA 的网状干线网络。SITA 的网络由 4 个主要的系统构成，即数据交换和接口系统、用户接口系统、网络控制系统和取贮转发报系统。

此外，SITA 还建立并运行着两个数据处理中心。一个位于美国的亚特兰大的旅客信息处理中心，主要提供自动订座、离港控制、行李查询、航空运价和旅游信息。另一个设在伦敦的数据处理中心，主要提供货运、飞行计划处理和行政事务处理业务。

中国民航于 1980 年 5 月加入 SITA，中国国际航空公司、中国东方航空公司、中国南方航空公司都是 SITA 的会员。

二、中国民用航空运输管理机构

（一）组织概况

中国民用航空局简称 CAAC，是中华人民共和国国务院主管民用航空事业的国家局，归交通运输部管理。其前身为中国民用航空总局，在 1987 年以前曾承担中国民航的运营职能；2008 年 3 月，由国务院直属机构改制为部委管理的国家局，同时更名为中国民用航空局。

中国民用航空局的主要职责为：进行中国民航行业发展战略和中长期规划、与综合运输体系相关的专项规划建议，按规定拟订民航有关规划和年度计划并组织实施和监督检查；起草相关法律法规草案、规章草案、政策和标准，管理民航地区行政机构、直属公安机构和空中警察队伍，推进民航行业体制改革工作；承担民航飞行安全和地面安全监管责任、负责民航空中交通管理工作、承担民航空防安全监管责任、拟订民用航空器事故及事故征候标准，按规定调查处理民用航空器事故；负责民用机场的场址、总体规划、工程设计审批和使用许可管理工作；承担航空运输和通用航空市场监管责任；拟订民航行业价格、收费政策并监督实施，提出民航行业财税等政策建议；组织民航重大科技项目开发与应用，推进信息化建设；负责民航国际合作与外事工作，维护国家航空权益，开展与港澳台地区的交流与合作等。

（二）组织机构

中国民用航空局的内设机构主要有：综合司、发展计划司、国际司、航空器适航审定司、公安局、全国民航工会、航空安全办公室、运输司、飞行标准司、机场司、空管行业管理办公室、财务司、人事科教司、政策法规司、直属机关党委、党组纪检组及离退休干部局。其直属机构主要有中国民用航空华北地区管理局、东北地区管理局、中南地区管理局、华东地区管理局、西南地区管理局、西北地区管理局及新疆管理局；另外还包括中国民用航空局空中交通管理局、中国民用航空局机关服务局、中国民航科学技术研究院、中国民航大学等机构、科研院所及高校等。

三、航空公司管理体系结构

航空公司也称航空运输企业，是利用民用飞机为主要手段从事生产运输，为社会机构和公众提供服务并获取收入的企业。按经营业务的重点不同可划分为客运、货运及通用航空公司。其组织管理结构主要包括下述部分。

（一）决策层

航空公司决策层主要由董事长办公室及咨询委员会组成，负责公司经营战略、经营决策的研究管理，以提高决策的科学性、准确性及稳定性。

（二）执行层

执行层主要由四大系统及两大中心组成，四大系统包括运营系统、维修系统、市场系统和供应系统，两大中心是指基地管理中心和地区销售中心。

运营系统将日常航班生产经营体系中几乎涉及航班生产的各个部门全部纳入，以便切实提高运营效率及效果；维修系统是飞机维护系统，负责各类机型的维修维护、定检、大修，承担了航空公司委托代理的各种飞机维修；市场系统是航班销售与服务系统，负责航空运输市场的营销管理、广告管理及货运管理；供应系统是采购与配置系统，将除航材以外的采购、供应、配置活动集中统一管理。

基地管理中心和地区销售中心是遍及全国各地的分子公司管理系统及地区办事处系统，按重点地区进行划分管理，统一负责所辖地区的客货运输业务。

（三）职能层

职能层由四大总部组成，是总部的职能管理部门，包括行政总部、管理总部、技术总

部和人事总部，协助进行公司的经营管理。

四、民用机场管理体系结构

机场是可供飞机起飞、降落、滑行、停放的场地和有关的建筑物及设施的总称，机场可分为两大类：一类是军用机场，另一类是民用机场，有些则是既供军用又供民用的军民合用机场。

民航运输机场，除了飞行区外，还包括客货运输服务区，有的机场还包括机务维修区。飞行区是机场的主要组成部分，有跑道、滑行道和停机坪，以及各种保障飞行的设施，如无线电导航设施（包括仪表着陆系统、雷达和灯光助航设施），气象自动观测系统及指挥系统等。在机场、飞行区及其邻近地区上空，为保证飞机安全起飞着陆，根据机场起降飞机的性能，规定若干障碍物限制面，这些限制面以上的空域称为净空区。

客货运输服务区，也称航站区，是为旅客、货物邮件运输服务的区域。区域内设施包括客机坪、候机楼、停车场等，其主体建筑是候机楼，也称航站楼。货运量较大的民航运输机场还设有专门的货运站或货运楼。

机务维修区，一般包括维修机坪、维修机库、维修工厂或维修车间、航空器材库等，为飞机、发动机、机上各种设施提供维修服务。

航空油料的储存、供应和飞机的加油设施，机场的消防和急救设施，以及供水、电、供热、污水污物处理、有线通信、地面交通等公用和市政设施，对每个民航运输机场都是必不可少的保障设施。

第五单元 》》》》》》》》
民航旅客运输发展趋势

一、民用航空主要战略联盟

全球主要有三大航空联盟，各联盟公司之间可以实现里程兑换、会员权益共享、代码共享、行李直挂等服务，星空联盟主要成员有：中国国航、深圳航空、中国台湾长荣、德国汉莎（含瑞士航空、奥地利航空）、美国联合、全日空、韩亚航空、新加坡航空、泰国航空、土耳其航空、加拿大航空、北欧航空、新西兰航空等；天合联盟主要成员有：东方航空（含上海航空）、南方航空、厦门航空、中国台湾中华航空、达美航空、法国航空、荷兰航空、越南航空、俄罗斯航空、大韩航空等；寰宇一家主要成员有：国泰航空（含港龙航空）、日本航空、澳大利亚航空、英国航空、美国航空、芬兰航空、马来西亚航空等。

当今的航空联盟是强大的，全球大约60%的运力都集中在航空联盟内部。成员航空公司依托自身建造的枢纽搭建全球航线网络，航空联盟是最好且现成的资源。

在航空联盟的框架下成员航空公司应该一切从战略的需求出发，一切从公司发展的利益考虑，一切为旅客提供优质服务为基础；在航空联盟内部的资源无法满足发展需求时考虑拓宽合作的渠道，使网络经营多样化。

二、未来发展趋势

如今全球航空市场经历转型，国际航协在第65届年会上正式宣布全球航空业的节能减排承诺：到2020年，年均燃油效率提高1.5%；从2020年开始，碳排放实现零增长；到2050年，碳排放量将比2005年净减少50%。

航空业未来发展在减少碳排放方面的承诺涉及整个航空业产业链，包括制造商、机场、空中导航服务供应商和航空公司，节能减排、降本增效、开拓开源都将是未来民航发展的趋势。

降本增效是在市场上激烈的价格竞争基础上，航空公司需要更多地关注边缘航线或亏损航线，有选择性地削减运力，必要时减少航班频率或完全撤出。美国的航空公司"运力控制"就获得了丰厚的回报，主要的传统航空公司和低成本西南航空，自从全球金融危机以来一直采用了"运力克制"策略。2012年，在高成本、高收益的日本市场就单独设立了3个新的低成本的航空公司子公司，以面对低成本浪潮。

开拓开源是未来民航发展的关键。在现阶段，各家航空公司正在尝试增加辅助附属收入的来源，例如美国传统航空公司最近几年所收取的行李收费可能比利润更大。他们从低成本航空公司那里学到了分拆定价，这种做法已经蔓延至整个世界。此外，夺回对机票分销的控制权，允许航空公司重新控制全球分销系统和在线旅行社OTA，积极开展直销业务，让自己的网页更方便，让旅客在网上购票更直观、便捷。

世界民航的发展重心向东方转移，亚洲崛起为民航业未来发展开启了新的机会之门。根据波音公司的长期预测，至2031年，亚太、欧洲和中东地区宽体远程飞机的数量占90%以上，整个亚洲地区国家的中产阶级推动航空需求增长、加速航空自由化和鼓励新航空公司订购飞机，此外加强与外国航空公司伙伴关系一直是亚洲地区运营商的重点工作。在新的世界秩序中，许多航空公司正在寻求密切双边合作关系，这种转型变化带来的挑战，将促使民航业作为一个整体系统在结构和运营上更加适应全球一体化的要求，通过不断地改进和发展，拓展更为丰富的特色服务，迎来更加快速的发展期。

【思考题】

1. 中国民航业发展所经历的主要阶段？

2. 民用航空运输的特点及作用？

3. 航空运输的主要生产指标有哪些？

4. 民用航空运输的管理体系与机构？

5. 民用航空运输未来发展趋势主要体现在哪些方面？

第二部分

民用航空运输的基本概念

【知识目标】 了解民用航空运输的基本概念；

了解民航运输机场的分类及构成；

理解经停、转机等情况的区别。

【能力目标】 熟悉我国主要城市机场名称及三字代码；

掌握承运人、航班、航班号、航段、航线、航

路等概念及相互关系；

理解运力管理的模式、基本要求。

【案例导入】

　　中国民航局2010年的《2010/11年冬春航季国内航线经营许可和航班评审规则》中指出：扎实推进民航强国战略，不断完善三大门户复合枢纽和区域枢纽航线网络结构。该文明确指出国内枢纽机场共计11个，由三大门户复合枢纽机场、九大区域性门户枢纽构成，另有重点布局的十二条干线机场。三大门户复合枢纽为：北京、广州、上海；九大区域性门户枢纽为：天津、昆明、成都、西安、重庆、乌鲁木齐、郑州、沈阳、武汉；十二个干线机场为：深圳、杭州、大连、厦门、南京、青岛、呼和浩特、长沙、南昌、哈尔滨、兰州、南宁。截至2014年年底所有通航机场中，北京首都机场完成旅客吞吐量0.86亿人次，连续五年稳居世界第二，上海浦东机场完成货邮吞吐量318.2万吨，连续七年位居世界第三，北京、上海和广州三大城市机场旅客吞吐量占全部机场旅客吞吐量的28.3%，机场货邮吞吐量占全部机场货邮吞吐量的51.3%。由此可见，我国区域枢纽航线网络结构发展日趋成熟。

【案例解析】

　　枢纽机场是指国际、国内航线密集的机场。旅客在此可以很方便地中转到其他机场。枢纽机场能提供一种高效便捷、收费低廉的服务，从而让航空公司选择它作为自己的航线目的地，让旅客选择它作为中转其他航空港的中转港。枢纽机场既是国家经济发展的需求，也是航空港企业发展的需求。枢纽航空系统是当今世界大型航空公司和机场普遍采用的一种先进的航空运输生产组织形式。它具有优化航线结构，合理配置资源，增强企业竞争力，促进机场繁荣等多重作用。

第一单元 》》》》》》》

机 场

一、概念

机场是可供飞机起飞、降落、滑行、停放的区域和域内建筑物、设施设备的总称。根据机场的用途不同，可分为军用机场、民用机场及军民合用机场。民用机场按其功能可分为航空运输机场和通用航空机场。

$$机场 \begin{cases} 军用机场 \\ 民用机场 \begin{cases} 航空港 \\ 通用航空机场 \end{cases} \\ 军民合用机场 \end{cases}$$

航空运输机场主要用于从事商业航空运输，习惯上又称航空港，简称空港。通用航空机场则主要用于农业、林业、地质、搜救、医疗等特定航空运输、服务的机场，也包括用于飞行学习、企业、私人自用机场等。

【阅读资料】

2014年，我国境内民用航空（颁证）机场共有202个（不含香港、澳门和台湾地区，下同），其中定期航班通航机场190个，定期航班通航城市188个。

表2.1 2013年各地区运输机场数量

单位：个

地 区		运输机场数量/个	占全国比例/%
全 国		202	100
其中：	东北地区	22	10.9
	东部地区	48	23.7
	西部地区	102	50.5
	中部地区	30	14.9

在所有通航机场中，年旅客吞吐量100万人次以上的有64个，比上年增加3个，完成

旅客吞吐量占全部机场旅客吞吐量的 95.3%；年旅客吞吐量 1 000 万人次以上的为 24 个，与上年持平，完成旅客吞吐量占全部机场旅客吞吐量的 76.2%；北京、上海和广州三大城市机场旅客吞吐量占全部机场旅客吞吐量的 28.3%。全国各地区旅客吞吐量的分布情况是：华北地区占 16.2%，东北地区占 6.1%，华东地区占 28.9%，中南地区占 24.3%，西南地区占 16.2%，西北地区占 5.7%，新疆地区占 2.6%。

各机场中，年货邮吞吐量 10 000 吨以上的有 50 个，与去年持平，完成货邮吞吐量占全部机场货邮吞吐量的 98.5%；北京、上海和广州三大城市机场货邮吞吐量占全部机场货邮吞吐量的 51.3%。全国各地区货邮吞吐量的分布情况是：华北地区占 16.9%，东北地区占 3.4%，华东地区占 41.1%，中南地区占 25.4%，西南地区占 9.7%，西北地区占 2.1%，新疆地区占 1.4%。

（资料来源：中国民航局《2014 年全国机场生产统计公报》）

二、民航运输机场的构成

民航运输机场作为商用运输的基地可划分为飞行区、候机楼区和地面运输区三个部分。

（一）飞行区

飞行区是飞机运行的区域，为机场的主要组成部分。主要用于飞机的起飞、着陆和滑行，分为空中部分和地面部分。

空中部分指机场的空域，即包括飞机进场和离场的航路；地面部分包括跑道、滑行道、停机坪和登机门以及为维修和空中交通管制服务的设施和场地，如机库、塔台、救援中心等。

（二）候机楼区

候机楼区也称航站区、客货运输服务区，是为旅客、货物、邮件运输服务的区域，也是地面交通和空中交通的结合部。区域内设施主要包括登机机坪、候机楼和旅客出入车道。货运量大的机场还设有专门的客运站或货运中心或物流区等。

候机楼按功能分为旅客服务区和管理服务区两大部分。候机楼的建筑是一个城市或地区的门户，因而候机楼的建筑在考虑功能和实用之外，必须要雄伟壮观，体现出国家的气派和现代化的意识，体现出地方文化特色和区域特征，同时还要考虑便利、安全和保卫的需要等。

登机机坪是指旅客从候机楼上机时飞机停放的机坪，这个机坪要求尽量缩短旅客步行上机的距离。

（三）地面运输区

机场运输区包括两个部分，第一部分是机场进入通道，第二部分是机场停车场和内部通道。

机场进入通道是连接城市和机场的重要通道。机场是城市的交通中心之一，而且有严格的时间要求，因而从城市进出空港的通道是城市规划的一个重要部分，大型城市为了保证机场交通的通畅都修建了从市区到机场的专用高速公路，甚至还开通轨道交通，以方便旅客出行。在考虑航空货运时，要把机场到火车站和港口的路线同时考虑在内。

机场停车场和内部通道是为满足机场内部交通需要而建。机场停车场除考虑乘机的旅客外，还要考虑接受旅客的车辆、机场工作人员的车辆及观光者的车辆和出租车的需求，因此机场的停车场必须有足够大的面积。繁忙的机场还会根据车辆使用的急需程度把停车场分为不同区域，离候机楼最近的是出租车辆和接送旅客车辆的停车区，以减少旅客的步行距离。基层职工或航空公司使用的车辆则安排到较远的位置或安排专业停车场。机场内部通道则是防止各种车辆、行人混行，而出现混乱和事故。

三、中国民航运输机场的分类

中国民航运输机场的分类方法多样，最常见的主要有两种，如下所述。

（一）按航线性质划分

按航线性质可将民航运输机场分为国际航线机场（国际机场）和国内航线机场。

①国际航线机场，是指开通有国际（地区）航线、能够接收境外国家或地区的航班降落和起飞的机场。国际航线机场设有海关、边防检查（移民检查）、卫生检验检疫等政府联检机构。这类机场通常规模较大，且在中国属于国家一类口岸和区域性枢纽空港。

②国内航线机场，仅开通国内航线的民航运输机场。我国的国内航线机场包括"地区航线机场"。地区航线机场是指我国内地城市与港、澳等地区之间航班飞行使用的机场，并设有相应的类似国际机场的联检机构。

（二）按所服务的航线和规模划分

按所服务的航线和规模可将民航运输机场分为枢纽机场、干线机场和支线机场。

①枢纽机场是指连接国际、国内主要城市，航线密集的机场。枢纽机场所依托的城市往往是一个国家或地区的政治、经济、文化中心，客货运输量非常大。在我国内地，枢纽机场主要是北京首都机场、上海浦东机场、广州白云机场。这三大机场的客货流量占到全国流量的30%以上，是我国三大门户机场。

②干线机场是指以国内航线为主，空运量较为集中的机场。干线机场主要是各省会、自治区首府、重要工业、旅游和开放城市的机场，如西安咸阳国际机场、深圳宝安机场、桂林两江国际机场等。

③支线机场是指空运量较少，航线多为本省区内航线或邻近省区支线的机场。这类机场大多分布在各省、自治区地面交通不太方便的地方，机场规模比较小，等级比较低。

第二单元 》》》》》》》》》》
航空承运人

　　航空承运人是为取酬目的而使用或出租航空器提供航空器服务的企业法人。随着航空运输业的发展，出现了包机运输，非航空运输合同当事人开始参与航空合同的履行。因此《中华人民共和国民用航空法》对缔约承运人与实际承运人分别作出定义，对承运人的责任和义务作出了规定。

一、缔约承运人

　　缔约承运人，是指以本人名义与旅客或者托运人，或者与旅客或者托运人的代理人，订立航空运输合同的人。不管是承运人还是非承运人，只要以本人名义与旅客及托运人，或者旅客及托运人的代理人，订立航空运输合同，成为航空运输合同当事人一方的人，就是缔约承运人。

二、实际承运人

　　实际承运人，是指根据缔约承运人的授权，履行航空运输合同所规定的全部或者部分运输的人，在没有相反证明时，此种授权被认为是存在的。实际履行航空运输合同的人是实际承运人，实际承运人经过缔约承运人的授权履行航空运输合同。必须注意的是，实际承运人不是《民用航空法》中所规定的连续承运人。

三、承运人的责任与义务

　　缔约承运人应当对合同约定的全部运输负责。实际承运人应当对其履行的运输负责。任何有关缔约承运人承担《民用航空法》未规定的义务或者放弃赋予的权利的特别协议，或者任何有关《民用航空法》规定所作的在目的地点交付时利益的特别声明，除经实际承运人同意外，均不得影响实际承运人。

　　实际承运人的作为和不作为，实际承运人的受雇人、代理人在受雇、代理范围内的作为和不作为，关系到实际承运人履行运输的，应当视为缔约承运人的作为和不作为。缔约承运人的作为和不作为，缔约承运人的受雇人、代理人在受雇、代理范围内的作为和不作为，关系到实际承运人履行的运输的，应当视为实际承运人的作为和不作为；但是，实际承运人承担的责任不因此种作为或者不作为而超过法定的赔偿责任限额。

根据《民用航空法》规定提出的索赔或者发出的指示，不论是向缔约承运人还是向实际承运人提出或者发出的，具有同等效力。

对于实际承运人履行的运输，实际承运人、缔约承运人以及他们的在受雇、代理范围内行事的受雇人、代理人的赔偿总额不得超过《民用航空法》中规定的从缔约承运人或者实际承运人获得赔偿的最高数额；但是，其中任何人都不承担超过对其适用的赔偿责任限额。对实际承运人履行的运输提起的诉讼，可以分别对实际承运人或者缔约承运人提起，也可以同时对实际承运人和缔约承运人提起；被提起诉讼的承运人有权要求另一承运人参加应诉。

第三单元 》》》》》》》》
航班、 航班号、 航段、 航线、 航路

一、航班

（一）航班的概念

按照民航管理当局部门批准的民航运输飞机班期时刻表、使用指定的航空器、沿规定的航线在指定的起讫和经停点停靠的客货邮运输飞行服务，称为航班。

（二）航班的分类

航班按不同的性质有多种分类方法，如下所述。

1. 按飞行区域分类

按飞行区域分为国际航班、国内航班、地区航班。

①国际航班，始发站、经停站或终点站中有一站以上在本国国境以外的航班。

②国内航班，始发站、经停站或终点站全部在一国境内的航班。

③地区航班，始发站、经停站或终点站中有一站在一国内有特殊安排的地区中的航班。

2. 按飞行时间规律分类

按飞行时间规律分为定期航班、不定期航班。

①定期航班，航空公司在一段时间安排的运输飞行，具有规则性的飞行周期或者飞行

时刻，定期航班包括班期飞行和加班飞行。

a. 班期飞行是民航运输的基本形式，其每年完成的任务量占全部运输飞行任务量的90%。班期飞行是根据公布的班期时刻，按照航班时刻表规定的航线，定机型、定日期、定时刻的航班飞行。

b. 加班飞行则是根据临时性的需要，在班期飞行以外沿着班期飞行航线增加的航班飞行，是班期飞行的补充，如春运期间加班、暑运期间加班等。

②不定期航班，通常是指航空公司根据运输需要提供的非规则性飞行服务，包括包机飞行和专机飞行等。这类航班没有固定的航班飞行时刻表，也没有固定的飞行航线，通常是根据运输需要和合同需要，安排机型、飞行时刻、飞行航线和运价。

定期航班和不定期航班的区别是定期飞行对外公布运价和班期，向公众提供运输服务，对公众承担义务；不定期飞行是按包机合同飞行，个别申请、个别经营，不对公众承担义务。定期航班是民航的主要运输形式，是航空公司赖以生存的主要生产方式。因此，衡量航空公司的生产水平总是以定期航班的运输周转量为主要指标，不定期航班则是航空公司的辅助生产方式。

3. 按飞行的去向分类

按飞行的去向分类分为去程航班和回程航班。

①去程航班，是指从航空公司机队所在基地出发的飞行航班。

②回程航班，是指返回机队所在基地的飞行航班。

【阅读资料】

班期时刻表

为了方便旅客出行安排，在民航总局的领导下，各航空公司根据航班计划，将航线、航班及其班期和时刻等，按一定规律汇编成册，即班期时刻表。它是航空运输企业每日航空运输活动安排和组织的依据，也是向用户介绍航班飞行情况的一种业务宣传资料，用户可以根据航班时刻表提供的航班时刻、机型、服务内容来选择要乘坐的航班。

我国根据飞行季节的不同和客流流量、流向的客观规律，国内按冬春、夏秋两季，一年调整两次班期时刻表。在我国每年3月下旬到10月下旬使用夏秋季班期时刻表，10月下旬到次年3月下旬使用冬春季班期时刻表。两期时刻表共同构成了我国民航运输的总体框架。

班期时刻表的内容常包括：始发站名称、航班号、终点站名称、起飞时刻、到达时刻、机型、座舱等级、服务内容等。

航班号	航空公司	机型	目的地	计划起飞时间	计划抵达时间	计划班期
CA975	中国国际航空公司	空客A330-300	新加坡	00:05	05:45	1 2 3 4 5 6 7
SQ801	新加坡航空公司	波音777-200	新加坡	00:05	06:25	1 2 3 4 5 6 7
CA1042	中国国际航空公司	77F	PVG	00:05	16:35	- 2 - - - - -
TK21	土耳其航空公司	波音777-300	伊斯兰堡	00:10	08:10	1 2 3 4 5 6 7
ET605	埃塞俄	波音777-200	亚的斯亚贝巴	00:10	04:25	1 2 3 4 5 6 7
HY502	乌兹别克斯坦航空公司	波音767-300	塔什干	00:10	06:25	- - - 4 - - -
CA907	中国国际航空公司	空客330-200	马德里	00:15	13:35	- - - 4 - - 7
CA907	中国国际航空公司	空客330-200	马德里	00:15	13:35	- 2 3 - - 6 -
UL869	斯里兰卡航空公司	空客A330-200	科伦坡	00:15	05:15	- - - 4 - - 7
W5078	伊朗玛汉航空	波音747	新德黑兰	00:15	07:15	- 2 - - - - 7
CA907	中国国际航空公司	空客330-200	VCP	00:15	01:55	- - - 4 - - 7
DZ6217	深圳东海航空有限公司	73F	无锡	00:20	02:20	1 2 3 4 5 6 -
DZ6215	深圳东海航空有限公司	73F	深圳	00:25	03:35	1 - - - - - 7
CA1054	中国国际航空公司	77F	PVG	00:25	17:45	- - 3 - - - -

图 2.1　北京首都国际机场班期时刻表

图 2.2　中国国际航空公司班期时刻表

二、航班号

为了便于组织运输生产，每个航班都按一定规律编以不同的号码以便区别，这种号码称为航班号。根据航班号可以很快地了解到航班的执行公司、飞往地点及方向，这对航空管理和乘客都非常方便。

（一）国内航班号的编排原则

航班号由执行航班任务的航空公司的两字代码加 4 位数字组成，航空公司代码由民航局规定公布。后面的 4 位数字第一位代表执行该任务的航空公司基地所在地区数字代码；第二位表示航班的基地外终点所在地区数字代码；第三、第四位表示这次航班的序号，单数表示由基地出发向外飞的去程航班，双数表示飞回基地的回程航班。

基地所在地区的数字代码：1 为华北，2 为西北，3 为华南，4 为西南，5 为华东，6 为

华北，8 为厦门，9 为新疆。

如 CA 1202 航班表示中国国际航空公司（CA）执行的由北京（华北1）飞往西安（西北2）的回程航班（2）。

再如 MU 5305 航班表示中国东方航空公司（MU）执行的由上海（华东5）飞往广州（华南3）的去程航班（5）。

2004 年，三大航空公司重组后，航班号的编制和使用方法混乱，中国民航局重新制订了航班号分配和使用方案。此轮调整后，国航、南航、东航和海航原使用的航班号调整不大，主要是在一些地方航空公司航班号中调整（调整后的国内航班号国航为"1""4"字头；东航为"2""5"字头；南航为"3""6"字头；海航为"7"字头；厦航和川航为"8"字头；上航和深航为"9"字头）。

航班号后加字母为补班航班。如果航班因为天气、机械故障等原因延误、备降、取消，需要补班飞行，为区分原航班和补班航班，航空公司会在航班号后面加个字母，如CZ310W。具体规则是，Z 代表0，Y 代表1，X 代表2，以此类推："0-Z，1-Y、2-X、3-W、4-V、5-U、6-T、7-S、8-R、9-Q"。

【阅读资料】

中国主要航空公司信息表见表 2.2。

表 2.2　中国主要航空公司信息表

航空公司名称	两字代码	三位数字代码（运单前缀）
中国国际航空股份有限公司	CA	999
中国东方航空集团公司	MU	781
中国南方航空集团公司	CZ	784
海南航空股份有限公司	HU	880
上海航空股份有限公司	FM	774
四川航空股份有限公司	3U	876
厦门航空有限公司	MF	731
深圳航空有限责任公司	ZH	479
山东航空集团有限公司	SC	324

（二）国际航班号的编排

国际航班号的编号由航空公司代码加 3 位数字组成，第一位数字表示航空公司，后两位是航班序号，单数为去程，双数为回程。目前中国国际航空股份有限公司的第一个数字代码一律为9，其他各航空公司第一个数字则以执行航班任务的航空公司的数字代码表示。

如 CA982，由纽约飞往北京的航班，是由中国国际航空公司承运的回程航班。MU501，由上海飞往香港的航班，是由中国东方航空集团公司承运的去程航班。

三、航段

一条航线结果的站点至少有两个，即起点和终点，在起点和终点之间有多个经停点，任意两个经停点之间的飞行距离称为航段。一条航线可以包括多个航段。

航段通常分为旅客航段（segment，通常称为航段）和飞行航段（leg，通常称为航节）。旅客航段是能够构成旅客航程的航段，如太原—北京—纽约航线，旅客的航程有三种可能：太原—北京航段，北京—纽约航段，太原—纽约航段。飞行航段是指航班飞机实际飞经的航段，如太原—北京—纽约航线，飞机航段为太原—北京和北京—纽约航段。

四、航线

航线是指经过批准开辟的连接两个或几个地点的航空交通线。航线确定了飞机飞行的具体方向、起讫与经停点，并根据空中交通管制的需要，规定了航线的宽度与飞行的高度。

民航从事运输飞行必须按照规定的线路进行。连接两个或多个地点，进行定期或不定期飞行，并且对外经营运输业务的航空交通线称为航线。航线不仅确定航行的具体方向，起讫与经停点，还根据空中交通管制的需要，规定了航路的宽度和飞行的高度层，以维护空中交通秩序，保证飞行安全。航线是航空公司满足社会需要的形式，是实现企业自我发展的手段。对于航线的选择，以及在此基础上形成的航线网络，是关系航空公司长远发展的战略决策。

（一）航线的开辟

航线的开辟是指在原来没有航线的情况下，建立各种基础设施和服务系统，使航空器得以运行，这项工作主要由民航主管当局统一规划并协调工作的进程。如修建机场、建立导航台、空管服务系统等都需要前期的大量研究，内容涉及经济发展、政治与军事需要、开辟的可能性（包括政治上的和技术上的），以及运行后的使用量等。建立机场和航路设施都需要大量投资，如果和国外通航还要和外国政府协商并签订相应的通航协议。因此开辟新航线主要由民航主管当局确定，但航空运输的需求是开辟航线时要考虑的主要因素。

（二）航线的设立

一个航空公司是否设立一条航线首先应考虑这条航线的市场状况，包括市场的大小、市场的预测、市场的竞争情况以及可能占据的市场份额。其次是技术要求，要有什么样的机队、选用什么样的机型及相应的维修训练等配套设备和各类专业人员的水平。再次，在前两项要求都满足后应制订合理的班次计划、测算收入及利润水平。在决定投入航线后，

向主管当局申请，经审查批准后，就可以开航。

（三）航线分类

民航运输的航线有多种，按飞行的区域可以划分为：国际航线、国内航线和地区航线三大类。

1. 国际航线

国际航线是指飞行的路线连接两个或两个以上国家的航线。对应于国际航班，即始发站、经停站、终点站有一点在外国领土上。其所从事的运输就称为国际运输。例如上海—纽约、北京—东京—伦敦—巴黎—北京。

2. 国内航线

国内航线是指飞机飞行的路线起讫点、经停点、终点均在一国境内的航线。国内航线又可以分为国内干线、国内支线和地方航线三大类，如下所述。

（1）国内干线

国内干线是指连接国内航空运输中心的航线。这些航线的起止点都是重要的交通中心城市（各省会城市或大城市），形成省际或大城市之间的空中交通干道。这些航线上航班数量大、密度高、客流量大，使用的机型运载能力强，如北京—广州航线、北京—上海航线、广州—武汉航线等。

（2）国内支线

国内支线是指各中小城市和干线上的交通中心（各省会城市或大城市）联系起来的航线。支线上的客流密度远小于干线；线上的起止点中有一方是较小的机场，因而支线上使用的大都是中小型飞机，如上海—神农架航线、武汉—黄山航线等。

（3）地方航线

地方航线是指将中、小城市联结起来的航线。客流量很小，一般只飞行 50 座左右的机型，其和支线的界限不是很明显，过去一般把省内航线称为地方航线，现在国外把支线和地方航线统称为区域间航线，如南京—连云港航线、武汉—宜昌航线等。

3. 地区航线

地区航线特指连接中国内地各城市与香港、澳门、台湾地区的航线。例如三亚—香港、上海—澳门、武汉—台北。

此概念是一个历史范畴，香港和台湾连接内地城市的航线目前都被纳入中国的国内航线。然而航空公司在实际旅客运输中，对应的航班则是归入国际航班时刻表内，航班运输流程也属于国际航班运输流程。

（四）航线网

把航线相互连接，成为一个网络来最大限度地利用航路，既能方便旅客，又能扩大市场。航线网是航空公司产品组合策略的重要前提，也是政府调控民航市场的有效工具。合理的航线网既能符合政治和社会的需求，又能避免热线上的恶性竞争和垄断。从目前航线网络的构成分析，大致可分为城市对式、城市串式、中枢辐射式 3 种类型。

民航运输航线的机构主要有城市对式、城市串式和中心辐射式三种。

（1）城市对式

城市对式是最早的航线网形式，即两个城市间开通往返航班，将城市两两连接起来组成航线网，这种形式在世界上广泛使用。

城市对式结构的基本特点是两地间都为直飞航线，旅客不必中转。适用于客货流量较大的机场之间。其优点是旅客不必中转，可直接到达目的地，操作简单，航线之间互不相关，便于进行运力调配，特别是在航线的准入和退出上政府的控制容易实行。因此成为航线网络中最基本的单元结构，也是目前我国航线结构中采用的主要形式。缺点是对航路资源和乘客资源不能有效地组织和利用，尤其是对于流量较小的机场。

（2）城市串式

城市串式是在城市对式的基础上发展而来。城市串式航线结构的特点是一条航线由若干航段组成，航班在途中经停获得补充的客货源，以弥补起止航站之间的运量不足。适用于城市间的客货运量较大、运力不足的情况。目前我国部分国际航线和国内航线采取此种形式。其优点是可使航班经停获得补充的客货源从而提高飞机的利用率、载运率和客座率，节省运力。其缺点是容易造成航班延误和影响正常的运力调配。由于经停站较多，一旦延误，会影响整个航程乃至整个网络中的运力调配。

（3）中心辐射式

中心辐射式是航空公司选择全国或区域范围内的几个大交通中心城市作为其中心枢纽航站，由这些中心城市之间建立的干线航线构成骨架，再以每个中心枢纽航站为中转点与相距最近的中、小城市开辟支线，这些支线上的航班与干线航班在时间上紧密相连，构成了中心辐射式的航线网络。

其优点是能更好地适应市场需求，合理安排运力，充分利用了航路和乘客资源，增大了航线网的覆盖面，提高了载运率，为航空公司经营带来了规模性经济。缺点是加重了机场高峰时期的负荷，对大城市间的乘客增加了转机的次数，使得小航空公司在干线上的竞争力减弱，政府的调控也变得困难。

中心辐射式航线首先出现在美国政府放松航线准入以后。欧洲和亚洲的一些航空公司也纷纷效仿。总的来看，目前世界上大多数航空发达国家都先后进行了中枢航线结构的建设，逐步实现以城市对为主的航线网布局向中枢辐射式航线网布局转化。目前旅客运输量排名前 20 位的大型航空公司基本上实行了中枢航线网络的运营，旅客吞吐量排名前 20 位的机场无一例外都是中枢航空港。我国各大航空公司也在中心辐射式航线布局获得了长足发展。

（五）我国航线网现状

1. 我国国内航线网络现状

根据民航总局《2013 年民航行业发展统计公报》，截至 2013 年，国内航线 2 449 条，其中港澳台航线 107 条，定期航班国内通航城市 188 个（不含香港、澳门、台湾地区）。国内航线形成一个复杂的航线网络，其主要有三大特点，如下所述。

①我国国内航线集中分布于哈尔滨—北京—西安—成都—昆明一线以东的地区。其中以北京、上海、广州三角地带最为密集。从整体看，航线密度由东向西逐渐降低。

②航线多以大、中城市为中心向外辐射，由若干个放射状的系统相互连通。其中由上海、北京、广州三地为主干辐射航线系统，基本构成了我国国内航线的格局，再加上以西安、成都、沈阳、乌鲁木齐为中心形成的几个放射单元，共同组成了国内的主要航线网络。此外，以香港为中心的辐射航线在我国的航空运输网中也占有重要地位。

③国内主要航线多呈南北走向分布。在此基础上，又有部分航线从沿海向内陆延伸，呈东西向分布。

2. 我国国际航线网络现状

根据民航总局《2013 年民航行业发展统计公报》，截至 2013 年，国际航线 427 条，我国航空公司国际定期航班通航 50 个国家的 118 个城市。

①我国国际航线以北京、上海、广州为中心，通过乌鲁木齐、昆明、厦门、深圳、大连、沈阳、哈尔滨等航空口岸向东、西、南三面辐射。

②国际航线的主流呈东西向，向东连接日本、韩国、北美，向西连接中东、欧洲，是北半球航空圈带的重要组成部分。

③我国国际航线是亚太地区航空运输网的重要组成部分，其与南亚、东南亚、澳大利亚等地有密切联系。

五、航路

航路是由民航主管当局批准建立的一条由导航系统划定的空域构成的空中通道，在这个通道上空，交通管理机构提供必要的空中交通管制和航行情报服务。

中华人民共和国飞行基本原则第十五条规定：航路分为国际航路和国内航路。航路的宽度为 20 千米，其中心线两侧各 10 千米；航路的某一段受到条件限制的，可以减少宽度，但不得小于 8 千米。航路还应当确定上限和下限。

生活中人们容易混淆航线与航段和航路的概念。航线不同于航路，其与实际飞行线路的具体空间位置没有直接关系。航线是航空运输承运人授权经营航空运输业务的地理范围，是航空公司的客货运输市场，是航空公司赖以生存的必要条件。因此对于航空公司来说，运营航线的优劣与多少，对其本身的发展十分重要。

第四单元 》》》》》》》》》》

运 力

运力即运输力量。航空运输业作为一种生产服务性行业，航空运输的运力是指提供运输服务的一种能力，而这种能力则是以一系列的生产服务指标来衡量。从性质来分包括数量指标和质量指标。航空运输体系的三大组成航空公司、机场和政府部门均有一套生产服务指标来衡量自身的航空运输能力，以此来弄清楚自身的规模和竞争力，为进一步的发展作指导。

一、航空公司运力

航空公司运力即航空公司的运输服务能力，在一个规定的时间期限内，由航空公司拥有的飞机数量、航班班次、旅客座位数、航线公里数等指标来衡量。在实际操作中，为了便于比较，航空公司的运力往往也可以折算成三个统一指标：可用吨公里（ATK），可用座公里（ASK），可用货邮吨公里（AFTK）。可用吨公里是整体运力指标，可用座公里是旅客运力指标，可用货邮吨公里是货邮运力指标。例如 2014 年三大航航空运力数据表见表 2.3。

表 2.3　2014 年三大航航空运力数据表

运　力	中国国际航空		南方航空		东方航空	
	2014 年	同比/%	2014 年	同比/%	2014 年	同比/%
1. 可用吨公里(ATK)(百万)	27 612.6	12.7	28 454.73	14.0	22 606.6	3.8
其中:国内航线	14 128.9	7.2	18 640.1	13.1	12 070.8	4.1
国际航线	12 258.3	19.4	9 316.84	15.6	9 727.6	3.1
地区航线	1 225.4	15.9	497.79	22.1	808.2	6.9
2. 可用座公里(ASK)(百万)	193 595	10.2	209 807.15	12.3	160 599.8	5.6
其中:国内航线	123 118.5	6.7	160 482.17	10.9	110 599.1	5.8
国际航线	60 968.3	17.5	44 945.91	16.8	44 263.0	4.9
地区航线	9 508.2	13.4	4 379.07	21.8	5 737.8	7.4
3. 可用货运吨公里(AFTK)(百万)	10 147.7	17.1	9 572.08	17.6	8 152.6	0.7

续表

运　力	中国国际航空		南方航空		东方航空	
	2014 年	同比/%	2014 年	同比/%	2014 年	同比/%
其中:国内航线	3 058.3	9.0	4 196.71	21.3	2 116.9	−3.1
国际航线	6 756.4	20.9	5 271.7	14.7	5 743.9	1.9
地区航线	333	22.8	103.67	23.3	291.8	6.0

　　由表 2.3 可以看出，2014 年南方航空公司的可用吨公里 284.54 亿，增长 14.0%；中国国际航空的可用吨公里 276.12 亿，增长 12.7%；东方航空公司的可用吨公里 226.06 亿，增长 3.8%。南航和国航的增速较快，均超过 10%，而东航的增速只相当于其他两家公司三分之一的水平。尤其突出的是，南航和国航的国际与地区航线增速为 15%～20%，而东航的增速差距更大。2014 年，南方航空公司的可用座公里 2 098.07 亿，增长 12.3%；中国国际航空公司的可用座公里 1 935.95 亿，增长 10.2%；东方航空公司的可用座公里 1 605.99 亿，增长 5.6%。2014 年，南方航空公司的可用货运吨公里 95.72 亿，增长 17.6%；中国国际航空公司的可用货运吨公里 101.47 亿，增长 17.1%；东方航空公司的可用货运吨公里 81.52 亿，增长 0.7%。

二、机场运力

　　机场运力即机场的运输服务能力，在一个规定的时间期限内，机场运力以可以容纳的驻地飞机数量、飞机起降架次、旅客及货邮吞吐量、航线数量等来衡量。以北京首都国际机场为例，截至 2012 年年底，北京首都国际机场拥有三座航站楼，跑道 3 条，容纳飞机起降 114 架次/小时，年旅客吞吐容量可达 8 200 万人次，首都机场拥有覆盖最广的国内航线网络和日益强大的国际及地区航线网络，总计 94 家航空公司入驻首都机场运行，联通全世界 54 个国家和地区，包括国内通航点 126 个、国际通航点 110 个。

三、航空运输业运力

　　航空运输业运力即某一国或区域的运输服务能力，在一个规定的时间期限内，以行业完成运输的总周转量、客货周转量、机场和航空公司规模、航线数量等指标来衡量。民航总局每年对我国航空运输业运力统计，根据 2013 年民航行业发展统计公报：2013 年，全行业完成运输总周转量 671.72 亿吨公里，其中旅客周转量 501.43 亿吨公里，货邮周转量 170.29 亿吨公里，全行业完成旅客运输量 35 397 万人次。全国民航运输机场完成旅客吞吐量 7.54 亿人次。全国运输机场完成货邮吞吐量 1 258.52 万吨。全国运输机场完成起降架次 731.54 万架次，年旅客吞吐量 100 万人次以上的运输机场 61 个，其中北京、上海和广州三大城市机场旅客吞吐量占全部机场旅客吞吐量的 32.9%。民航全行业运输飞机期末在册架数 2 145 架，比上年增加 204 架。我国共有颁证运输机场 193 个，比上年增加 10 个，并全部开通定期航班。我国共有定期航班航线 2 876 条。定期航班国内通航城市 188 个（不含香港、澳门、台湾地区），定期航班通航香港的内地城市 41 个，通航澳门的内地城市 10 个，通航台湾地区的大陆城市 42 个。国内航空公司的国际定期航班通航国家 50 个，通航城市 118 个。

作为掌控民航运输业全局的民航总局通过运力管理，可以了解我国航空业的运输实力和薄弱环节，并以此进行合理规划，为我国民航运输业的发展提供重要的依据。尤其在国际航空运输中，国际航空运输四大重点管理包括经济管理方面、市场准入（航线经营权利和业务权利）、价格和运力管理，运力管理是国际航空运输四大重点管理之一。国际运力管理不可避免地会牵涉国家利益延伸出去的广泛界限而超越航空运输的经济范畴。政府管理国际运力的典型做法是通过谈判和实施双边航空运输协定。各国经常将从其领土始发的国际业务视为其国家财产并且作为国际商业的一种物品按照最有利的条件进行交易。因此，一个国家对本国航空运力管理的好坏，往往关系该国在国际航空业中的地位，甚至关系该国的经济利益、政治利益和社会利益。

第五单元 》》》》》》
经停点、 转机点

旅客旅行的航程可以是直达的，也可以是非直达的。客票点是指在客票上列明的所有的点，包括始发地、目的地和经停点。

一、经停点

旅客在航程中某点暂时中断航程，停留一段时间后，搭乘下一航班离开前往下一地点，这个暂停地点就是经停点。显然，经停点不在客票上表现出来。

如某旅客乘坐 CA991 航班从北京到温哥华，中途经停上海，短暂停留后，继续乘坐该航班前往目的地温哥华，上海则被视为经停点。

二、转机点

旅客在航程中某点暂时中断航程，停留一段时间后，然后搭乘另一航班离开，这个暂

停地点就是转机点。显然，转机点要在客票上表现出来。转机点还可以根据停留时间的长短分为中途分程点和非中途分程点。

（一）中途分程点

旅客在航程中某点暂时中断航程，停留 24 小时以上，然后搭乘另一航班离开，这个暂停地点就是中途分程点。

（二）非中途分程点

旅客在航程中某点暂时中断航程，停留 24 小时以内，然后搭乘另一航班离开，这个暂停地点就是非中途分程点。

转机还可以分为跨航转机和同航转机。前者是在两个不同承运人之间的转机，后者是同一承远人之间不同航班之间的转机。

例如：旅客旅行的航程为 NS—SHA—YVR，到达 SHA 的时间为 3 月 12 日 10 点，当天 20 点 30 分搭乘另一航班离开，则 SHA 为非中途分程点；如果于 3 月 15 日 8 点 10 分搭乘另一航班离开，则 SHA 为中途分程点；旅客在 SHA 的停留称为转机。

【思考题】

1. 机场的构成有哪些？分别具有什么功能？

2. 机场的分类有哪些？

3. 什么是实际承运人和缔约承运人？分别承担什么责任？

4. 航班号编排的原则有哪些？

5. 举例说明国内航线、国际航线和地区航线。

6. 简述我国航线网络分布情况。

7. 简述航班、航线、航段、航路的区别。

8. 简述中心辐射式航线网的优缺点。

第三部分

国内客票订座与销售

【知识目标】 了解国内民用航空运输的运价发展及相关规定；
理解民用航空运价产品的类型与特点；
了解电子客票的发展及其重要作用。

【能力目标】 熟悉旅客运价的分类；
掌握国内各类运价的规则与差价体系；
掌握一般旅客及团队旅客订座业务；
能熟练运用电子客票常用指令；
能进行航空公司会员信息录入及办理积分兑换
等相关工作。

【案例导入】

　　一次，一位旅客把联系电话写错一个数字，碰巧所乘航班变更，售票人员反复打电话却联系不上，结果一行三人未能及时成行；还有两位去西安的旅客不知为什么在"航程"栏里写上沈阳，办理手续时方才发现赶紧更改，差点误机；而机票销售人员也因把"惠阳"听成"贵阳"而不得不自掏腰包打的去机场追赶购票人，在航班起飞前避免了一起严重的售票差错。

【案例解析】

　　在本案例中，航空公司机票销售人员应对"旅客订座单"进行认真核对，同时提醒旅客认真填写"旅客订座单"，以免因填写个人信息时的疏忽而给旅行带来意想不到的麻烦。

　　另一方面，航空公司机票销售人员也应认真核对旅客姓名，以免因汉语拼音的不标准或方言的影响导致旅客姓名录入的失误，所以，请您善待"旅客订座单"。

第一单元 »»»»»»»
旅客运价

一、民航国内旅客运价的发展与制订

民航国内旅客运价也称客票价，是指旅客由出发地机场至目的地机场的航空运输价格，不包括机场与市区之间的地面运输费用。

客票价为旅客开始乘机之日适用的票价。客票出售后，票款均不作变动。

客票价只适用于直达航班。如果旅客要求中途经停或换乘其他航班时，应按实际航段分段相加计算票价。

经国务院批准，《民航国内航空运输价格改革方案》自 2004 年 4 月 20 日实施，对国内旅客运输票价实行基准价为基础的浮动幅度管理。

二、国内旅客运价的一般规定

国内航线的旅客运价一般按为旅客提供的服务等级进行划分，按照服务等级的不同收取不同的票价，主要分为三个服务等级：头等舱票价（F）、公务舱票价（C）、经济舱票价（Y）。

（一）头等舱票价

航空公司在有头等舱布局的飞机飞行的国内航班上向旅客提供头等舱座位。头等舱的座位较普通舱座位宽敞而舒适；并向旅客免费提供的餐食及地面膳宿标准高于普通舱；专门设置的值机柜台和候机厅为头等舱旅客提供优质、快捷的服务；每人可免费携带的行李限额为 40 千克；国内航线头等舱的票价约为经济舱票价的 150%。

（二）公务舱票价

航空公司在有公务舱布局的飞机飞行的国内航班上向旅客提供公务舱座位。公务舱座位宽度较头等舱窄，餐食及地面膳宿标准低于头等舱，高于经济舱；每人可免费携带的行李限额为 30 千克；国内航线公务舱的票价约为经济舱票价的 130%。

（三）经济舱票价

航空公司在飞机飞行的国内航班上向一般旅客、团体旅客和持优惠票价的旅客提供经

济舱座位。每人可免费携带的行李限额为 20 千克（不占座位的婴儿除外）。

三、票价分类

国内航班票价按旅客的不同形成方式可分为单程票价、来回程票价、联程、分程票价、混合等级票价及特殊旅客票价。

（一）单程票价

单程票价也称为直达票价。它仅适用于规定航线上的从始发地至目的地的航班运输。我国现行对外公布的票价均为航空运输的直达票价。

（二）来回程票价

来回程票价由两个单程票价组成，一个是使用直达票价的去程运输，一个是使用直达票价的回程运输。我国有些空运企业来回程票价在两个单程票价的基础上可享受一定的折扣。

（三）联程、分程票价

如旅客要求经停或换乘其他航班时，即为分程、联程旅客，应按实际航段分段相加计算票价。

（四）混合等级票价

混合等级票价就是旅客在整个旅程的某航段使用不同的服务等级的运价。例如：部分航段乘坐经济舱座位，部分航段乘坐头等舱座位。混合等级运价同样适用于乘坐头等舱和公务舱座位；公务舱和经济舱座位。其总的票价是按旅客实际乘坐的不同等级航段分段相加。

（五）多等级舱位运价

飞机的舱位就是航空公司的产品，舱位种类的多少就是航空公司产品的多少。在航空公司的市场营销中，除根据服务等级确定了头等舱、公务舱和经济舱的运价外，为丰富航空公司的产品，通过不同的运价去满足不同的市场需求，从而赢得收入最大化，航空公司在同一服务等级运价基础上，通过对运价附加，如签转、更改、退票、出票和付款时限等运价限制条件，制订出多个价格依次递减的子舱位运价。如在经济舱即 Y 舱的后面设置 Y 舱的子舱位：K 舱、B 舱、E 舱、H 舱、L 舱、M 舱、N 舱、R 舱、S 舱、T 舱等，所有这些子舱位座椅的舒适度、餐食标准与 Y 舱完全相同，所谓"等级"指的只是运价等级以及相关于运价的客票销售和使用方面限制条件的等级。

有了多等级舱位，就可以通过运价与不同舱位销售量的乘积精确计算出该航班的收入，我国主要航空公司多等级舱位运价如附录一所示。

（六）特殊旅客票价

1. 儿童、婴儿票价

儿童按成人票价的 50% 购儿童票，提供座位。

婴儿按成人票价的 10% 购婴儿票，不提供座位。如需要单独占用座位，应购买 50% 的儿童票。

旅客所带婴儿超过一名时，其中只有一名婴儿可购婴儿票，超过的婴儿人数应购儿童票，提供座位。

未满 5 周岁的儿童乘机，必须有成人陪伴而行。如果无成人陪伴，应在购票前提出申请，经航空公司同意后，按适用票价的 50% 购票。

2. 特种票价

特种票价是承运人向特定的运输对象提供固定折扣的优惠票价，特种票价以适用的票价为计算基础，除另有规定外，不得重复享受其他票价优惠。

特种票价的适用范围如下所述。

（1）革命伤残军人和伤残人民警察

我国革命伤残军人凭《革命伤残军人证》、伤残人民警察凭《人民警察伤残抚恤证》购国内航线客票，按照适用票价的 50% 购票，我国革命伤残军人票价折扣代码为 YBD-FMM50，伤残人民警察票价折扣代码为 YBDFPP50。

（2）教师、学生

航空公司在寒暑假期间，在指定的航线上，对国内全日制大学、大专、中专、中小学和职校等在校教师、学生给予不等幅度的优惠。

购买教师学生优惠票时，教师必须持教师工作证及身份证，学生凭有效的学生证和身份证或出生证、独生子女证、户口簿；无学生证的，须凭就读学校出具的证信和身份证件办理购票。

购买特种票价的教师、学生，在航班离站时间前一天或两天内购票，不得事先购票。所购机票只能乘坐指定航空公司的航班，不得办理签转。有关订座和退票的具体规定，以航空公司的运价通告为准。

3. 行业票价

行业票价是航空公司内部职工、销售代理人、民航局职工及协作单位职工因私或因公乘坐飞机，经航空公司批准，可享受低于适用票价 50% 的一种票价。

旅客必须在购票前提出书面申请，经航空公司主管部门受理和审批同意后签发"授权出票通知"单，旅客凭"授权出票通知"单、身份证件到指定的航空公司售票处办理购票手续。

行业票价一般分优惠75%（1/4票，代号为ID75或AD75）、优惠50%（半票，代号为ID50或AD50），优惠100%（免票，代号为ID00或AD00）三种。优惠票价在任何情况下不得重复享受其他票价优惠。例如，享受了适用成人票价50%的儿童票，不得重复享受优惠票价的50%或75%，但可在几种优惠或折扣票价中选择一种。

购买航空公司优惠票的旅客均不得事先订座，只能持票在航空公司的值机柜台申请候补，在航班有空余座位的情况下，办理乘机手续。

四、包机运输

包机飞行是指航空公司按照约定的条件和费率，根据包机单位的要求，在现有航线上或以外航线进行的专用飞行。其包括客货包机飞行、专业飞行和专机飞行。包机飞行也有定期和不定期之分，与班机运输相比更适合于大宗货物运输，费率低于班机，但运送时间则比班机要长些。

包机运输可以由承租飞机的双方议定航程的起止点和中途停靠的空港，因此更具灵活性，但由于各国政府出于安全的需要及维护本国航空公司的利益，对他国航空公司的飞机通过本国领空或降落本国领土往往大加限制，复杂烦琐的审批手续大大增加了包机运输的营运成本，因此目前使用包机业务的国际运输并不多。

五、旅客运输凭证

民航旅客运输涉及许多运输凭证，其中重要的凭证有：旅客订座单、旅客客票及行李票、电子客票行程单等，在国际航空运输中还涉及旅证费和预付票款。

第二单元 》》》》》》》

电子客票

自1994年美国西南航空公司率先推出电子客票以来，电子客票就受到了航空公司和旅客的青睐，并成为重要的出票方式。现在，越来越多的航空公司开始使用电子客票，电子客票航线也从美国国内航线扩展到了世界各地，欧洲、亚太地区的电子客票也在迅猛发展。

使用电子客票不仅能够为航空公司节省印刷、管理、分发纸票的成本，还能够加快结算速度、杜绝假票、提高效率和服务质量。同时电子客票也为旅客出行带来了很大的方便。可以说电子客票已经成为航空出票的重要手段。

一、电子客票的定义与特点

目前国内多数航空公司已认识到使用电子客票的重要性并广泛使用电子客票，航空公司电子客票是建立在中国航信订座、离港、结算系统上的综合性项目。它不仅能够完全实现传统纸质客票的所有功能，而且在订票、离港、结算等方面有了更全面、安全、快捷便利的发展，达到世界先进的水平。电子客票引入了全新的理念：其独创了出票、值机、结算的电子化流程，即营业员在每一次打票的同时可在主机的系统里生成一个相应的电子数据记录。这种电子信息能够在订票、离港、结算之间安全、快速、准确地传递，且便于检索和查询。

二、旅客订座单

旅客订座单是指旅客购票前必须填写的供承运人或其销售代理人据以办理订座和填开客票的业务单据，是旅客购票及民航据此提供服务的重要依据，往往由旅客本人填写，并对姓名、证件号码、国籍、联系电话等内容的准确性负责，旅客订座单如图3.1所示。

旅客姓名 Passenger Name	国籍 Nationality	工作单位 Work Unit	职务 Occupation	证件种类 Paper Class	证件号码 Passenger Visa No.	客票	
						种类	号码
1							
2							
3							
4							
5							
6							

自 FROM	至 TO	航班号 FLIGHT No.	等级 CLASS	日期 DATE	起飞时间 DEP TIME	记录编码

旅客在本地的详细联系地址、电话 CONTACT TEL&ADDRESS	留票期限： 出票人： 日期：　　年　月　日

*粗线部分由客票销售人员填写

图3.1　旅客订座单

三、国内客票及收费单

（一）国内客票的组成

国内客票由运输合同条件、声明、通知事项；会计联、出票人联、1至2张不等的乘机联和旅客联组成。

会计联供财务部门审核和入账用。

出票人联供填开客票的单位存查。

乘机联供旅客在客票粗线画出的指定地点之间搭乘飞机用。

旅客联由旅客持有，旅客在使用客票或退票时必须附上旅客联。

（二）国内客票的号码组成

国内客票的号码由 13 位数字组成，前三位数字为航空公司票证代号，第四位数字为文件代号，表示客票乘机联数，后九位数字根据航空公司自己的规定制订的序号。例如：中国东方航空公司的两联客票的客票号码为：781-2123456789。我国主要航空公司二字代码及票证代号见表 3.1。

表 3.1 我国主要航空公司二字代码及票证代号

航空公司	二字代码	票证代号	航空公司	二字代码	票证代号
中国国际航空	CA	999	四川航空	3U	876
中国东方航空	MU	781	山东航空	SC	324
中国南方航空	CZ	784	上海航空	FM	774
海南航空	HU	880	鹰联航空	EU	811
深圳航空	ZH	479	奥凯航空	BK	866
厦门航空	MF	731	大新华航空	CN	895
吉祥航空	HO	018	祥鹏航空	8L	859
华夏航空	G5	987	中联航	KN	822
重庆航空	OQ	878	天津航空	GS	826
鲲鹏航空	VD	981	西部航空	PN	847
东北航空	NS	836	金鹿航空	JD	898

（三）客票的种类

1. 手工客票

采用手工方式填开的客票。

2. 过渡性自动打印客票（TAT）

一种多联炭化复写的自动打印客票，客票上的数据可由与订座计算机相连的各种打印机打印出来。

3. 全自动打印客票（OPTAT）

采用全自动方式打印的客票。

4. 附有登机牌的自动客票（ATB）

由承运人或代表承运人在指定的出票机上自动打印的客票，是旅客客票、行李票及登机牌合一的票证。

5. 电子客票（E-TKT）

电子客票是普通纸质客票的一种电子映像，是传统客票的一种替代品，可以实现客票的无纸化存储，电子化的订票、出票、办理乘机手续、登机、结算等过程。

使用电子客票，出票过程可以通过电话或计算机网络迅速完成。电子客票实际上就是一个电子文件，其上面的数据来自航空公司的数据库。

电子客票并不是完全无纸。大多数航空公司仍要求发放纸质登机牌、旅客路线及收据。政府规定、华沙公约中的义务责任等注意事项，也要求被印刷在纸介质上提供给旅客。

（四）客票的有效期

①客票自旅行开始之日起，一年内运输有效。如果客票全部未使用，则从填开客票之日起，一年内运输有效。

②客票有效期的计算，从旅行开始或填开客票之日的次日凌晨起至有效期满之日次日凌晨为止。

③特殊票价的客票有效期，按照承运人规定的适用票价的有效期计算。

（五）客票的使用

①旅客应在客票有效期内完成客票上列明的全部航程。

②只有当乘机联与旅客联一同使用时，这样的乘机联方可被用于运输。缺少上述任何一联，客票即被视为无效。

③客票的乘机联必须按照客票所载明的航程，从出发地点开始，按顺序使用。

④构成国际运输的国内联程段的乘机联可在国内联程航段上直接使用，不需换开成国内客票。旅客在我国境外购买的用国际客票填开的纯国内运输的客票，应换开成我国国内客票后才能使用。

（六）收费单

航空公司的退票单、变更收费单及误机收费单统称为收费单，由会计联、出票人联、结算联及旅客联一式四联组成，收费单如图 3.2 所示。

四、电子客票行程单

现在航空公司所售的都是电子客票，网上出票，出票以后，直接拿身份证就可以登机，电子客票行程单只是旅客电子客票信息的书面反映，行程单只作为报销凭证，由国家税务总局监制并按照《中华人民共和国发票管理办法》纳入税务机关发票管理，是旅客购买国内航空运输电子客票的付款及报销的凭证，不能作为登机证明，航空运输电子客票行程单如图 3.3 所示。

民航旅客运输

中国南方航空股份有限公司
CHINA SOUTHERN AIRLINES CO., LTD.
退票、变更收费单
Recipe for Refund and Flight Change

航空承运变更情况 Information of Change		应收应退款 Refund Fee		
原承运航空公司 Original Airlines		原付票款金额 Fare Paid		
原票号 Original Ticket No.		退票使用	− + − −	已使用航段金额 Fare Used
原航段 Original Routing				未使用航段税费 Tax and Fee
原航班号 Original Flight No.				手续费 Comm.
原承运日期 Original Flight Date				退票费 Refund Fee
退款航段 Refund Sector		应退金额 Net Refund		
变量后承运人 New Carrier		应收变更费 Changeable Fee		
变更后承运日期 New Flight Date		制单单位 Ticket Office		
变量后航班号 New Flight No.		加盖公章 Stamp		
备注 Remarks				

制单日期:　　　　　　　旅客签名:　　　　　　　　　　经办人:
Date:　　　　　　　　　Passenger Signature:　　　　　Transactor:

图 3.2　收费单示意图

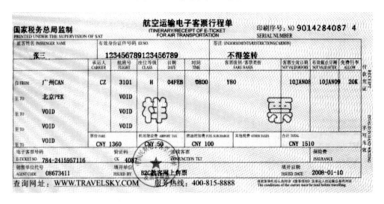

图 3.3　航空运输电子客票行程单

第三单元 »»»»»»»»
电子客票操作

一、一般旅客客票的订座

（一）订座程序

1. 查验旅客证件

在进行国内旅客航空运输销售时，售票人员首先必须认真核查乘机人的有效身份证件。

①国内旅客购飞机票必须核查居民身份证，法定不予颁发居民身份证的，如：人民解放军、人民武装警察及其文职干部、离休干部，分别使用军官证、警官证、士兵证、文职干部或离退休干部证。人民解放军、人民武装警察部队在校学员凭学员证。16 周岁以下未成年人购票乘机的，可使用学生证、户口簿、独生子女证、出生证或暂住证。

②凡出席全国或省、市、自治区的党代会、政协会、工、青、代表会和劳模会的代表，无身份证者（包括军官证、警官证、士兵证、文职干部或离退休干部证明），由所属县团级以上党政军对口部门出具证明信，办理购票。

③全国人大代表和全国政协委员执行工作任务时，可以凭全国人民代表大会代表证、全国政协委员证办理购票，但要在"订票单"中注明证件的名称和号码。

④凡经国家批准的有突出贡献的中青年科学、技术、管理专家，外出工作或参加学术会议等，可以凭中华人民共和国人事部颁发的《有突出贡献中青年专家证书》办理购票。

⑤旅客因公执行紧急任务或抢救伤员、危重病人（须持有医疗单位出具的适于乘机的证明）及陪同，医护人员和家属，急需乘飞机者，因时间紧迫未带身份证或无身份证件者，经批准后出具证明，予以购票。

⑥中央部局级、地方省、直辖市级负责同志因紧急事务，未带身份证乘坐其他交通工具外出，返回时需要乘坐飞机者，可凭有关接待单位出具的证明办理购票。

⑦外国旅客、华侨、港澳台同胞及持有中华人民共和国护照的公民在护照签证有效期内均可凭护照直接购票。

⑧旅客的居民身份证在户籍所在地以外被盗或丢失的，凭发案报失地公安机关出具的临时身份证明购票。临时身份证明应贴有本人近期照片，写明姓名、性别、年龄、工作单位和有效日期，并在照片下方加盖公安机关的公章。

2. 填写、核对订座单

旅客在购买飞机票前必须出示购票证件并完整填写订座单上所列栏目，售票人员在根据旅客订座单的要求订座时，应仔细检查订座单是否填写完整，所填内容是否与购票证件一致。

3. 订座

①旅客订妥座位后，应在航空公司的规定或预先约定的时限内购买客票。航空公司一般规定，散客应在航班离站时间前两天12：00以前出票，团体旅客应在航班离站时间前五天12：00以前出票。旅客如有特殊情况要求保留座位，经航空公司同意后，在订座记录中注明出票时间。

②航空公司对旅客所订座位在规定或预先约定的时限内应予以保留，并且应按旅客已经订妥的航班和舱位等级提供座位。

③接受旅客订座一般按照先后顺序办理，重要旅客、抢险救灾、抢救病危的旅客应优先安排。

④旅客预订联程航班座位，应根据各机场公布的航班最短衔接时间的有关规定，避免错失联接航班。

⑤航空公司可以对某些票价制订有关条件，以限制旅客改变或取消订座的权利。

（二）电子客票订座

首先使用"AV"指令查询电子客票航班，订座的过程与普通机票的订座过程相同。在PNR的航段行后有电子客票航班标志，表示该航班是电子客票航班。查询航班时，往往需要输入不同城市的三字代码，国内主要城市三字代码如拓展资料二所示。

例1：航班信息查询。

AV：PEKSHA/100TC

100TC00（TUE）PEKSHA

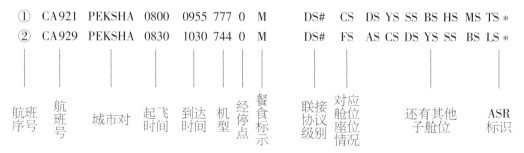

```
① CA921  PEKSHA  0800  0955 777 0  M      DS#  CS  DS YS SS BS HS MS TS ∗
② CA929  PEKSHA  0830  1030 744 0  M      DS#  FS  AS CS DS YS SS BS LS ∗
```

航班序号　航班号　城市对　起飞时间　到达时间　机型　经停点　餐食标示　联接协议级别　对应舱位座位情况　还有其他子舱位　ASR标识

∗∗ SHA-HONGQIAO AIRPORT PVG-PUDONG AIRPORT

例2：航班查询指令的输入和输出。

①指定日期的航班信息查询　　　　　　　　　　av：peksha/10oct

②指定日期及航空公司的航班信息查询　　　　　　av：peksha/10oct/ca

③指定日期的某一时间之后的航班信息查询　　　　av：peksha/10oct/ca/1100

④指定日期及到达机场的航班信息查询　　　　　　av：peksha/10oct

⑤在已有 AV 显示的前提下显示回程航班座位情况　av：re/10oct

⑥显示指定日期某航班的所有舱位　　　　　　　　av：ca983/10oct

⑦显示指定日期飞行时间最短的航班　　　　　　　av：e/peksha/10oct/d

⑧显示指定日期直达航班　　　　　　　　　　　　av：peksha/10oct/d

⑨指定日期无经停的航班信息显示　　　　　　　　av：peksha/10oct/a

例3：航班可利用座位情况。

FCYSBHKLMQT 为舱位等级，舱位等级后缀字母或数字代表该舱位可利用情况。

A——可以提供9个座位；

1—9——可以提供 1～9 个座位，这种情况下系统显示具体的可利用座位数；

L——没有可利用座位，但旅客可以候补；

Q——永久申请状态，没有可利用座位，但可以申请（HN）；

S——因达到限制销售数而没有可利用座位，但可以候补；

C——该等级彻底关闭，不允许候补或申请；

X——该等级取消，不允许候补或申请；

Z——座位可利用情况不明，这种情况有可能在外航航班上出现。

例4：旅客订座记录。

>AV：SHAPEK/30DEC/MU

```
30DEC（FRI）SHAPEK VIA MU
1   MU5101    SHAPEK 0800    0950    7380 S    EFA A5 YA KA BA
    ES HS IS MS NS RS SS VS TS WS XS GS QA IS ZS
2   MU564   PVGPEK 0815    0955    3200    EC7 JS D7 YA KA
    BA EQ HALQ MQ NQ RQ SQ VQ TQ WQ XQ GQ QQ IQ ZQ
```

```
1. MU5101 Y    FRI 30DEC SHAPEK HK1    0800 0950    738 S 0 E
2. SHA003
```

NM：1 王敏

　　CT：18975695108

```
1. 王敏
2. MU5101 Y    FRI 30DEC    SHAPEK HK1    0800 0950    738 S 0 E
```

3. 18975695108
4. SHA003

FPCASH，CNY

1. 王敏
2. MU5101 Y   FRI 30DEC   SHAPEK HK1   0800 0950   738 S 0 E
3. 18975695108
4. FC/M/SHA MU PEK 1000.00Y CNY1000.00END
5. FN/M/FCNY1000.00/SCNY1000.00/C0.00/XCNY90.00/TCNY50.00CN/TCNY40.00YQ/
   ACNY1090.00
6. FP/CASH，CNY
7. SHA003

二、团队旅客客票业务

（一）团体姓名组的处理

①团体 PNR 与一般的 PNR 的区别是增加了团体姓名组 GN。

 ∗团体姓名组　　　　　　　　　　GN

 ∗姓名组　　　　　　　　　　　　NM

 ∗航段组　　　　　　　　　　　　SS、SD、SN、SA

 ∗联系组　　　　　　　　　　　　CT

 ∗票号组　　　　　　　　　　　　TK

②团体名称组用于团体订座，是组成团体旅客记录不可或缺的组项，其由团体人数和团体名称组成的。

 >GN：团体订座人数　　　　团名

（二）团队旅客订座的注意事项

①代理人需要为团体起名。

②团名可由英文字母和斜杠（/）组成，不可用中文做团名。

③团名最长为 50 个字符，最短为 20 个字符。

④团名建立后不可以再更改。

⑤在代理人系统，9 人以上的 PNR 必须建团，9 人以下不能成团。

⑥一个团体最多只能有 511 名旅客。

⑦旅客姓名可以在建立团体 PNR 时输入，也可以在后分步输入。

⑧代理人可以按团名或者团体中任何一旅客姓名提取该 PNR。

⑨建立团体 PNR 后，代理人可以根据实际需要取消或分离部分旅客，分理出新的 PNR 仍为团体 PNR，且团名仍为原来团名。

例如，建立一个团名为 HUANGSHAN 的 12 人团体 PNR。

>GN：12HUANGSHAN   团体总人数   团名

三、电子客票的出票

在出电子客票之前，必须对 PNR 中每一个旅客输入旅客的身份识别号，即 SSR（FOll）项。系统支持多种证件类型和格式，例如身份证（N1）、护照（PP）等。

指令操作：

编 号	指令格式	指令说明
1	SSR FOID 航空公司代码 HK/NI 身份证号/旅客编号	输入旅客的身份识别号（身份证号）
2	SSR FOID 航空公司代码 HK/PP 身份证号/旅客编号	输入旅客的身份识别号（护照号）
3	SSR FOID 航空公司代码 UK/CC 身份证号/旅客编号	输入旅客的身份识别号（信用卡卡号）

举例：

）SSRFOIDMUHK／N1100010001000/P1

```
1. 王敏
2. MU5101 Y    FR30DEC    SHAPEK HK1    0800 0950    738 S 0 E
3. 18975695108
4. FC/M/SHA NU PEK 1000.00Y CNY1000.00END
5. SSR：FOID MU HK1 N1100010001000/P1
6. OSI CA CTC/1391000
7. FN/M/FCNY1000.00/SCNY1000.00/C0.00/XCNY90.00/TCNY50.00CN/TCNY40.00YQ/
   ACNY1090.00
8. FP/CASH，CNY
9. SHA003
```

在完成电子客票出票后，系统会在 PNR 中加入电子客票票号项（SSR TKNE）。电子客票使用 ETDZ：指令出票。指令格式与 DZ：指令相同。

指令格式：

编 号	指令格式	指令说明
1	ETDZ：打票机号	出电子客票
2	ETDZ：打票机号/旅客编号	出指定旅客的电子客票

在完成电子客票出票后，系统会在 PNR 中加入电子客票票号项（SSR TKNE）。

举例：

）ETDZ：17

CNY1090.00　FN86J

说明：

出票成功后系统返回金额和记录编号。

）RT FN86J

＊＊ELECTRONIC TICKET PNR＊＊

1. 王敏 FN86J/MU
2. MU5101 Y　FR30DEC　SHAPEK HK1　0800 0950　E
3. 18975695108
4. T
5. SSR F01D HK1 N1100010001000/P1
6. SSR TKNE MU HK1 SHAPEK 5101 Y30DEC 7811101001009/1/P1
7. 0SI CA CTC/1391000
8. FN/M/FCNY1000.00/SCNY1000.00/CO.00/XCNY90.00/TCNY50.00CN/TCNY40.00YQ/
　ACNY1090.00
9. TN/781-1101001009/P1
10. FP/CASH，CNY
11. SHA003

说明：

电子客票出票后系统在 PNR 中加入电子客票 PNR 标识"＊＊ELECTRONICTICKETPNR＊＊"，以及电子客票票号项（SSR TKNE）和票号项（TN）。

四、电子客票的票面提取办法

DETR：指令用于显示电子客票、打印电子客票行程单及发票。当超过一张客票记录满足 DETR：指令输入的查找内容时，将列出所有的有效的电子客票记录。如果只有一个符合的电子客票记录，系统显示这张电子客票的详细信息。

指令格式：

编　号	指令格式	指令说明
1	DETR：CN/PNR 记录编号	按 PNR 记录编号提取电子客票记录
2	DETR：CC/信用卡号	按照信用卡号提取电子客票记录
3	DETR：NI/身份证号	按照身份证号提取电子客票记录

编　号	指令格式	指令说明
4	DETR：NM/旅客姓名	按照旅客姓名提取电子客票记录
5	DETR：PP/护照号	按照护照号提取电子客票记录
6	DETR：TN/票号	按照票号提取电子客票记录
7	DETR：I	打印当前电子客票行程单
8	DETR：TN/票号，I	打印指定票号的电子客票行程单
9	DETR：TN/PNR 记录编号，I	打印指定旅客订座记录的全部电子客票行程单
10	DETR：H	提取电子客票历史记录
11	DETR：F	显示电子客票旅客的身份识别号码
12	DETR：A	将 DETR：显示过的电子客票票面内容及附加相关的信息输出到打印机
13	DETR：旅客编号	提取使用 ML：指令列出的旅客的电子客票记录
14	DETR：S	显示当前的电子客票行程单
15	DETR：TN/票号，S	显示指定票号的电子客票行程单
16	DETR：TN/票号，R	在当前的 hardcopy 打印发票
17	DETR：TN/票号，R/Nu	在当前的 hardcopy 重新打印发票 Nu　　N1，固定格式
18	DETR：TN/票号，P	按票号提取日期超过 3 个月的旅客

举例：按照票号提取电子客票记录。

） DETR：TN/781—1101001009

```
ISSUED BY：CHINA EASTERN AIRLINES    ORG/DST：SHA/PEK    ISI：SITI ARL—D
TOUR CODE：
PASSENGER：王敏
EXCH：CONJ TKT：
0 FM：1SttA HU，    5101    Y 30DEC 0800 0K Y    20K OPEN FOR USE
    RL：PN86J/
    TO：PEK
FC：30DEC05SHA MU PEK1000.00CNY1000.00END
FARE：CNY 1000.001FOP：CASH（04Y）
TAX：    CNY 50.00CN［01：
TAX：    CNY 40.00～0［
TOTAL：CNY 1090.001TKTN：781—1101001009
```

五、电子客票的换开

换开操作是电子客票的一项基础功能，换开操作的需求主要来自于电子客票的变更，电子客票换开本票需要在机场的电子商务柜台等处换开，如同一家航空公司有响应舱位就不必要换开。签转为其他航空公司时需要先换开为本票，如对方不同意接受折扣舱位还需重新购票，升舱时电子客票也需先换开为本票，再补交升舱的差价钱。只有客票为 OPEN FOR USE 的状态下才能够换开为本票，其指令格式为 **PET：打印机号 C 票联号**，客票状态显示代码的含义见表 3.2。

表 3.2　客票状态显示代码的含义

编　号	客票状态	说　明
1	OPEN FOR USE	客票有效
2	VOID	已作废
3	REFOUND	已退票
4	CHECK IN	正在办理登机
5	USED/FLOWN	客票已使用
6	SUSPENDED	系统处理，客票禁止使用
7	PRINT/EXCH	客票已换开为纸票

第四单元 》》》》》》》》》
电子客票指令介绍

一、常用指令

（一）经停点及起降时间的显示（FF）

FF 指令用于查询航班的经停城市、起降时间和机型。指令格式为 **>FF：航班号/日期**。

例 1：查询 10 月 9 日的国航 929 次航班的经停情况。

>FF：CA929/09OCT

PEK　　　　　　　　0830　　　74E

SHA	1020	1135	
NRT	1520		
经停城市	到达时间	起飞时间	机型

（二）票价查询（FD）

航空公司客票销售人员在销售过程中，需要查询票价。指令格式为>FD：城市对/日期/航空公司代码。

例2：查询北京到上海国航当前的票价。

>FD：PEKSHA/./CA

CA	FA	1 710.00	3 420.00	01JUL97	CNY
CA	CA	1 480.00	2 960.00	01JUL97	CNY
CA	YA	1 140.00	2 280.00	01JUL97	CNY
公司代码	舱位	单程票价	往返票价	生效日期	货币种类

（三）提取旅客名单多种选择（ML）

使用 ML 指令可以提取本部门在一个指定航班，某一日期和某一航段上的满足规定标准的旅客名单。指令格式为>ML：选择项/航班号/座位等级/日期/航段，选择项为不同代码时对应了不同的含义，选择项为 B 时代表提取订妥座位的旅客（HK 或 RR），C 代表提取所有旅客记录，X 代表提取取消的旅客，G 代表提取团体旅客记录。如提取 10 月 7 日国航 1321 次航班上的所有旅客名单，指令输入为>ML：C/CA1321/07OCT。

二、Q 信箱处理

Q 信箱又称代理人信箱，是代理人与航空公司计算机系统建立联系的有效手段，其处理方法主要是指代理人售票处机票销售人员如何通过提取信箱中的邮件来了解信件的实际信息，以采取正确的行动，其指令输入见表 3.3。

表 3.3　Q 信箱指令输入

Q 信箱指令名	输入格式
显示指令	>QT
开始处理指令	>QS
延迟处理指令	>QD
释放指令	>QN
重新显示指令	>QR

续表

Q 信箱指令名	输入格式
转移指令	>QC
发送指令	>QE

三、PNR 的建立、提取和更改

（一）PNR 的建立

1. 姓名组的建立［NM（GN）］

姓名组是组成旅客订座记录必不可少的组项，其记录了旅客姓名、所订座位数、称谓、特殊旅客代码等。指令输入格式为 NM：该姓名的订座总数　旅客姓名（特殊旅客代码）。

①姓名组由英文字母或汉字组成，如 NM：1 杨帆；NM：1WANGWEI。

②若输入英文字母的姓名，姓与名之间需用/分开，中文姓名无此限制，如 NM：1STEPHEN/HAETT。

③使用护照的中国籍旅客，姓名输入为拼音而非汉字，如 NM：1ZHANGTIANTIAN。

④若为特殊旅客，旅客姓名后面加上特殊旅客代码，若为无陪儿童，则在特殊旅客代码后加上无陪儿童的年龄，如 NM：1 马小琪 UM5。

⑤婴儿不占座位，因此婴儿订座需伴随成人旅客订座而产生，如 NM：1 马永，XN IN/马晓涌 INF（MAR01）P1。

⑥团队旅客名输入为 GN，如建立一个团名为 CHANGJIANG 的 12 人的团体 PNR>GN 12CHANGJIANG。

2. 航段组的建立［SS（SD）］

①直接建立航段组 SS，如>SS：MU2587/Y/08SEP/PEKWUH/NN1/1225　1400。

②间接建立航段组 SD，指令输入为>SD：航班序号　舱位等级/座位数，如>SD：1Y/1。

3. 联系组的建立（CT）

如>CT：PEK/1234567。

4. 出票组的建立（TK）

如>TK：TL/1200/01OCT/BJS123。

5. 证件号码、会员号码的输入（SSR）

①国内旅客身份证号码输入指令为 SSR：FOID 航空公司代码　HK/NI……/旅客标志，如>SSR：FOID　FM　HK/NI420881198707160063/P3。

②持护照的旅客乘坐国内航班的护照号码输入指令为 SSR：FOID　航空公司代码 HK／NI D………／旅客标志，如>SSR：FOID　ZH　HK／NI　D131459/P5。

③乘坐国际航班的旅客护照号码输入指令为 SSR：PSPT　航空公司代码　HK／NI D………／出生日期/旅客标志，如>SSR：PSPT　CA　HK／NI　D131459/04JUL45/P1。

④航空公司会员卡号输入指令为 SSR：FQTV　航空公司代码　HK／卡号/旅客标志，如>SSR：FQTV　CZ　HK／CZ123456/P3。

6. 特殊服务组（SSR）

①查看航班座位图 ADM>ADM：航段序号/航段。

②进行机上座位预订 ASR>ASR：航段序号/座位号。

③其他特殊服务的申请。

>SSR 特殊服务代码　航空公司　NN 数量/Pn/Sn。

常用特殊服务代码：

①机位申请。

NSSA：无烟靠走廊的座位

NSSW：无烟靠窗的座位

NSST：无烟座位

SMSA：吸烟靠走廊的座位

SMSW：吸烟靠窗的座位

SMST：吸烟座位

②特殊餐食。

AVML：亚洲素食

BLML：流食

CHML：儿童餐

DBML：糖尿病患者餐

FPML：水果拼盘

SFML：海洋餐

HFML：高纤维餐

HNML：印度餐

BBML：婴儿餐

KSML：犹太教餐

LCML：低卡路里餐

LFML：低胆固醇、低脂肪餐

LSML：无盐餐

MOML：穆斯林餐

VLML：素食（含糖、鸡蛋）

VGML：素食（无糖）

③其他。

PETC：宠物（需要详细说明）

BSCT：摇篮车/吊床/婴儿摇篮

BIKE：自行车（须说明数量）

SLPR：机舱内床铺（不包括担架）

BLND：盲人旅客（如果有导盲犬或其他动物陪伴，须详细说明）

BULK：超大行李（须说明数量、重量和尺寸）

CBBG：放置机舱行李（购买了额外座位，须说明数量、重量及尺寸）

DEAF：聋哑旅客（如果有助听狗或其他动物陪伴，须详细说明）

DEPA：被驱逐出境（有人陪伴）

DEPU：被驱逐出境（无人陪伴）

XBAG：额外行李（须说明数量、重量和尺寸）

FRAG：易碎行李（须说明数量、重量和尺寸）

MEDA：健康状况（需要旅客医疗状况证明）

SPEQ：体育设施（须指明设备类型、数量、重量和尺寸）

STCR：担架旅客

UMNR：无人陪伴儿童

7. 票号组（TK）

如手工票号输入　TKT>TKT/783-2203752149/P1。

8. 票价组，票价信息的简易输入 FC/FN

选择制订航段进行票价计算或打票 SEL>SEL：指定航段序号。

9. 付款方式组（FP）

>FP：CASH/ CHECK，CNY。

10. 备注组（RMK）

11. 旅游代码组（TC）

一般按照航空公司要求输入。

12. 其他服务信息 OSI 项

13. 电子客票的改签

（二）PNR 的提取

PNR 的提取一般采用两种方式，一种是以旅客订座记录编号提取；另一种是以旅客姓名提取。其格式为 RT：记录编号或 RT：姓（团）名/航班/日期/航段。

例：若一名旅客的订座记录编号为 AW34H，提取指令输入为

RT：AW34H

系统平台的输出会显示：

1. ZHAO/DONG/HONG

2. ZHAO/PENG

3. WANG/RONG

4. CJ6335 Y SA08JAN CTUCAN HK3 0700 0900

5. CTU 34391750

6. /1600/04 JAN/CTU 003

7. CTU003

对于团体旅客 PNR 的提取，系统平台输出团名，旅客具体姓名不显示，若需查看团体旅客中的旅客姓名，再用 RT：N 指令提取一次，若一次提取连同姓名的团体记录，可用 RT：N/记录编号来提取。

根据旅客姓名提取 PNR 时，既可以输全名也可只输姓氏，若只输姓氏，显示此航班上该姓氏的全体旅客姓名。无论用英文或是用中文输的姓名，提取时都输字母。

（三）PNR 的更改

电子客票允许改签航班，所更改的航班在航段、航空公司和舱位上应保持一致，PNR 中的旅客姓名应与电子客票中的姓名一致。

对电子客票进行航班变更需要遵循以下操作流程：

流程 1：

》提取电子客票旅客记录（PNR）。

》更改航班。

》更改电子客票票号项（SSRTKNE）。

》PNR 封口（@）

例：

第一步，提取电子客票旅客记录。

>RT：FN834

```
＊ ＊ELECTRONIC TICKET PNR ＊ ＊
1. TEST/AA
2. TEST/BB
3. TEST/CC FN834/MU
4. HU5107 Y   SA31DEC   SHAPEK HK3   1100 1300   E
5. 9809
```

6. T

7. 5SR FOID MU HK1 NI300030003000/P3

8. SSR FOID MU HK1 N1200020002000/P2

9. SSR FOID MU HK1 N1100010001000/P1

10. 5SR TKNE MU HK1 SHAPEK 5107 Y 31DEC 7811101001003/1/P1

11. SSR TKNE MU HK1 SHAPEK 5107 Y 31DEC 7811101001004/1/P2

12. SSR TKNE MU HK1 SHAPEK 5107 Y 31DEC 7811101001005/1/P3

13. FN/M/FCNY 1000. 00/SCNY1000. 00/C3. 00/XCNY 90. 00/TCNY50. 00CN/TCNY40. 00Y0/
    AChY1090. 00

14. TN/781—1101001003/P1

15. TN/781—1101001004/P2

16. TN/781—1101001005/P3

17. FP/CASH，CNY

18. SHA003

察看电子客票记录，可以看到客票变更前的状态。

DETR：TN/781110100100

ISSUE0 BY：CHINA EASTERN AIRLINES   0RG/D5T：SHA/PEK   ISI：SITI ARL—D

TOUR CODE：

FASSENGER：TEST/CC

EXCH：   CONJ TKT：

0 FU：1SHA mJ   5107   Y 31DEC 1100 0K Y   K 0PEN FOR USE

　　　 RL：FN834   /

　　　 T0：PEK

FC：30DEC05SHA HU PEK1000. 00CNY1000. 00END

FARE：   CNY 1000. 00〔FOP：CASH（CNY）〕

TAX：   CNY 50. 00CN101：

TAX：   CNY 40. 00YQI

TOTAL：CNY 1090. 001TKTN：781—1101001005

　　　第二步，变更电子客票航班。

）XE：4

SSNnJ5101/Y/30DEC/SHAPEK/3

＊＊ELECTRONIC TICKET PNR＊＊

1. TEST/M

2. TEST/BB

3. TEST/CC FN834/MU

4. MU5101 Y FR30DEC SHAPEK HK3 0800 0950 E

5. 9809

6. T

7. 5SR F01D MU HK1 N1300030003000/P3

8. SSR F01D UU HK1 N1200020002000/P2

9. SSR F01D MU HK1 N1100010001000/P1

10. SSR TKNE HU HK1 SHAPEK 5107 Y31DEC 7811101001003/1/P1

11. SSR TKNE HU HK1 SHAPEK 5107 Y31DEC 7811101001004/1/P2

12. SSR TKNE MU HK1 SHAPEK 5107 Y31DEC 7811101001005/1/P3

13. FN/M/FCNY1000. 00/SCNY1000. 00/C3. 00/XCNY90. 00/TCNY50. 00CN/TCNY40. 00YQ/
    ACNY1090. 00

14. TN/781—1101001003/P1

15. TN/781—1101001004/P2

16. TN/781—1101001005/P3

17. FP/CASH，CNY

18. SHA003

第三步，在原 PNR 的基础上对电子客票票号项（SSR TKNE）进行更改，更改航班及日期，加入新的电子客票票号项（SSR TKNE）。

）XEIO/11/12

SSR TKNE mJ HK1 SHAPEK 5101 Y30DEC 7811101001003/1/P1

SSR TKNE UU HK1 SHAPEK 5101 Y30DEC 7811101001004/1/P2

SSR TKNE UU HK1 SHAPEK 5101 Y30DEC 7811101001005/1/P3

＊＊ELECTRONIC TICKET PNR＊＊

1. 李丽

2. 刘杰

3. 张晨 MSD04

4. CAl321 Y　　FR221JUN PEKCAN HK3　　0900 1155　　E

5. NA

6. T

7. SSR FOID CA HK1 N1792739824/P1

8. SSR FOID CA HK1 N1297324824/P2

9. SSR FOID CA HK1 N1123456780/P3

10. SSR TKNE MU HK1 SHAPEK 5101 Y30DEC 7811101001005/1/P3

11. SSR TKNE MU HK1 SHAPEK 5101 Y30DEC 7811101001004/1/P2

12. SSR TKNE MU HK1 SHAPEK 5101 Y30DEC 7811101001003/1/P1

13. FN/M/FCNY1000. 00/SCNY1000. 00/C3. 00/XCNY90. 00/TCNY50. 00CN/TCNY40. 00YO/
    ACNY1090. 00

14. TN/781—1101001003/P1

15. TN/781—1101001004/P2

16. TN/781—1101001005/P3

17. FP/CASU，CNY

18. SHA003

第四步，变更完成，PNR 封口。

>@

MU5101 　Y FR30DEC 　SHAPEK HK3 　0800 0950
FN834

检查电子客票记录，客票已成功变更。

第五单元 〉〉〉〉〉〉〉〉〉〉

国内客票的填开

一、航空公司客票的填开

（一）客票的填开原则

手工填开客票时用圆珠笔，中文写工整，英文字母全部大写，要保证每一联清晰无误。

①每一旅客必须有各自单独的客票，不允许填开团体或家庭客票。

②每一个不同的航班，应有一张乘机联。

③每一个不同承运人航段，应有一张乘机联。

④每一个中途分程航段，应有一张乘机联。

⑤每一个不同的座位等级，应有一张乘机联。

⑥每一个不同的定座情况航段，应有一张乘机联。

（二）客票的填写

1．"旅客姓名"栏

填写旅客姓名。按照旅客订座单上的旅客全名填写，旅客订座单上的姓名必须与旅客身份证上的姓名和订座记录上的姓名一致。外国旅客的姓名先写姓氏，其后画一斜线，再填写名字和称谓。如果名字不便使用或此栏无足够的地方填写时，可以用名字的首个字母取代。当姓氏中包含连字符或复姓氏时，要去掉连字符或空白间隔。此外，如需填写表明特殊用途的代号时，将代号填在姓名后。

例1：王英

王英

例2：MR，WILLIAM. HENRY HARRISON

HARRISON/WH　MR

例3：张迪（出生年月：1989.5.）

张迪 CHD

特殊称谓代号：

CHD	儿童票
INF	婴儿票
CBBG	占用座位的行李
DEPU	无人押解的被遣返旅客
DEPA	有人押解的被遣返旅客
INAD	不受欢迎的人
DIPL	外交信使
EXST	占用一个以上座位的付费旅客
SP	无自理能力或病残等原因需要特别护理的旅客
STCR	使用担架的旅客
UM	无成人陪伴儿童

2. 运输有效航段"自……至……"栏

填写旅客的航程。在"自……"栏内填写始发城市名称，在"至……"栏内填写每一个连续的中途分程，衔接（联程）点或目的地。如一个城市有两个或两个以上机场，应在城市名旁加上机场三字代码。当航程需要使用两本以上（含两本）序号相连的客票时，则将前一本客票的最后一个城市名称填入下一本客票的"自……"栏内。不得使用城市三字代码或简语填写城市名称，我国主要机场名称如本章拓展资料三所示。

3. "承运人"栏

填写各航段上已经申请座位或订妥座位的承运人，不定期客票不指定承运人时，此栏可不填或填入 YY；指定承运人时，应填入承运人的二字代码。

4. "航班号"栏

填写各航段已经申请座位或订妥座位的航班号。

5. "座位等级"栏

填写各航段已经申请座位或订妥座位的舱位等级代号。舱位等级代号必须与票价一致。

6. "日期"栏

填写各航段已经申请座位或订妥座位的乘机日期月份。日期在前面，用两位数字表示，如 8 日为 08；月份用英文的月份简语表示。

例：九月八日

08/SEP

月份的简语为：

一月	JAN
二月	FEB
三月	MAR
四月	APR
五月	MAY
六月	JUN
七月	JUL
八月	AUG
九月	SEP
十月	OCT
十一月	NOV
十二月	DEC

7. "时间"栏

填写各航段已经申请座位或订妥座位的航班离站时间。时间用 24 小时制表示，离站时间均为各始发地当地时间。

例：早上八点三十五分，写为 0835。

8. "订座情况"栏

"OK"	座位已订妥
"RQ"	已申请订座，但尚未确认，或列入候补
"NS"	婴儿不占座位
"SA"	运价或规定不允许订座，利用空余座位

9. "票价级别/客票类别"栏

填写旅客所付票价的级别及折扣代号。

折扣代号：

CH	儿童票价
IN	婴儿票价

例 1：购经济舱的成人全票价。

> Y

例 2：购经济舱的儿童票。

> YCH50

例 3：购经济舱的婴儿票。

> YIN90

10. "免费行李额"栏

填写旅客所持客票的座位等级或所付票价享受的免费行李额。一般 F 舱填 40 kg；C 舱填 30 kg；Y 舱填 20 kg。

11. "票价计算"栏

填写票价的计算过程或票价的使用依据，如果票价是分段相加组合的，应将各航段的票价列明。如果需要填开两本（含）以上客票时，在每一本客票的"票价计算"栏内都要填写。

①革命伤残军人票价应填写伤残军人证书及证书号码，如"革命伤残军人证00128"。

②免票、优惠票填写授权出票通知单号码，如"授权通知书011288"。

③一团……一议的团体票价经审批同意的票价代号。

④旅客误机应盖上"误机/NO SHOW"印章，并注明时间。

12. "票价"栏

填写全航程的票价总额。如果需要填开两本（含）以上客票时，在每一本客票的"票价"栏内都要填写全航程的票价总额，在票价总额前加上货币代号"CNY"。

例：

> CNY900.00

13. "实付等价货币"栏

如果用旅费证或预付票款通知换开的客票，应填写其实付货币代号和金额。

14. "税款"栏

填写货币代号和税金，根据国家有关规定，目前机场建设费填写在此栏目，填写格式为机场建设费代码 CN 后面加上金额。

15. "总数"栏

将票价栏的金额加上税款栏的金额计得的总金额填入。如需填开两本（含）以上的客票时，在每一本客票的"总数"栏内都要填写。

填写方法与"票价"栏同。

16. "付款方式"栏

填写旅客付款方式的代号。

CASH	现金
CHECK	支票

17. "始发地/目的地"栏

旅客的航程只需填开一本客票时，此栏可不填。旅客的航程需用两本（含）以上客票时，每本客票都应填写始发地和目的地的城市三字代号。

例： SHA/BJS

18. "订座记录编号"栏

填写旅客订座记录编号。

19. "旅游编号"栏

填写团体旅客编号，无编号可空着不填。

20. "换开凭证"栏

填写使用换开客票的原客票，旅费证或预付票款的凭证的号码。

21. "连续客票"栏

如果全航程使用两本（含）以上客票时，在每一本客票的此栏内填写全部客票的所有客票号。

22. "原出票"栏

如果该客票是换开的，在新客票此栏填写换开凭证的出票承运人、凭证号、地点、日期、营业员号。

23. "签注"栏

填写使用整本客票或某一乘机联时需要特别注明的事项，大致分为三项内容：签转、更改、退款。当旅客有更改客票的要求时，应特别注意此项内容。

24. "出票日期和地点"栏

填写出票日期和地点以及出票人签字，加盖业务用章。

二、BSP 客票的填开

BSP 客票的填开和航空公司客票填开形式上大多是相同的，但也有区别，如在客票填开单位中需以指令输入形式来输入航空公司代码，日期、地点则由计算机以固定格式直接打印在客票上，且 BSP 客票的付款栏只印在标准运输凭证的出票人联和财务联上，在客票随后各联中，此栏对应部分为条形码。

第六单元 》》》》》》》》》》

常旅客计划

一、常旅客专享服务与优惠

　　航空运输业属于典型的服务型行业，随着全球航空管制的逐步放松，航空运输业的竞争越来越超越了国家的边界，成为全球的竞争。在这种激烈竞争的条件下，如何通过提高顾客的满意度，进而提高顾客的忠诚度已经成为任何一家航空公司不可回避的营销主题，常旅客计划就是其中一个重要环节。

　　常旅客计划是通过为旅客积累里程对经常乘坐本公司航班的旅客给予升舱和免票奖励，这一计划对吸引固定的高票价的旅客，以及改变旅客的构成起着决定性的作用。其能够减少旅客对价格的需求的弹性，提高航班座位的含金量。另外它可通过调整销售策略，利用先天优势来吸引旅客，从而保持固定的旅客群，提高客户的忠诚度，从而避免价格战，实现收益品质最大化，增强市场竞争力。

二、常旅客信息录入

　　（一）完整会员信息录入

　　在 FFP 常客系统键入"RG"指令弹出注册表单，通过填写表单完成注册，其中有"＊"号的项目是必须填写的，可以用 TAB 键来切换要填写的项目，其中有"＞"号的项目可以按键盘上的 F9 键弹出下拉菜单进行选择，注册成功后会显示"完整注册成功"并反馈一个会员卡号和会员密码。

　　（二）机场离港柜台快速注册

　　会员办理值机手续时，直接向值机员要求成为会员，向值机员提供手机号码或电子邮件地址，以及申请人姓名，立即就能注册为航空公司会员，其卡号和密码在手机或电子邮件中被确认为有效后，会发送到手机或电子邮件中。

　　在 FFP 常客系统键入"QRG"指令弹出注册表单，通过填写表单完成注册，其中有

"＊"号的项目是必须填写的，可以用 TAB 键来切换要填写的项目，其中有"＞"号的项目可以按键盘上的 F9 键弹出下拉菜单进行选择，如果以后要填写或修改完整的会员信息，可以通过会员个人资料维护"MBM"指令来完成。

（三）即发卡注册

将会员申请表、即发卡和会员手册发给旅客后，回收详细填写的入会申请表，用指令"MBC"在 FFP 常客系统完成会员资料的补充，所填写项目与完整注册相同，该方法是目前最常用的会员入会方法。

三、积分及里程兑换

在办理登机手续时出示会员卡即可累积里程，如果网上值机也可以自己填写，目前国内航空公司普遍有身份识别功能，不需要出示会员卡即能自动识别身份证注册的本公司会员号。

国内航空公司的里程计算基本都以千米为单位，累积了 1 000 千米里程相当于乘坐了全价的 1 000 千米航班，而不是说能兑换 1 000 千米的免费机票。国内航空公司一般起步价 6 000 千米里程能换一张 600 千米以内的机票。兑换机票就像正常购买机票一样直接上航空公司官网或者打电话就可以出票了，不过有些航空公司的折扣兑换活动必须到营业部柜台出票。

免费机票是指航空公司的票面价免费，但是机场建设费以及燃油附加费还是由购买者付费的。每个航班会由销售部门分配不同舱位的数量，以便于会员进行申请里程兑换。

在实际操作中，不同舱位累积里程也不一样，或多或少或不累积里程，而且免费兑换机票也不能同时再累积里程，每个航空公司不同舱位能累积的里程比例不一样，旅客的里程兑换需求应提早作好准备。

四、其他积分累积方式

（一）酒店里程累积方式

每家航空公司会和不同的酒店达成合作，凭航空公司常旅客卡入住，可以得到一定的里程，各家酒店累积的分数都会不同，细则可以查阅各航空公司官网。如南航与香格里拉酒店，每次以牌价或商务价入住可得到 800 千米的里程点数；每次以国内价入住可得到 400 千米的里程点数。

（二）刷卡里程累积方式

国内很多家银行都有与航空公司的联名信用卡，在消费者消费的同时，又累积了航空积分，也是一个不错的选择，但每家银行的刷卡计积分消费的比例不同，可根据个人喜好及换算比例选择办理信用卡，加速航空里程的累积。

同时，各张信用卡的附加功能也不能忽视。比如其所提供的航空意外保险金额，差距从 50 万到 500 万不等；各家银行的旅行保险金额也有不同，南航明珠中银信用卡的航班延误补偿及行李损失补偿就可高达 2 000 元。

（三）　其他合作伙伴累积

现在航空公司越来越注重横向之间的合作关系，所以消费者尽可能利用身份的一切有限资源，加速航空里程的累积，例如，租车、商旅、通信、电子商务、健康体检。

（四）　特殊积分累积

各家航空公司会定期推出一些主题活动，关注航空公司官网，积极参与活动来获取特殊积分也是加速累积的方法之一。

【思考题】

1. 简述婴儿票、儿童票、包机费等我国各类运价的规则与差价体系。

2. 简述旅客客票的组成和分类。

3. 电子客票的常用指令有哪些？

4. 简述旅客订座记录 PNR 的建立、提取与更改方法。

5. 简述国内客票的填开原则。

6. 航空公司常旅客计划的服务与优惠方式有哪些？

拓展资料— 国内主要航空公司折扣舱位代码

国内主要航空公司折扣舱位代码表

航空公司	二字代码	头等舱	子舱位	公务舱	全价舱	9折	8.5折	8折	7.5折	7折	6.5折	6折	5.5折	5折	4.5折	4折	3.5折	3折及以下
中国国际航空	CA	F	A	C	Y	B	M1	H	K	L	L1	Q	Q1	G	V	V1	T	ES
东方航空	MU	F	PA	C	Y	B	E	H	L	M	N	R	S	V	T	W	G	XQI
南方航空	CZ	F	PW	C	Y	T	K	H	M	G	S	L	Q	E	V	X	N	RB
海南航空	HU	F	A	C	Y	B	H	K	L	M	M1	Q	Q1	X	U	E	T	Z
厦门航空	MF	F	J	C	Y	B	H	K	L	M	N	Q	T	V	X	R	U	GIW
上海航空	FM	F	PA	—	Y	B	E	H	L	M	N	R	S	V	T	W	X	QI
深圳航空	ZH	F	A	P	Y	B	M	H	K	L	P	Q	Z	G	V	W	T	E
山东航空	SC	F	A	—	Y	B	M	H	K	L	P	Q	—	G	V	U	Z	RE
四川航空	3U	F	A	—	Y	T	W	H	M	G	S	L	Q	E	V	R	K	NXU
吉祥航空	HO	F	A	C	Y	—	—	M	—	—	—	V	—	W	R	Q	P	S
首都航空	JD	—	—	—	Y	B	H	K	L	M	P	Q	S	X	U	E	N	T
天津航空	GS	F	A	C	Y	B	H	K	L	M	—	Q	—	X	U	E	T	ZV

航空公司	代码																	
昆明航空	KY	F	A	P	Y	B	M	H	K	L	L	Q	Z	G	V	W	T	ER
中国联合航空	KN	F	PA	—	Y	B	E	H	L	M	N	R	S	V	T	W	G	XI
河北航空	NS	F	A	P	Y	T	—	H	M	G	G	L	Q	E	V	R	K	I
鲲鹏航空	VD	F	—	—	Y	G	K	H	T	Q	L	S	N	M	E	—	—	—
奥凯航空	BK	F	—	—	Y	B	H	K	M	L	N	Q	X	E	U	T	—	O
华夏航空	G5	F	—	—	Y	T	—	M	—	—	—	E	—	R	O	U	Z	X
鹰联航空	EU	—	A	—	Y	T	—	H	M	G	G	L	Q	E	V	R	K	I
西藏航空	TV	F	—	—	Y	B	—	H	K	L	J	Q	—	G	V	R	E	—
幸福航空	JR	—	A	C	Y	B	—	H	L	M	N	R	S	V	T	W	—	—
祥鹏航空	8L	F	—	—	Y	B	H	K	L	M	M1	Q	Q1	X	U	E	Z	TIV
西部航空	PN	—	—	—	Y	B	H	K	L	M	—	Q	—	X	U	E	Z	T

拓展资料二   国内主要城市三字代码

国内主要城市三字代码表

字　母	城市名		三字代码
A	AKSU	阿克苏	AKU
	ALTAY	阿勒泰	AAT
	ANKANG	安康	AKA
	ANQING	安庆	AQG
B	BAOSHAN	保山	BSD
	BAOTOU	包头	BAV
	BEIHAI	北海	BHY
	BEIJING	北京	BJS
C	CHANGCHUN	长春	CGQ
	CHANGDE	常德	CGD
	CHANGSHA	长沙	CSX
	CHANGZHI	长治	CIH
	CHANGZHOU	常州	CZX
	CHAOYANG	朝阳	CHG
	CHENGDU	成都	CTU
	CHIFENG	赤峰	CIF
	CHONGQING	重庆	CKG
D	DALI	大理	DLU
	DALIAN	大连	DLC
	DANDONG	丹东	DDG
	DATONG	大同	DAT
	DAXIAN	达县	DAX
	DUNHUANG	敦煌	DNH
E	ENSHI	恩施	ENH
F	FUZHOU	福州	FOC
G	GANZHOU	赣州	KOW
	GERMU	格尔木	GOQ
	GUANGZHOU	广州	CAN
	GUILIN	桂林	KWL
	GUIYANG	贵阳	KWE

字　母	城市名		三字代码
H	HAIKOU	海口	HAK
	HAILAER	海拉尔	HLD
	HANGZHOU	杭州	HGH
	HANZHONG	汉中	HZG
	HAERBIN	哈尔滨	HRB
	HEFEI	合肥	HFE
	HEIHE	黑河	HEK
	HETIAN	和田	HTN
	HUHEHAOTE	呼和浩特	HET
	HUANGSHAN	黄山	TXN
	HUANGYAN	黄岩	HYN
J	JIAMUSI	佳木斯	JMU
	JIAYUGUAN	嘉峪关	JGN
	JILIN	吉林	JIL
	JINAN	济南	TNA
	JINGDEZHEN	景德镇	JDZ
	JINJIANG	晋江	JJN
	JINZHOU	锦州	JNZ
	JIUJIANG	九江	JIU
K	KELAMAYI	克拉玛依	KRY
	KASHI	喀什	KHG
	KUERLE	库尔勒	KRL
	KUNMING	昆明	KMG
	KUQA	库车	KCA
L	LANZHOU	兰州	LHW
	LASA	拉萨	LXA
	LIANYUNGANG	连云港	LYG
	LIJIANG	丽江	LJG
	LINCANG	临沧	LNJ
	LIUZHOU	柳州	LZH
	LUOYANG	洛阳	LYA
	LUZHOU	泸州	LZO
M	MANGSHI	芒市	LUM
	MEIXIAN	梅县	MXZ

续表

字　母	城市名		三字代码
M	MIANYANG	绵阳	MIG
	MUDANJIANG	牡丹江	MDG
N	NANCHANG	南昌	KHN
	NANCHONG	南充	NAO
	NANJING	南京	NKG
	NANNING	南宁	NNG
	NANTONG	南通	NTG
	NANYANG	南阳	NNY
	NINGBO	宁波	NGB
Q	QIEMO	且末	IQM
	QINGDAO	青岛	TAO
	QINHUANGDAO	秦皇岛	SHP
	QIQIHAER	齐齐哈尔	NDG
	QUZHOU	衢州	JUZ
S	SANYA	三亚	SYX
	SHANGHAI	上海	SHA
	SHANTOU	汕头	SWA
	SHASHI	沙市	SHS
	SHENYANG	沈阳	SHE
	SHEHZHEN	深圳	SZX
	SHIJIAZHUANG	石家庄	SJW
	SIMAO	思茅	SYM
T	TACHENG	塔城	TCG
	TAIYUAN	太原	TYN
	TIANJIN	天津	TSN
	TONGLIAO	通辽	TGO
U	URUMUQI	乌鲁木齐	URC
W	WANXIAN	万县	WXN
	WEIFANG	潍坊	WEF
	WEIHAI	威海	WEH
	WENZHOU	温州	WNZ
	WUHAN	武汉	WUH
	WULANHAOTE	乌兰浩特	HLH
	WUYISHAN	武夷山	WUS

字 母	城市名		三字代码
X	XI'AN	西安	SIA
	XIAMEN	厦门	XMN
	XIANGFAN	襄樊	XFN
	XICHANG	西昌	XIC
	XILINHAOTE	锡林浩特	XIL
	XISHUANGBANNA	西双版纳	JHG
	XUZHOU	徐州	XUZ
Y	YAN'AN	延安	ENY
	YANCHENG	盐城	YNZ
	YANJI	延吉	YNJ
	YANTAI	烟台	YNT
	YIBIN	宜宾	YBP
	YICHANG	宜昌	YIH
	YINCHUAN	银川	INC
	YINING	伊宁	YIN
	YIWU	义乌	YIW
	YULIN	榆林	UYN
Z	ZHANGJIAJIE	张家界	DYG
	ZHANJIANG	湛江	ZHA
	ZHAOTONG	昭通	ZAT
	ZHENGZHOU	郑州	CGO
	ZOUSHAN	舟山	HSN
	ZHUHAI	珠海	ZUH

拓展资料三　我国主要机场名称

我国主要机场一览表

序　号	城　市	机场名称	距离市中心距离/km
1	北京	首都国际机场	25.4
2	长沙	黄花机场	24.4
3	成都	双流机场	17
4	大连	周水子机场	9.5
5	广州	白云机场	6
6	杭州	萧山机场	27
7	哈尔滨	太平国际机场	33
8	合肥	骆岗机场	9.5
9	武汉	天河机场	26
10	厦门	高崎机场	11
11	西安	咸阳机场	16.8
12	西昌	青山机场	13
13	呼和浩特	白塔机场	14.3
14	长春	大房身机场	10
15	宁波	栋社机场	10
16	桂林	两江机场	26
17	海口	美兰机场	18
18	南京	禄口机场	35.8
19	青岛	流亭机场	23
20	三亚	凤凰机场	11
21	济南	遥强机场	28.5
22	石家庄	正定机场	31.9
23	重庆	江北机场	19
24	海拉尔	东山机场	7
25	和田	和田机场	11.5
26	昆明	巫家坝机场	6.6
27	兰州	中川机场	74.5
28	南宁	吴圩机场	27.8
29	上海	虹桥国际机场	13.5

序　号	城　市	机场名称	距离市中心距离/km
30	上海	浦东国际机场	30
31	沈阳	桃仙机场	18.5
32	深圳	黄田机场	32.5
33	太原	武宿机场	13.8
34	天津	滨海机场	13.3
35	郑州	新郑机场	29.5
36	佳木斯	东郊机场	13
37	齐齐哈尔	三家子机场	13
38	拉萨	贡嘎机场	90
39	贵阳	龙洞堡机场	10
40	福州	长乐机场	47.5
41	喀什	喀什机场	6.4
42	乌鲁木齐	地窝铺机场	17

第四部分

值机与行李运输

【知识目标】了解值机的工作内容及相关规定；

理解行李的种类及载运平衡规则；

了解行李的收运、交付及保管的运输过程及注意事项。

【能力目标】能查验旅客客票的合法性、正确性、真实性以及有效性，并完成指令信息的录入；

能合理安排旅客座位，发放登机牌；

能掌握载重平衡的相关规则；

能熟练完成行李收运工作，并对逾重行李、声明价值行李进行相关手续的办理。

【案例导入】

在某机场，一位旅客在值机系统刚关闭的情况下来办理值机手续，值机人员一方面向值班主任报告，为旅客补办手续；另一方面提前准备帮旅客办理乘机手续。旅客姓"弋"，刚好同航班另一名旅客姓"戈"，办理值机手续时，值机人员在查验旅客证件姓名是否与客票一致时认为是售票时录错了身份信息。旅客与售票代理确认身份信息正确后，值机人员仍没有仔细去核对值机系统里的旅客信息，仍认为旅客的身份信息错误。飞机起飞时间将近，最终旅客误机，事后旅客提出投诉。

2010 年 5 月，旅客罗女士托运了一件行李，装有两瓶 500 mL 的白酒。值机人员仔细检查没发现异常后，将行李按易碎品办理托运，告知旅客相关托运规定并让旅客签订了《行李免除责任书》。但是，当行李传送到行李分拣时，行李分拣员发现该行李有渗漏情况，于是通知值机，值机人员得知行李渗漏情况不严重便通知分拣员最后装机。到装机时，机组发现该行李还在继续渗漏，因此拒绝装机。此时，将行李卸下飞机，暂存于行李查询部门。旅客到达目的地后，传真出具了行李开包授权书，值机人员和行李查询人员共同为旅客重新改善包装后，经后续航班运出。

【案例解析】

上述案例对应了旅客在航空公司值机和行李运输过程中所出现的特殊情况，值机人员在给旅客办理乘机手续时，在核查旅客的证件姓名是否与客票一致这一重要步骤中，没有仔细核对身份证号，而只是简单地认为旅客的姓名在售票时出错。由于目前二代身份证上没有姓名的汉语拼音，这要求值机人员在遇到生僻字时要特别谨慎，一定要认真核对身份证号码，这样才能迅速准确地为旅客办理乘机手续。根据《中国民用航空旅客、行李国内运输规则》规定，值机人员要"按规定接受旅客出具的客票，快速、准确地办理值机手续"。

罗女士所托运的行李，由于签有《行李免除责任书》，因此机场不承担赔偿责任。根据《中国民用航空旅客、行李国内运输规则》中规定，"在始发地发现违章行李，应拒绝收运；如已承运，应取消运输"。在本案例中，值机人员没有意识到行李泄漏可能对飞机造成危害的重要性，没有高度重视。值机人员没有优先考虑及时通知旅客，改善行李包装，解决渗漏问题并继续托运行李。因此虽然问题解决了，但仍能发现值机人员在工作中的问题，安全意识和规范操作是值机人员需要加强的。

第一单元 》》》》》》》》》

值　机

　　值机是民航旅客地面服务的一个重要组成部分，是为旅客办理乘机手续，接收旅客托运行李，引导旅客上下飞机等旅客服务工作的总称。值机是民航运输生产的一个关键性环节，搞好值机工作对于提高服务质量和保证正常飞行及安全具有重要意义。旅客运输工作由三部分构成，即航空客票销售、地面服务及空中运输。值机工作作为直接面对旅客的一项工作，是民航旅客运输服务连接地面运输和空中运输的关键一环。

　　值机准备工作有两个方面：信息准备和物品准备。其中信息准备包括了解航班信息、订座人数、特殊旅客的信息等；物品准备则包括准备好登机牌、行李牌、订书机、计算器等。准备工作完成以后，值机工作正式开始，即查验客票、安排旅客座位、收运行李、旅客运送服务及处理旅客运送中的不正常情况。

一、查验客票

　　旅客在办理乘机手续时，应出示旅客运输凭证及旅行证件。旅客的客票及旅行证件应随身携带，不得放在交运行李中运输。由于旅客客票及旅行证件不完备而受到的损失及额外支付的费用，承运人不承担责任。承运人由此受到的一切损失和支付的费用，甚至罚金，由旅客负责赔偿。旅客乘坐飞机必须交验有效客票，承运人自办理乘机手续至到达目的地的这段时间里，都有权查验旅客的客票。查验客票包括检查客票的合法性、有效性、真实性和正确性。

　　（一）客票的合法性

　　客票的合法性是指客运企业出售的客票符合我国和国际上的有关规定，并为空运企业承认和接受。检查客票的合法性包括：查验客票的出票人是否与本公司有相关的代理业务或财务结算关系；查验客票乘机联是否符合签转规定，是否加盖转章；查验客票是否已经通知声明挂失。

　　（二）客票的有效性

　　客票的有效性是指查验所接受的乘机联的运输有效航段、承运人，必须与实际承运的航段和承运人一致；客票各联是否齐全，所接受的客票应具备乘机联和旅客联，任何情况下不得接受无旅客联的单张乘机联；查验客票填写是否完整；查验客票是否在有效期内。

（三）客票的真实性

客票的真实性是指客票本身和客票上所反映的情况都是真实的，不得伪造或涂改。

（四）客票的正确性

客票的正确性是指客票乘机联上的内容正确无误。承运人实际承运的航段与乘机联上黑框内的航段一致；实际承运人与乘机联上指定的承运人一致；客票所采用的运价正确，与座位等级、航程、折扣、特种票价一致；客票上所用各种代号正确。

（五）查验其他证件

除了查验客票，值机工作人员还要查验旅客的旅行证件，国内航空运输过程中的旅客有效身份证件包括身份证、军官证、户口簿等。

值机人员在查验旅客的有效证件时，要查验旅客证件姓名是否与客票一致、离港系统证件号码是否与证件一致。

1. 身份证件

身份证件主要指居民身份证和临时身份证。旅客的居民身份证在户籍所在地以外被盗或丢失的，凭发案、报失地公安机关出具的临时身份证明。

2. 军人类证件

军人类证件包括中国人民解放军军官证、中国人民武装警察部队警官证、中国人民解放军士兵证、中国人民武装警察部队士兵证、中国人民解放军文职干部证、军队离（退）休干部证、中国人民解放军职工工作证、军队院校学员证。

3. 其他可以乘机的有效证件

其他证件包括全国人大代表证、全国政协委员证。

出席全国或省、自治区、直辖市的党代表、人代会、政协会，工、青、妇代表会和劳模会的代表，凭所属县、团级（含）以上党、政、军主管部门出具的临时身份证明。

年龄已高的老人（按法定退休年龄掌握），凭接待单位、本人原工作单位或子女、配偶工作单位［必须是县、团级（含）以上单位］出具的临时身份证明。

16岁以下未成年人凭学生证、户口簿或者户口所在地公安机关出具的身份证明等。

二、安排旅客座位

（一）一般座位安排的要求

①旅客座位的安排，应符合飞机载重平衡要求。

②VIP旅客尽量靠前安排，或按旅客要求安排座位。

③团体、家庭或互相照顾的旅客安排在一起。

④不同政治态度和不同宗教信仰的旅客，不安排在一起。

⑤国际航班飞机在国内航段载运国内旅客时应与国际旅客分开安排。

⑥需照顾的旅客，尽量安排在靠近乘务员的位置，使其更方便地接受乘务员的服务。

⑦携带外交信袋的外交信使及押运员应安排在便于上下飞机的座位。

⑧特殊旅客一般不安排在紧急出口位置。

⑨应急出口座位应严格按规定发放。

（二）应急出口座位安排要求

出口座位是指旅客从该座位可以不绕过障碍物直接到达出口的座位和旅客从离出口最近的过道到达出口必经的成排座位中的每个座位，出口位置如图 4.1 所示。

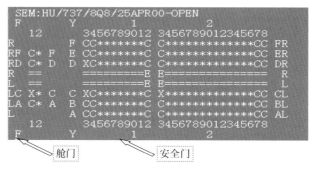

图 4.1　出口位置示意图

值机人员应将"出口座位旅客须知卡"摆放在值机柜台前显著位置处，使旅客便于阅读；当客座率不高，不需占用出口座位时，不将旅客安排在出口座位；需要使用出口座位时，应明确询问旅客能否履行"出口座位旅客须知卡"上的职责，得到肯定的答案后，值机人员才能将旅客安排在出口座位；一般来说，应尽早寻找并安排符合紧急出口座位要求的旅客。

紧急出口座位的旅客不应包括：

①残疾旅客，

②儿童或婴儿，

③过于肥胖的旅客，

④飞行中需要他人帮助的旅客，

⑤缺乏足够的运动能力、体力或灵活性的年迈或体弱旅客，

⑥缺乏将信息口头传达给其他旅客的能力、缺乏阅读和理解出口座位须知卡能力、缺乏足够的听觉和视觉能力的旅客，

⑦缺乏操作紧急出口能力的旅客。

（三）发放登机牌

登机牌（boarding pass/boarding card）是航空公司或机场为乘坐航班的乘客提供的登机

凭证，乘客必须在提供有效机票和个人身份证件后才能获得。登机牌是旅客登机的主要凭证。登机牌分为手工填写与机器打印两种，是由一张正联连着一张或两张副联组成。20 世纪80 年代之前，我国的登机牌多为手工填写和加盖橡皮戳记，印制十分简单。现在所有机场或航空公司都采用电脑打印，印制更加精美。

机器打印是在离港系统中，由系统自定义统一格式打印，简单、快捷、准确，如图4.2、图4.3 所示。

图 4.2　未填开的登机牌

图 4.3　登机牌打印设备

现在应用于登机牌的先进技术越来越多，如应用最为广泛的条形码技术，能将登机牌上的数据自动统计记录；有的还有自动跟踪功能，能定位机场范围内的旅客；还有电子登机牌，旅客凭个人身份证和下发到手机上的电子登机牌，就可以直接过安检并进行登机，对不需要托运行李的旅客提供了极大方便。

三、载运限制

航空器装载量的大小受到其结构强度限制、客货舱容积限制以及运行环境的限制，因此，当最大装载量超过了航空器的结构强度限制、容积限制和运行环境限制时，会使航空器起飞、着陆、飞行出现安全隐患，甚至造成安全事故。每次飞行都必须对飞机进行配载平衡，计算最大允许起飞重量、最大允许着陆重量、最大零燃油重量，以及根据飞机操纵性和稳定性的要求，确保飞机的重心在允许的范围内。

每次飞行的环境不一样，飞机的型号不一样，允许的最大业载量也不一样，最大业载

量受到飞机的最大起飞全重，最大着陆重量、最大零燃油重量、飞机的基本空机重量、运营空重、起飞油量等因素的影响。因此，每架飞机每次飞行前都要计算其最大业载量，保证不超载。同时要按照飞机客、货舱布局，合理地装卸货物、行李、邮件以及安排旅客座位，即确定客、货业载的装载位置，不偏离重心允许的范围，确保飞机在起飞、着陆和飞行中都能保持平衡状态，保证飞行安全。

（一）重量名称

1. 基本空机重量（Basic Empty Weight，BEW）

基本空机重量简称基本空重，是指飞机制造厂的基本空机重量加上标准设备项目重量。其中标准设备项目一般包括不可用燃油、不可用滑油、氧气设备、应急设备、厨房设备等。

2. 最大起飞重量（Maximum of Take-off Weight，MTOW）

飞机的最大起飞重量也称为最大起飞全重，是指根据飞机结构强度和飞机发动机功率等因素规定的飞机在滑跑起飞时全部重量的最大限额。

3. 最大着陆重量（Maximum of Landing Weight，MLDW）

飞机的最大着陆重量，是指飞机在着陆时允许的最大重量，是根据机体结构所能承受的冲击力而规定的着陆重量的最大限额。其要考虑着陆时的冲击对起落架和飞机结构的影响，过大的着陆重量会造成着陆时机体结构或起落架的损坏。大型飞机的最大着陆重量小于最大起飞重量，中小飞机两者差别不大。

4. 干使用重量（Dry Operation Weight，DOW）

干使用重量也可以被称为使用空机重量，是指基本空机重量加上使用项目的重量。这些使用项目包括机组成员、机组成员行李、发动机滑油、饮用水、旅客服务设备等。

5. 零燃油重量（Zero Fuel Weight，ZFW）

零燃油重量也称无燃油重量，即飞机除去可用燃油的总重量。

6. 商载（Payload）

商载是指乘客、行李、货物、邮件的重量之和。

7. 滑行重量（Taxi Weight，TW）

滑行重量是指飞机在地面开始滑行时的总重量。

（二）飞机各重量之间的关系

①基本空机重量+机组=干使用重量。

②干使用重量+商载=零燃油重量。

③零燃油重量+燃油=滑行重量。

④停机坪重量-滑行燃油=起飞重量。

⑤起飞重量−航程燃油＝着陆重量。

根据以上关系式可知，与业载相关的计算公式有：

①起飞时，一架准备好的飞机的干使用重量加上业载的重量加上燃油重量，就是飞机的起飞重量，即干使用重量+业载+燃油重量＝飞机的起飞重量。为了保证安全，飞机的起飞重量要≤最大起飞重量，那么业载要满足：

$$飞机的业载 \leqslant 最大起飞重量 - 干使用重量 - 燃油重量 \tag{4.1}$$

②着陆时，飞机的着陆重量为飞机的干使用重量、剩余油量、业载三者之和，为了保证安全，飞机的着陆重量要≤最大着陆重量，那么业载要满足：

$$飞机的业载 \leqslant 最大着陆重量 - 干使用重量 - 剩余油量 \tag{4.2}$$

其中，剩余油量＝起飞油量−航段使用油量。

③另外，飞机要受最大零燃油重量的限制：

$$飞机的业载 \leqslant 最大零燃油重量 - 干使用重量 \tag{4.3}$$

每次飞行，飞机的业载都要满足式（4.1）、式（4.2）、式（4.3）3个不等式，取3次核算中的最小值。

四、值机指令

（一）离港系统

值机工作人员办理值机手续使用的是计算机离港系统。计算机离港控制系统（Departure Control System，DCS）是中国民航引进美国优利（UNISYS）公司的旅客服务大型联机事务处理系统，分为旅客值机（CKI）、配载平衡（LDP）、航班数据控制（FDC）三大部分。

在日常的工作中主要是使用旅客值机（CKI）和配载平衡（LDP）两大部分。CKI与LDP可以单独使用，也可以同时使用。

旅客值机系统（Check-in，CKI）是一套自动控制和记录旅客登机活动过程的系统。其记录旅客所乘坐的航班、航程、座位证实情况，记录附加旅客数据（如行李重量、中转航站等），记录为旅客办理乘机手续即接收旅客情况或将旅客列为候补情况。它可以顺序接收旅客、候补旅客，也可以选择接收；旅客也可以一次办理多个航班的登机手续。

配载平衡系统（Load Planning，LDP）是中国民航计算机离港系统中的一个应用模块。供航空公司、机场配载工作人员使用。它既可以同离港系统中值机功能模块（CKI）结合使用，也可单独使用。操作人员以指令形式将必要数据输入离港系统，系统即可准确计算出所需结果。

航班数据控制系统（Flight Data Control，FDC）是为旅客值机、飞机载重平衡系统提供后台数据支持的系统。FDC在离港系统整个运作过程中起着总控的作用，与各个子系统间

都有接口，由机场的离港控制人员进行操作。

（二）值机指令

1. 系统注册

（1）进入系统

输入>＄＄ OPEN TIPJ

系统显示：SESSION PATH OPEN TO：TIPJ

这表示已经进入了中国民航离港系统。

（2）DA 指令

输入>DA

系统显示：

A ＊ AVAIL

B　AVAIL

C　AVAIL

D　AVAIL

E　AVAIL

PID ＝1111　　HARDCOPY ＝1112　BPP ＝1113　BTP ＝1114

TIME ＝0902　　DATE ＝03JAN　　　HOST ＝LUCK

AIRLINE ＝CA　SYSTEM ＝CAAC　　APPLICATION ＝2

说明：

PID 是系统定义的终端号，一个终端有唯一的 PID 号。

BPP 登机牌打印机　BTP 行李牌打印机　HACDCOPY 系统打印机

HOST 系统主机名称

＊ 当前使用的工作区

AVAIL 可用工作区

（3）输入营业员工作号

输入>SI：工作号/密码/级别

如：>SI：1500/1A/82/PEK001

（4）临时退出系统

输入>AO：

（5）恢复临时退出

输入>AI：工作区/工作号/密码

（6）退出工作区

输入>SO：

2. 航班显示指令

（1）值机航班列表显示

输入>CFL：航空公司代码/日期/值机城市/选择项

选择项：

- /S　　所有状态
- /O　　OPEN 航班，开放航班，作过 IF（默认），但名单不一定有
- /C　　CC 关闭航班，完全关闭航班
- /I　　初始化航班，作过 IF，名单正确
- /N　　NO-OPEN 航班，没有开放的
- /CL　显示中间关闭的航班，SY 中显示为 CCL

（2）航班状态显示

输入>SY：航班号/日期/始发城市/选择项

（3）显示航班有关信息

输入>FI：航班号/日期/选择项

（4）名单报显示

输入>MD：航班号/日期

（5）座位图显示

输入>SE：航班号/日期/舱位/航段

例：>SE：CA 1 321/＊

```
     SE：CA 1 321/19JAN01/＊PEKCAN CNF/C18Y196    767/2J6A

        C    Y    1[[[          [[[[[2[[                    3
        123       5678901234    567890123456789 0123
     RG D . .  G G  XCCC.＊....   C....＊...＊.....＊....      G R
     RF B . .  F F  XCCC......   C....＊......＊.*....      F R
     R  E = =       =========    E================E       R
     R  E = =       =========    E================E       R
     RE ...   E E   P.CC....    .....＊＊＊＊＊＊＊＊＊＊＊＊       E R
     LC ＊＊.   C D  P.CCC....   .....＊＊＊＊＊＊＊＊＊＊＊＊.       D L
     L  E = =    C  X.CCC...＊.  ....＊＊＊＊＊＊＊＊＊＊＊＊＊.       C L
     L  E = =       =========    E=======:========E        L
     LB ...   B     =========    E================E        L
     LA ...   A B   .CCC...＊... C.........＊......C        B L
     L        A     .CCC......   C...＊......＊＊＊＊..        A L
        123       5678901234    567890123456789 0123
        C    Y    1[[[          [[[[[2[[                    3
```

SE 指令显示中的符号说明见表 4.1。

表 4.1　SE 指令显示中的符号说明

.	已经有旅客占用	*	可利用的座位
:	此半行有婴儿	=	过道
/	靠背不可移动的座位	+	为婴儿预留座位
E	此行或半行有紧急出口	I	此行婴儿优先
Q	此行是安静座位	X	锁定（不可利用）座位
T	转港占用（锁定）区	V	ASR 订座名单中保留座
D	VIP 留座	C	最后可利用座位，*用完后才可用
P	为未到旅客保留的座位	R	团体留座
O	为其他航段保留的座位	A	为本段保留的座位
B	可利用的摇篮座位	N	看不到电影的座位
U	可利用的无人陪伴座位	G	RS 指令保留的团体座位
H	头上宽敞的座位	L	脚下空间宽敞的座位

（6）始发航班信息显示

输入>DIL：航空公司代码/出港城市/起始时间—终止时间/日期

（7）到达航班信息显示

输入>AIL：航空公司代码/到达城市/起始时间—终止时间/日期

3. 旅客显示指令

（1）旅客名单显示指令

输入>PD：航班号/日期/舱位等级/航段，选择项

其中，选择项较多，见表 4.2。

表 4.2　PD 指令选择项中说明

ACC	已接收旅客	EXBG	行李超重的旅客
NACC	未接收旅客	UPG	升舱的旅客
VIP	要客	DNG	降舱的旅客
PSM	特殊服务旅客	EXST	额外占座的旅客
INF	带有婴儿旅客	FF	常旅客
CHD	儿童	NREC	无记录旅客，离港无记录，有订座
GRP	团名，不是旅客本身	URES	候补旅客，离港无记录，无订座
ASR	预留座位的要客 VIP	SBY	候补状态旅客

CRS	值机留座的旅客	DEL	被删除的旅客
RES	预留座位的团体旅客	Z	转换航班旅客
WCH	轮椅旅客	BN	按登机号显示
BLND	盲人	BAG	所有有行李的旅客
DEAF	耳聋旅客	XRES	被取消订座记录的旅客
STCR	担架旅客	SPML	特殊餐食旅客

（2）提取旅客详细记录

输入>PR：航班号/舱位等级/始发站，旅客标志

其中，旅客标志可以输入：旅客姓名（前加1）、登机号 NB、座位号 SN、订座记录编号 RL。

输入>PR：序号

其中，序号是上次显示中的序号。

（3）候补旅客显示

输入>SB：航班号/舱位等级/始发站到达站，选择项

（4）PD 指令的简化形式 RL/RN

输入>RL：订座记录编号，选择项

输入>RN：旅客姓名，选择项

（5）PR 指令的简化形式 FSN/FB

输入>FSN：座位号

输入>FB：登机号

（6）显示已拉下旅客

输入>BND：航班号/日期

4. 旅客处理指令

（1）旅客接收指令

输入>PA：航班号/日期/舱位等级/航段/旅客姓名，性别，行李，数据项

例如：接收 CA 1321 航班 Y 舱旅客 TOM，男性，带一件 10 千克的行李。

>PA：CA 1321/Y/1TOM，M1，1/10

输入>PA：序号

其中，序号是上次显示中的序号。

例如：接收上次指令输出序号为 1` 的旅客，男性，带一件 10 千克的行李。

>PA：1，M1，1/10

（2）更改旅客记录

输入>PU：航班号/日期/舱位等级/目的地/#旅客识别号，数据项

输入>PU：#序号，数据项

其中，#是未办值机手续标志，若修改已接收的旅客记录，则不输入#号。

如给上次指令输出序号为 1 的旅客预留 1A 的座位。

>PU：#1，R1A

（3）删除旅客记录

输入>PW：（#）旅客序号/显示类型，数据项

输入>PW：-旅客序号

PW 指令可以减少各种状态下旅客的数据项的数值，也可以将旅客由接收状态改为未接收状态。

5. 航班关闭

（1）航班初始关闭

输入>CI：航班号/日期　关闭输入的航班号

输入>CI：航班号/日期　重新开放关闭的航班号

（2）航班中间关闭

注：这一指令限于控制室终端进行此操作

输入>CCL：航班号/日期　关闭输入的航班号

输入>CCL：航班号/日期　重新开放关闭的航班号

（3）航班最后关闭

注：这一指令限于控制室终端进行此操作

输入>CC：航班号/日期　关闭输入的航班号

输入>CC：航班号/日期　重新开放关闭的航班号

第二单元 »»»»»»»
一般行李运输

一、行李的种类与范围

（一）行李定义

行李是旅客在旅行中为了穿着、使用、舒适或者便利而携带的必要或者适量的物品和

其他个人财物。

（二）行李种类

行李按责任范围可以分成三类：托运/交运行李（CHECKED BAGGAGE）是旅客交由承运人负责照管和运输的行李；自理行李（UNCHECKED BAGGAGE）是经承运人同意由旅客自行负责照管的行李；随身携带行李（CARRY ON/CABIN BAGGAGE）是经承运人同意由旅客自行携带进入客舱的小件物品。

（三）行李的范围

行李包括一般行李、禁运行李、限运行李。

1. 一般行李

托运行李每件重量不得超过 50 千克，体积不得超过 40 cm×60 cm×100 cm，或不得小于 5 cm×15 cm×20 cm。不符合规定的行李，须事先征得承运人同意方可托运。

自理行李的要求是，每名旅客的自理行李重量不能超过 10 千克，每件体积不超过 20 cm×40 cm×55 cm。

每件随身携带物品体积不超过 20 cm×40 cm×55 cm，总重不得超过 5 千克。F 舱可携带两件；C 和 Y 舱 1 件。

2. 禁运行李

禁运行李是按规定禁止运输的行李，主要包括下述内容。

①可能危及航空器、机上人员或者财产安全的物品，属于国际民用航空组织（ICAO）和国际航空运输协会（IATA）以及有关政府部门或承运人的规定中列明的有害物品、危险物品，以及属于禁运的物品。

②国家政策规定的禁运品。

③承运人认为基于以下原因不适合运输的物品：由于物品的危险性、不安全性，或由于其重量、尺寸、形状或者性质，或考虑到包括但不限于飞机机型的因素，易碎或易腐物品，带有明显异味的物品。

禁运品一般包括爆炸品、压缩气体、腐蚀性物质、氧化物、放射性或者磁化物、易燃、有毒、有威胁性或刺激性物质、枪支、枪型打火机及其他各种带有攻击性的武器、弹药、军械、警械及上述物品的仿制品、管制刀具等，如图 4.4 所示。

3. 限运行李

限运行李是不建议作为托运行李或夹入行李内托运的行李，只有在符合航空运输条件的情况下，并经航空公司同意，方可接受运输。

限运行李包括现金、有价票证、珠宝、贵重金属及其制品、古玩字画、计算机、个人电子设备、样品等贵重物品、易碎或易损坏物品、易腐物品、锂电池、重要文件和资料、

旅行证件等物品以及个人需定时服用的处方药，体育运动用器械，包括体育运动用枪支和弹药，干冰，含有酒精的饮料等。对托运行李中放置或夹带这些物品的遗失和损坏，按一般托运行李承担责任。其中，锂电池携带规定如图 4.5 所示，易碎物品标志如图 4.6 所示。

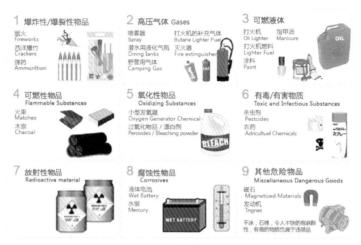

图 4.4 航空运输禁运物品类别

图 4.5 锂电池乘机携带规定

图 4.6 易碎物品标志

（四）行李运输的规定

1. 行李必须符合规定，接受检查

按照我国旅客、行李运输规则中的规定，承运人载运的行李只限于行李定义范围内的物品。行李运输为了保证飞行的安全，承运人有权会同旅客对行李进行检查，必要时，可会同有关部门进行检查。如果旅客拒绝接受检查，承运人对该行李有权拒绝运输。

（1）包装检查

对于不同性质的行李，有着不同的包装要求。

①托运行李。

a. 包装必须完善、锁扣完好、捆扎牢固，能够承受一定的压力。

b. 如果是旅行箱、旅行袋和手提包等必须加锁。

c. 有两件以上（含两件）的包件，不能捆为一件。

d. 包装上不得附插其他物品。

e. 竹篮、网兜、草绳、草袋等不能作为行李的外包装物等。

总之，托运行李的包装要能够在正常的操作条件下安全装卸和运输，托运行李包装不符合要求，应拒绝收运；如果依据具体情况同意收运时必须在行李上拴挂"免除责任行李牌"，并视行李包装情况在"免除责任行李牌"上注明免除责任的项目，并请旅客签字，向旅客说明由于包装不符合要求而造成的行李损坏时，航空公司将不承担责任。

②随身携带行李。

a. 草绳、网兜、草袋等不能作为随身携带行李的外包装物。

b. 随身携带行李的外包装要整洁，不容易渗溢，没有污染。

c. 运动器材、乐器等作为随身携带行李要求有外包装物。

d. 如果是外交信袋、银行的特别用箱等必须加有封条。

（2）内容检查

值机人员给旅客办理乘机手续时，应该向旅客了解行李的内容是否属于行李的范围，行李内是否夹带了禁运、限运物品，甚至是危险品。对于一些旅客行李运输知识上的不足而误装入的行李范围外物品，值机人员要特别进行询问，例如，在办乘机手续时注意询问旅客，行李里是否装有充电宝、手机备用电池等物品，是否装有酒等液体物品。不属于行李范围的物品，应按货物运输，以民航货运手续运出，不可作为行李收运。

值机人员需向旅客了解行李是否属于声明价值行李，对自理行李和随身携带行李不办理声明价值服务；对托运行李要求办理声明价值的，了解其声明的价值是否超过了行李本身的价值，若值机人员对声明的价值有异议的，旅客应接受检查，否则可拒绝收运。

对未在值机柜台接受检查的自理行李和随身携带行李，须通过安检，然后才能随机运输。

（3）重量检查

值机人员要检查托运行李是否超过了免费行李额的重量限制，并依据规定收取逾重行李费。

二、行李运费

国内民航旅客的行李运费主要按照计重制来进行核算，购买不同舱位等级客票的旅客都可以免费享受一定重量或件数的行李运输，即免费行李额。超出部分按逾重行李计算相应的费用。

计重体系下的免费行李额：

①成人或者儿童票价：F 舱　40 kg/88 lb；

C 舱　30 kg/66 lb；

Y 舱　20 kg/44 lb。

②婴儿票价：占座时，享受的免费行李额与成人相同；

不占座时，国内航班不享受免费行李额，国际航班享受 10 kg/22 lb 的免费行李额。

第三单元 》》》》》》》
特殊行李运输

一、逾重行李

若旅客所携带的行李超过了其票价所享受的免费行李额，则需要收取逾重行李费，超过了免费行李额的行李称为逾重行李。

逾重行李费计算如下：

$$逾重行李运费 = 逾重行李费率 × 逾重行李重量$$

公式中，逾重行李费率按 Y 舱票价的 1.5% 计算。保留两位小数点。逾重行李重量按照超过免费行李额重量计算，以千克为单位，小数点以后的数字四舍五入。费用金额以元为单位，元以下四舍五入。

例：北京到桂林的 Y 舱全价机票是 1 790 元，旅客持 Y 舱票，交运行李 32.2 千克，请问是否要收取逾重行李费？若要收取，需收取费用多少？

解：逾重行李费率 = Y 舱票价×1.5% = 1 790×1.5% = 26.85（元）

逾重行李重量 = 32.2−20 = 12.2（kg）≈12（kg）

逾重行李运费 = 26.85×12 = 322.2（元）≈322（元）

在收取费用的同时，开具如图 4.7、图 4.8 所示的逾重行李票，逾重行李票是收取逾重行李费的依据，是一种有价票证，也是承运人之间的结算凭证。其由财务联、出票人联、运输联和旅客联构成。

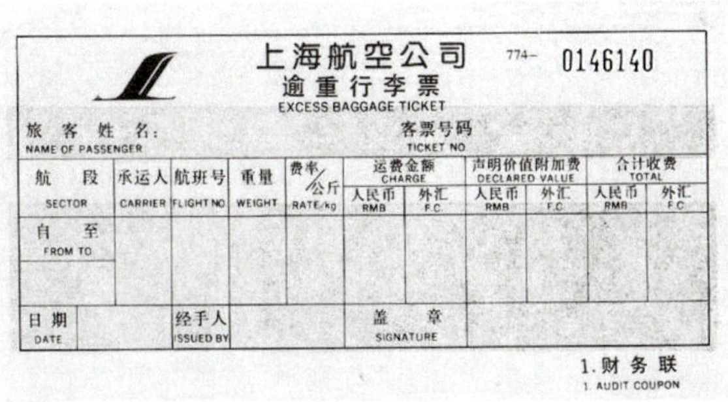
上海航空公司　774-　0146140

逾重行李票

EXCESS BAGGAGE TICKET

旅客姓名：NAME OF PASSENGER　　客票号码 TICKET NO

航段 SECTOR	承运人 CARRIER	航班号 FLIGHT NO	重量 WEIGHT	费率/公斤 RATE/kg	运费金额 CHARGE 人民币 RMB	运费金额 CHARGE 外汇 F.C	声明价值附加费 DECLARED VALUE 人民币 RMB	声明价值附加费 DECLARED VALUE 外汇 F.C	合计收费 TOTAL 人民币 RMB	合计收费 TOTAL 外汇 F.C
自 至 FROM TO										
日期 DATE		经手人 ISSUED BY			盖章 SIGNATURE					

1. 财务联
1. AUDIT COUPON

图 4.7　上航逾重行李票

海南航空股份有限公司
HAINAN AIRLINES CO., LTD

逾 重 行 李 票　　880-

EXCESS BAGGAGE TICKET

旅客姓名：NAME OF PASSENGER:　　客票号码：TICKET NO.

航段 SECTOR	承运人 CARRIER	航班号 FLIGHT NO.	重量 WEIGHT	费率/公斤 RATE/KG	运费金额 CHARGE	声明价值附加费 DECLARED VALUE	合计收费 TOTAL
自　至 FROM　TO							
日期 DATE		经手人		盖章			

2. 旅客联
2.PASSENGER COUPON

图 4.8　海航逾重行李票

二、声明价值行李

当旅客托运行李的每千克实际价值超过承运人规定的每千克最高赔偿限额时，旅客有权要求更高的赔偿，可在托运行李时办理行李声明价值，并付清声明价值附加费。办理过声明价值的行李，如在运输过程中由于承运人的原因造成损失，承运人应按照旅客的声明价值进行赔偿。

自理行李、随身携带物品不办理声明价值。办理声明价值的行李重量不计入免费行李额，应另外收费，即办理声明价值的行李应按照逾重行李收取逾重行李费。国内每一位旅客的行李声明价值最高限额为人民币 8 000 元。

国内运输的托运行李每千克价值超过人民币 50 元时可办理行李的声明价值。承运人按旅客声明价值中超过最高赔偿限额部分价值的 5‰ 收取声明附加费。计算公式如下：

声明价值附加费=［旅客的声明价值-（50 元×办理声明价值行李的重量）］×5‰

公式中，50 元是规定的每千克限额，声明价值附加费以元为单位，元以下四舍五入。重量向上取整。

例：旅客持经济舱票价自北京至桂林旅行，申报一件行李，价值为 7 500 元人民币，重量为 14 千克。计算声明价值附加费和逾重行李费（北京到桂林的 Y 舱全价机票是 1 790 元）。

解：声明价值附加费为（7 500−14×50）×0.005＝6 800×0.005＝34（元）

逾重行李费为 1 790×1.5%×14＝375.9（元）≈376（元）

三、其他特殊行李

（一）小动物运输

小动物是指家庭驯养的狗、猫、家禽、小鸟和属观赏之类的其他小型温驯动物。旅客在订座或购票时提出，经承运人同意，小动物可以作为托运行李或自理行李运输。不属于小动物范围的动物，不得作为托运行李或自理行李运输。

小动物的包装必须符合承运人的要求：适合小动物特性的坚固的金属或木制容器，能防止小动物破坏、逃逸和伸出容器以外损伤人员、行李或货物；保证空气流通，不致使小动物窒息；能防止粪便渗透，以免污染飞机和其他物品；方便喂食和加水；容器的体积适合货舱装卸。

小动物运输必须具备的条件：旅客携带小动物乘机，必须在订座或购票时提出，经承运人同意方可托运；小动物的包装必须符合承运人的要求；属国际运输的小动物应具备出境、入境有关国家的必要证件，包括健康证明、注射预防针免疫证明、出境/入境许可证明和动物检疫证明等；携带小动物应当在乘机之日按照承运人指定的时间办理托运手续，不得迟于航班离站时间前 2 小时。

收运小动物时，按下述三个步骤进行。

①检查小动物的包装是否符合要求。

②检查运输小动物必须具备的条件。

③填开逾重行李票。

（二）外交信袋运输

外交信袋作为自理行李、托运行李、占座行李运输。

作为自理行李的外交信袋，由外交信使随身携带，自行照管，总重量不得超过 30 千克，按不同舱位的免费行李额进行计算，超过免费行李额的部分应付逾重行李费。

作为托运行李的外交信袋，按照托运行李运输一般规定收运，但承运人只承担一般托运行李责任。

作为占座行李的外交信袋，占用每一座位的重量不得超过 75 千克，占座的外交信袋没有免费行李额，按以下两种方法计算，取其高者：

①根据外交信袋实际重量，按照逾重行李费率计算运费。

②按照运输起讫地点之间，与外交信使所持客票票价级别相同的票价计算运费。

第四单元 》》》》》》》》
行李的收运、 保管与交付

一、行李的收运

行李运输工作从行李的收运开始。行李的收运一般在航班离港当日办理，团体旅客的行李过多，或旅客因其他原因需要提前托运时，可约定时间、地点收运。

收运行李时，首先要保证旅客必须凭有效客票托运行李，托运行李的目的地应该与客票所列明的经停地或目的地相同。其次，要检查旅客行李的包装、体积和重量是否符合要求。最后，要对行李进行安全检查，了解行李的内容，了解行李内有无夹带禁运、限制携带物品或危险物品；了解行李是否属于声明价值行李，是否应请旅客办理声明价值行李运输手续。

然后，按程序收运行李。

①清除托运行李上的旧行李牌。

②行李过磅。行李过磅应准确，以免影响飞机的载重平衡。随身携带物品不能计入旅客的免费行李额之内。托运行李的件数、重量，应准确地填入旅客客票的相应栏中，以明确责任。超过免费行李额的行李，应收取逾重行李运费，并填开逾重行李票。

③将每件托运行李都拴挂上行李牌，并将其中的识别联交给旅客。

二、行李的保管

旅客的托运行李一般应随旅客同机运出，如果无法做到同机运出，应向旅客说明，在后续班机上运出。

与旅客同机到达的行李，旅客应在当日提取。若旅客先不提取行李，行李到达的当日不收取保管费，自行李到达的次日起核收行李保管费。未与旅客同机到达的行李，自承运人发出到达通知的次日起，免费保管 3 天，逾期核收行李保管费。若是由于承运人原因造成行李延误到达，在行李到达后，承运人及其代理人免费保管，不收取行李保管费。

无法交付的行李自到达的次日起，超过 90 天仍无人领取时，按逾期无人领取物品处理。

三、行李的交付

旅客的行李在到达目的地机场后，旅客须凭借行李牌领取自己的行李。交付行李时，必须收回行李牌识别联与行李上拴挂的行李牌核对号码，必要时查验客票。对未被领取的行李，承运人及其代理人可按规定从行李到达的次日起向旅客收取行李保管费。

交付行李时，凭行李牌的识别联来交付行李，对于领取行李的人是否确系旅客本人，以及由此造成的损失及费用，不承担责任。交付行李时，如发现有损缺，应立即会同旅客检查，并填制事故记录，凭事故记录予以处理，如没有提出异议，即为托运行李已完好交付。交付行李时，如旅客遗失行李牌的识别联，应立即挂失。旅客要求提取行李，应提供足够的证明，经认可并在领取行李时出具收据后，将行李交付旅客。如在旅客声明挂失前已被冒领，承运人不承担责任。

【思考题】

1. 超级明星麦克·华盛顿准备在机场办理值机手续，值机人员发现登机牌打印机出现了故障，航班快要起飞。为了不耽误麦克的行程，值机人员为麦克手工填写登机牌。

麦克的航班信息为：2014 年 11 月 9 日，南航 CZ6412，早上 06：40 从北京首都机场飞上海虹桥机场，09：00 到站。在 A18 登机口登机，麦克的座位号是 1 排 F 座，舱位等级 F 舱，登机牌序号是 118。

请手工填写登机牌，要求填写正联和副联。

2. 旅客王某购买了北京到武汉的 8 折机票是 1 480 元，申报一件行李价值 7 500 元，重量为 12 千克，请问该名旅客所应支付的声明价值行李附加费和逾重行李费是多少？

3. 办理小动物运输的程序和条件是什么？

第五部分

旅客运送

【知识目标】 了解旅客运送的基本流程；

理解旅客运送的一般规定；

熟悉不同旅客类型的运送过程及要求。

【能力目标】 熟悉旅客运送岗位工作；

能正确处理旅客运送现场的基本工作；

掌握特殊旅客运送的服务重点及注意事项。

【案例导入】

2011 年 6 月，安检验证员在对一名旅客进行证件检查时，发现一名女性旅客目测年纪与其身份证上的年纪差距较远，仔细查验发现身份证是假证。这时，该女子拿出另一张身份证，称这张才是真的。验证员发现，两张身份证除了与年纪相关的信息不符，其他信息一致。

2013 年 3 月，某机场的一个航班预计 11：30 起飞。离飞机起飞还有 20 分钟的时候，还有两名头等舱旅客未登机，经广播催促之后无人登机。在离飞机起飞还有 12 分钟时，这两名头等舱旅客仍未登机，值机人员便通知调度室和服务部，对该航班进行了减载处理。5 分钟后，值机人员接到贵宾服务部门的通知，才知道被减载的两名旅客是要客，于是马上与登机口服务人员联系，询问飞机舱门是否关闭，而此时飞机已经推出准备滑行，这两名重要旅客被落下了。事后调查，发现这两名要客当时是由接待单位代购的机票，在离港系统中没有注明是重要旅客的信息。要客送行的接待单位的人员已经给值机人员明确提示了这两位旅客是要客，但值机人员没有认真核对离港系统里的旅客服务信息 PSM 项中是否有 "VIP" 字样，没有及时补录重要旅客信息，错失了补救的机会。

民航资源网 2013 年 7 月消息：暑运期间，各条航线上乘坐飞机外出的无成人陪伴儿童人数呈井喷式增长。这些无陪儿童在航空公司各单位密切配合下，能够得到细致照顾，并享受快乐、难忘的空中之旅。然而，却也有一些小朋友辗转未能如愿成行，譬如欲乘坐 CZ3767 前往贵阳的黄某。因其未满十二周岁，满足申请办理无人陪伴的条件，但在南航值机柜台办理乘机手续时很遗憾没能按照原计划成行，这是怎么回事呢？原来，家里人只是给黄某买好了机票，当天送至机场办理乘机手续，却没有提前申请无陪儿童服务。正是因为他们没有提前申请这项服务，而当天该航班的无人陪伴儿童已经满额，最终黄某只能改签至后续航班才得以成行。

【案例解析】

上述案例对应了旅客运送服务过程中的相关情况，在第一种情况中虽然该旅客最后出示了有效身份证，但由于伪造和使用假身份证的行为触犯了有关规定，该女子被移交机场公安派出所进行问询，公安机关依法收缴假证，取消其乘机资格。据《民用航空安全检查工作手册》规定，"对持变造证件、伪造证件、冒用他人证件或涂改证件的旅客不予放行，并交由民航公安机关处理"。而安检工作人员对旅客证件进行认真核查，及时排除了疑点，消除了可能的不安全隐患。

第二种情况是因为工作失误导致的服务出现严重失误的案例。在本案例中，在购票环节的客票代理人没有按照要求在 OSI 项输入注明是要客的信息，这是一个前置原因。但机场的一线部门和工作人员在对航班进行减载时没有发现这两名旅客是 VIP，是事件发生的主要原因。这个案例反映出机场在保障重要旅客上的问题、各个部门的配合失当、工作人员工作经验不足等问题。

据《中国民用航空旅客、行李国际运输规则》第三十条规定："无成人陪伴儿童、无自理能力人、孕妇或者患病者乘机，应当经承运人同意，并事先作出安排。"案例中南航也有规定，无陪儿童必须事先在南航或南航授权的直属售票处办理订座和购票手续，提出特殊服务申请，经南航同意后方可运输。这么做是为了完善无陪儿童接收的手续，保证无陪儿童在运送中的衔接无误，保证无陪儿童运送中的人身和财产安全。

第一单元 ≫≫≫≫≫≫

旅客运送的基本流程

一、国内旅客出发流程

国内旅客出发流程如图 5.1 所示。

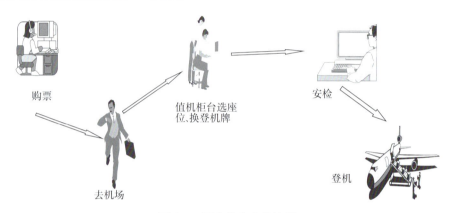

购票

值机柜台选座
位、换登机牌

安检

去机场

登机

图 5.1　国内旅客出发流程

旅客完成购票，自行到达机场以后，需要办理值机手续、通过安检、候机及登机。

（一）行李托运、换登机牌

旅客到达机场后，可到出发大厅指定的服务台凭客票及本人有效身份证件按时办理值机手续，即领取登机牌和交运行李。

持电子客票的旅客可以凭本人身份证件到值机柜台（或自助值机柜台）办理乘机和行李交运手续，领取登机牌。值机手续需要在飞机起飞 30 分钟前办理，值机如图 5.2 所示。

图 5.2　值机柜台

（二）安全检查

通过安全检查时，旅客应首先向工作人员出示登机牌、有效身份证件和客票（电子客票除外）。同时，为了飞行安全，旅客及随身携带行李物品都必须接受安全检查。旅客要走金属探测器门，还要经过安检人员全身安全扫描；而行李物品要经过 X 光机检查，必要时需要进行人工复查，如图 5.3、图 5.4 所示。

图 5.3　机场安检设备　　　　　图 5.4　旅客及行李安检

（三）候机及登机

通过安检后就是候机厅，只有持票且通过了安全检查的旅客才可以进入候机厅。进入候机厅后，旅客可以根据登机牌所显示的登机口号在相应的候机厅候机休息，听广播提示进行登机。登机时，由登机口工作人员检查旅客登机牌上的航班号是否正确，检查登机牌上是否盖有机场安检专用章，并撕下登机牌的副联用于保存，同时引导旅客登机。

二、国内旅客到达流程

飞机到达目的地机场后，旅客下飞机后首先进入候机厅，在候机厅依靠人员引导或借助引导指示牌进入航站楼的到达大厅走出机场，有交运行李的需要自行去领取。

（一）领取交运行李

到达目的地后，确认航班号，到相应的行李转盘领取交运行李。

（二）进入到达大厅，离开机场

到达大厅设有市区各大宾馆接待柜台，不同城市的机场到达出口处有机场大巴、出租车、地铁、公交巴士等不同的地面交通方式，便于旅客离开机场。

三、中转登机流程

（一）国内转国内

旅客下飞机后自行到行李转盘提取行李、携带行李至中转厅办理值机手续，即托运行

李和换登机牌。然后，旅客再到出发大厅通过安检，候机，登机；或者到达机场提取行李后到候机楼内按正常国内旅客的出发流程，在候机楼内办理中转航班的值机手续，然后过安检，候机，登机。

（二）国内转国际

国内旅客下飞机后自行到行李转盘提取行李，携带行李至中转厅或者候机楼内办理中转手续，即中转航班的值机手续，即运行李和换登机牌，然后旅客到候机楼出发大厅过海关、检验检疫、边防检查、安全检查，候机，登机。

（三）国际转国内

旅客下飞机后先通过检验检疫、边防检查，到行李转盘提取行李，然后携带行李至中转厅或者候机楼办理中转手续，即通过入境海关检查、托运行李、换登机牌，然后通过安全检查，候机，登机。

第二单元 »»»»»»»»»
旅客运送的一般规定

一、旅客运送规定

①因机场的繁忙程度不同，航空公司在各机场为某一航班开始办理航班乘机手续的时间不同。国内大部分机场已经实行开放式值机，对旅客当天到达机场开始办理值机手续的时间没有限制，因此，只要旅客到达机场后，在航班离站时间前30分钟办理乘机手续都可以。若机场对开始办理乘机手续的时间有限制，则将此时间以适当方式告知旅客。

②旅客在航空公司规定的时限内到达机场后，必须凭客票、出示本人有效身份证件办理客票查验、托运行李、领取登机牌等乘机手续，持电子客票的旅客只需持本人有效身份证件办理乘机手续。

③如旅客未能按时到达航空公司的乘机登记处或登机门，或未能出示其有效身份证件及运输凭证，或特殊旅客未能准备好航空公司规定的其他旅行文件，那么，航空公司为不延误航班可取消旅客已订妥的座位。对旅客由此所产生的损失和费用，航空公司不承担责任。

④旅客乘机的行李内容和包装必须符合航空公司的要求。旅客不得携带禁运品上机，行李内物品要严格按照航空公司的规定进行运输，否则航空公司有权弃运。未符合包装要

求的行李必须重新打包后方可接收运输，若旅客拒不改善包装的，航空公司有权弃运。

⑤乘机前，旅客及其行李和免费随身携带物品必须经过安全检查。

⑥当出现旅客、行李运输不正常情况时，应依照航空公司相关规定公正处理。

二、载运规定

（一）拒绝运输

属于下列原因之一者，承运人根据自认为合理的考虑，可以决定对任何旅客拒绝运输或拒绝续程运输（包括要求旅客中途下飞机）或取消已订妥的座位。

①旅客不遵守国家有关法律、法规的，旅客不遵守始发地、经停地、目的地或者超越国家法律法规的。

②旅客的行为、精神或健康情况不适合，旅行或对其他旅客会造成不舒适，或者对其本人及其他旅客的生命或财物可能造成危险危害的。

③旅客不遵守承运人的规定，或不听从承运人的安排和劝导的。

④旅客拒绝接受安检的。

⑤旅客拒绝出示有效票证的。

⑥旅客不能证明本人即是客票上"旅客姓名"栏内载明的人。

⑦旅客未按规定支付适用的票价及有关费用的。

⑧当飞机重量或座位不足时，承运人有权根据自己合理的判断决定部分旅客、行李或其他物品不予载运。

根据上述规定①—⑦项被拒绝运输和拒绝续程运输（包括要求中途下飞机）或取消已订妥座位的任何旅客，承运人不给予该旅客的补偿，只能按照非自愿退票规定办理退票。

而上述规定第⑧项，由于座位超售而不予载运的旅客，承运人按照有关超售补偿规定予以经济补偿，经济补偿参照有关承运人具体规定办理。

（二）有条件运输

对于无成人陪伴儿童、无自理能力人、患病旅客、婴儿、孕妇、醉酒旅客、犯人等特殊旅客，只有在符合承运人规定的运输条件下，并经承运人同意，且事先作出安排的，方予载运。

第三单元 》》》》》》》》》》
一般旅客运输

旅客分为一般旅客和特殊旅客。旅客的运输从旅客购票开始，一直到旅客抵达目的地为止。

一、购票

①旅客可以在航空公司直属的购票点进行购票，也可以在各代理点、网上进行购票。旅客购票必须遵守《中华人民共和国民用航空法》、中国民用航空主管部门颁布的相关规定及中华人民共和国颁布的相关法律法规。

②旅客购票时须提供真实、准确的个人信息资料，必须准确填写乘机旅客的信息及联系方式，若信息有任何变动，应及时更新，否则由此带来的法律责任均由旅客本人承担。

③在订购国内机票时，航空公司一般暂不受理特殊旅客的网上订座和购票。

二、出票及获取报销凭证

①网上订票完成支付后，系统会自动完成电子客票出票。旅客可从网上获取所订航班的相关信息。乘机人只需凭个人有效身份证件办理乘机手续。

②航空运输电子客票以《航空运输电子客票行程单》作为旅客购买电子客票的付款凭证和报销凭证，《航空运输电子客票行程单》同时也具备提示旅客行程的作用。《航空运输电子客票行程单》不作为机场办理乘机手续和安全检查的必要凭证，遗失不补。

③购买国内客票的旅客需领取报销凭证，可在购买机票时指定邮寄，也可在机场领取《航空运输电子客票行程单》。

三、办理乘机手续、安检、候机

旅客办理乘机手续时，应严格遵守出示有效身份证件及携带物品的相关规定，凭网上购票时所提供的乘机人的有效身份证件办妥乘机手续，然后凭登机牌和有效身份证通过安检，进入候机厅候机。

四、登机及空中运输

登机时间到时，航班引导人员提醒旅客登机，旅客登机后，应严格按照预先安排好的座位（登机牌上的座位号）入座。为了提高客运服务质量，要保证航班正点和确保飞行安全，登机引导人员和空乘人员应保证旅客登机入座时的良好秩序。

旅客登机后，乘务员应主动、热情引导旅客，有礼貌地向旅客提供机上服务。

五、到站服务

旅客到站后，可以参照航站楼内到达旅客的引导标志前往行李提取转盘。旅客可根据显示屏上的航班号提取托运行李。

第四单元 》》》》》》》
特殊旅客运输

一、重要旅客

重要旅客（VIP）是指航空公司对具有一定的身份、职务或社会知名度的旅客，从购票到乘机的整个过程都将给予特别的礼遇和特殊的照顾。重要旅客的手续因涉及多个相关部门，包括售票、值机、调度、服务、乘务等部门，因此重要旅客的收运需要由航空公司各部门进行协调处理。图5.5、图5.6为要客休息室。

图5.5　要客休息室内景　　　　　　图5.6　要客休息室入口

（一）重要旅客的分类

①一类（VVIP）：国家领导人，如主席、委员长、总理；部级以上负责人，如最高人

民检察院检察长、最高人民法院院长；外国国家元首、政府首脑、议长、秘书长等。

②二类（VIP）：省部级（含副职）党政军领导人、外国政府部长、国际组织领导人、国家大使、著名科学家、中科院院士、社会重要人士以及省部级以上干部或我国驻外使馆要求按VIP接待的客人。

③三类（CIP）：国内著名企业的主要领导人、国家证券、重要金融机构的主要领导人、公司同意要求按CIP接待的重要客人。

值得一提的是，不同航空公司一般要客（VIP）的范围不尽相同，承运人认为需要给予此种礼遇的旅客都是重要旅客的范围。

（二）接收重要旅客的一般规定

①售票部门在接受重要旅客订座时，应要求经办人详细填写"旅客订座单"，并问清其职务、级别和所需要提供的特殊服务。征求旅客本人或接待单位的意见，如愿意向承运人公开身份的，应在订座建立PNR时，在OSI项目中注明重要旅客的身份、职称和特殊服务要求。

②对重要旅客的订座要求，应优先予以保证，重要旅客需要预订联程、回程座位及其他服务时，要及时向联程、回程站或有关承运人派发订座电报。对重要旅客乘坐航班，除各个部门必须提供良好服务外，还应注意做好保密工作，遇到问题时多请示报告。

（三）重要旅客的运送要求

①重要旅客订座，承运人应优先安排并予以保证，如因人数较多安排确有困难时，应立即向上级部门反映。

②接受订座时需问清航班、起飞时间和目的地、姓名、职务、特殊服务要求、随行人员人数、联系电话、联系人、是否愿意公开身份等信息，并作好详细记录。

③出票时除按规定填写客票外，在重要旅客的姓名后加注"VIP"字样，在客票封面加盖"重要旅客"专用章。客票内所填项目与订座记录逐一核对，并交值班主任检查，确保航班号、日期和起飞时间正确无误。

④办理乘机手续时，在重要旅客的托运行李上拴挂VIP行李标志牌，填制"特殊旅客服务通知单"。重要旅客乘机手续应随到随办，然后由服务人员引导到贵宾室等候登机。

⑤对重要旅客上飞机的先后次序，应事先征得重要旅客的同意。登机时，由专人负责引导重要旅客上机。如飞机停靠远机位，应事先安排好车辆运送；由服务人员引导上机，头等舱乘务员将重要旅客安排好后，在"特殊旅客服务通知单"上签字。

⑥不愿公开身份的重要旅客乘坐飞机时，免去迎送工作，一切乘机手续按普通旅客办理，但在旅客上飞机地点，引导员应做好地面服务工作，并通知机组做好机上服务工作。

二、老年旅客

老年旅客是指年龄在七十及七十岁以上年迈体弱，虽然身体并未患病，但在航空旅客中需要他人帮助的旅客。年龄超过七十岁，身体虚弱，需要轮椅代步的老年旅客，则应视同病残旅客给予照料。

（一）接收老年旅客的一般规定

①由于老年旅客特殊的身体状况，老年旅客乘机必须填写《特殊旅客乘机申请书》（详见拓展资料二：某航《特殊旅客（　　）乘机申请书》）、《特殊旅客运输记录单》，以表明如旅客在旅途中患病、死亡或给其他人造成伤害时，由申请人承担全部责任。

②《特殊旅客乘机申请书》应由旅客本人签字，如本人书写有困难，也可由其家属或其监护人代签。

③老年旅客如在乘机过程中有特殊要求（如需在飞机上输液等），需要在《特殊旅客乘机申请书》《特殊旅客运输记录单》上注明。

④如需乘机的老年旅客身体患病，必须出具县市级以上医疗单位的《诊断证明书》后（该《诊断证明书》距乘机日期一周内有效），方可购票。

（二）老年旅客的运送要求

①对老年旅客，特别是独自出门的无陪老年旅客，服务应该仔细、有耐心，语气要缓，动作要慢要稳。服务中尤其要尊重老年旅客的意愿，积极主动。

②引导员妥善安排老年旅客在候机厅内适当位置休息，登机时，引导员应与乘务员进行交接，告知乘务组该老年旅客情况。

③老年旅客登机时，应引导他们找座位就座，并帮助其安放行李。

④起飞前重点为老年旅客介绍客舱设备，安全注意事项，特别是帮他们使用并系好安全带，教他们怎样使用呼唤铃。

⑤对老年旅客在飞行中可能需要使用的物品（如毛毯、枕头等），应提前为他们准备好。

三、无成人陪伴儿童

无成人陪伴儿童是指年龄在五周岁（含）以上十二周岁以下的无成人陪伴、单独乘机的儿童。年龄在5周岁以下的无成人陪伴的儿童，不予承运，年龄在12周岁（含）以上的无成人陪伴的儿童按成人办理。

（一）接收无成人陪伴儿童的一般规定

①在一般情况下，国内航班每个航班最多只能办理5个"无成人陪伴儿童"，但各个公司的规定由于机型不同也有不同。表5.1为南航针对不同机型制订的无陪儿童人数要求。

表5.1 南航不同机型无陪儿童接收人数限制

机 型	限制人数	机 型	限制人数	备 注
B777A	8 人	A300	8 人	只有经济舱接收，头等、公务舱、高端经济舱不接收
B777B	6 人	A330	6 人	
B737/757	5 人	A321/320/319	5 人	
ERJ190-100LR	3 人	A380	8 人	
ATR-72/EMB145	1 人	MD-82/90	5 人	

②无成人陪伴儿童乘坐国内航班一般需在航班起飞前48小时提出申请，并在航空公司指定的售票处购票时需填写《无成人陪伴儿童乘机申请书》（详见拓展资料三：南航《无成人陪伴旅客乘机需求单》、拓展资料四：海航《无成人陪伴旅客乘机需求单》），国际航班提前一周申请。但是，各个航空公司对无陪儿童的申请时间不尽相同，例如国航要求无陪儿童乘机，国内航班在航班起飞前一天的15：00前提出申请即可。

③原则上只安排单程运输，如需联程运输，必须征得有关承运人的同意。

④无成人陪伴儿童必须有儿童的父母或监护人陪送到上机地点，并在儿童的下机地点安排人员迎接和照料。

⑤运输的全航程包括两个或两个以上的航班时，不论是由同一个承运人或不同的承运人承运，在航班衔接站应有儿童的父母或监护人安排人员接送和照料，并应提供接送人的姓名、地址和电话号码。

⑥无陪儿童如果要求机上陪同人员，应向航空公司事先提出，航空公司同意后方可接收。此时，除了票款外要按航空公司的规定另行缴纳服务费。

（二）无成人陪伴儿童的运送要求

①值机人员根据机票中的UM电报，核对无成人陪伴儿童运输申请书的内容，如核对无误，方予以办理乘机。

②由值机人员填写"特殊旅客服务通知单"一式三份，一份由值机室存档，两份交给服务人员。

③在安排座位时，值机人员应将无成人陪伴儿童安排在前排适当座位，以便客舱乘务员照料，但不能安排在紧急出口座位。

④引导人员接到值机部门通知后，除协助办理各项手续外，还应检查无成人陪伴儿童是否已将"无成人陪伴儿童文件袋"挂在胸前。较传统的"无成人陪伴儿童文件袋"是牛皮纸制作而成，如图5.7所示，为了更好地服务儿童，设计了可爱的卡通图案，如图5.8所示。文件袋中装有无陪儿童的有效旅行证件、《无成人陪伴儿童乘机申请书》以及客票、收费单等文件和资料。

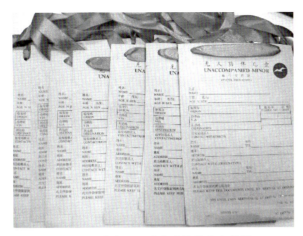

图 5.7　牛皮纸无成人陪伴儿童文件袋　　　图 5.8　无成人陪伴儿童文件袋

⑤值机工作人员将无人陪伴儿童与引导员进行交接后，由引导员妥善安排无人陪伴儿童在候机厅内指定地点休息，为儿童保管"无成人陪伴儿童文件袋"。在广播该航班上客后，地面服务员将无成人陪伴儿童交给指定的随机服务员或乘务员，并填写必要的书面交接单据，清楚交接有关注意事项。登机口引导员应在交接单上签字。

⑥航班登机时，由引导员带领儿童登机，起飞前交给乘务员，并与空乘交接签字。送完儿童后对交接单进行留存、记录。

⑦到达目的地站后，将儿童安全地交给迎接儿童的父母或监护人。在儿童到达前，应将预计到达时间随时通知迎接儿童的父母或监护人；在飞机到达时，指定的随机服务员或乘务员应将儿童和文件袋交给到达站的地面服务人员；地面服务员将儿童和文件袋交给迎接儿童的父母或监护人。

四、孕妇

为了保证孕妇的运输安全，孕妇运输有一定的限制条件。在高空飞行中，客舱内氧气相对减少，气压降低，因此为了孕妇安全，航空公司对孕妇的控制运输作了规定，只有符合运输规定的孕妇，承运人才接收其登机。

（一）接收孕妇的一般规定

①怀孕周期小于 8 个月（32 周）的健康孕妇，可按一般旅客运输。但怀孕不足 32 周经医生诊断不适宜乘机者，不予接收。

②怀孕超过 32 周，不足 35 周的孕妇，如果乘机前 72 小时内有医生签字、医疗单位盖章的"诊断证明书"作为可乘机证明，且承运人同意，可以接收。

③怀孕超过 35 周的孕妇一般不予接收。

（二）孕妇的运送要求

①在接收孕妇时必须先判断该孕妇是否符合承运人所规定的承运条件。如不符合规定，

可拒绝运输。

②检查孕妇是否具备在起飞前 72 小时由医生开具的诊断证明书。

③如一切手续齐全，则可按照一般旅客手续办理，不需要填写"特殊旅客服务通知单"，也无须拍发电报。

④不能安排在紧急出口座位，特殊情况下，经航空公司代表同意并由旅客签署《旅客运输免除及豁免责任同意书》（详见本章拓展资料五：《旅客运输免除及豁免责任同意书》）后给予承运。

五、初次乘机旅客

初次乘机旅客是指第一次乘坐飞机或第一次乘坐某种机型的旅客。初次乘机旅客一方面有强烈的好奇感，另一方面缺乏乘机知识，有一定的紧张感。面对初次乘机的旅客，民航服务人员应该主动给旅客介绍机场的一些设备和环境；空中服务人员应该主动给他们介绍本次航班的机型，目前的飞行高度等，以满足乘机旅客的新奇感。对于初次乘机旅客的紧张感，服务人员首先不能嘲笑和指责他们，注意语气，要给予旅客充分的尊重。

同时，民航服务人员要亲切地对初次乘机旅客介绍飞行的安全性，可以亲切地与初次乘机旅客进行交谈，以分散其注意力，缓解紧张心情。

六、病残旅客

（一）接收病残旅客运输的一般规定

①病残旅客运输需要承运人同意载运，有严重疾病的旅客禁止承运，除非航空公司同意承运。

②病残旅客需要有乘机证明，医生开具的《诊断证明书》在 96 小时内有效，病情严重的 48 小时内填开有效，要求一式两份。

③需要在《旅客运输免除及豁免责任同意书》（详见拓展资料五：《旅客运输免除及豁免责任同意书》）上签字，如需携带氧气袋，需经机组人员同意。

④航班起飞后，向有关航站拍发 PSM。

（二）病残旅客的运送要求

①为病残旅客办理乘机手续时，应检验诊断证明、乘机申请书等有关文件，并注意观察病残旅客的身体状况，如出现病情恶化等不适宜乘机的情况，应根据当时实际情况，拒绝承运。

②座位安排时，尽量安排在乘务员方便提供服务的座位。

③运输病残旅客所需的地面设备的费用，如救护车、升降机，由旅客自行负担。

④引导员在接到病残旅客的通知后，应提前作好准备。

⑤值机工作人员将病残旅客与引导员进行交接，登机口引导员应在交接单上签字。

⑥引导员在航班记录本上简单注明病残旅客的情况，妥善安排病残旅客在候机厅内指定地点休息。

⑦送完轮椅旅客后对交接单进行留存，记录。

七、醉酒旅客

醉酒旅客是指酒精、麻醉品或毒品中毒，失去自控能力，在航空旅行中明显会给其他旅客带来不愉快或可能造成不良影响的旅客。

（一）醉酒旅客运输的一般规定

承运人有权根据旅客的行为举止、言谈、着装打扮，携带的物品、散发的气味对是否属于醉酒旅客自行判断决定。若属于醉酒旅客，承运人可不接收运输。

（二）醉酒旅客的运送要求

①对于酒后闹事，有可能影响其他旅客的旅途生活的醉酒旅客，承运人有权拒绝运输。

②在飞行途中，发现旅客处于醉态，不适合旅行或妨碍其他旅客时，机长有权在机上采取措施，制止其行为或令其在下一个经停地点下机。

③醉酒旅客被拒绝乘机，如需退票时，按自愿退票处理。

八、遣返及在押旅客

遣返旅客是由于旅客违反入境国家政府或有关当局规定而被拒绝入境或命令其离境的旅客。而犯人是受我国现行法律管束的，在办理遣返旅客和犯人运输时，应与有关公安部门配合。

（一）接收遣返及在押旅客运输的一般规定

①公安部门应在订座时提出遣返及在押旅客的运输申请，经承运人同意后方可购票乘机。

②在运输遣返及在押旅客的全航程中，有关公安部门必须至少派两人监送，并对监送犯人负全部责任。

③监送人员如需携带武器，应由机场安检部门处理。

④办妥售票手续后，应给始发站、中途站和到达站拍发遣返及在押旅客运输电报。

⑤有要客的航班不能安排载运犯人。

（二）遣返及在押旅客的运送要求

①当为被遣返及在押旅客办理乘机手续时，值机员应注意将遣返及在押旅客和押解人

员安排在机舱尾部的座位上，如航班座位较宽裕时，尽可能将他们与其他旅客的座位隔开几排。不能安排在紧急出口。

②押解人员需要携带手铐、警棍等物品，应事先与安检部门联系。

③旅客登机时，遣返及在押旅客最先登机，安置妥当后，其他旅客再登机。

④旅客下机时，安排其他旅客先下机，遣返及在押旅客最后下机。

【思考题】

1. 国内旅客运送的基本流程是什么？

2. 特殊旅客主要有哪些类型？

3. 简述老年旅客的运送规定。

4. 怎样办理无成人陪伴儿童的乘机手续？

5. 盲人旅客王女士来办理值机手续，作为航空公司工作人员，应如何与其沟通并完成旅客运送的工作？

拓展资料一　重要旅客的投诉处理

人物：王女士、投诉处理工作人员、VIP 休息室工作人员。

事件梗概：王女士由于在过安检前排队等待的时间过长，最终误机，提出投诉。

情景对白：

王女士：我要投诉！过安检要排的队太长，耗时太多！我进去了，到了登机口，说登机截止了！我不能上飞机！

投诉处理工作人员：抱歉，女士，请您先别着急，慢慢给我们说。

王女士：我要乘坐的航班是 10 点 20 起飞的，我 9 点半左右就办理乘机手续了，然后就去排队过安检，然后小跑赶去登机的，时间都不够！是你们的设置不合理，安检排队时间太长，才导致我上不了飞机！我从北京到桂林还有重要的事情了！全都给耽误了！我要投诉！你们必须赔偿我的损失！

投诉处理工作人员：这样啊，那您先别着急，我们调查一下，查一下是哪一个流程出了问题。

王女士：你们现在调查有什么用啊，我已经误了飞机了！

投诉处理工作人员：这样吧，请您到我们的 VIP 休息室休息一下吧，那里环境好一点，我们尽快给您答复（VIP 休息室，投诉处理工作人员交代 VIP 休息室工作人员去进行调查）。

VIP 休息室工作人员：王女士，您别着急，我们会了解清楚给您答复的，不如您先试试我们新到的一款饮品，有美容、护体的效果，好多旅客都说好喝的！

王女士：……那好吧，谢谢，请尽快给我答复。

VIP 休息室工作人员：您放心！（一会儿，投诉处理工作人员进来）

投诉处理工作人员：您好，王女士，我们已经调出了视频监控，您是 9 点 35 分办的值机手续，9 点 57 分接受了安检，然后您去了一趟卫生间，您到达登机口的时间是 10 点 10 分，但是您的航班是 10 点 10 分截止登机的，所以，您没能登上飞机。您看是这样吗？

王女士：是这样！但是如果不是你们的安检等待时间过长，我怎么会上不了飞机了，你知道我去桂林有什么事情吗？你知道有多重要吗？

投诉处理工作人员：首先，我们很抱歉。请您听我们解释。今天确实机场爆满，人很多，我们的安检口都全部开了，没有关闭一个安检通道，还加派了工作人员进行引导，还把贵宾安检口都用作应急快速安检通道了！所以，我们感到非常抱歉，仍然让您在过安检时排了很长时间的队。

王女士：对，是这样的！

投诉处理工作人员：谢谢您的理解，其实王女士，如果您着急，是可以主动向现场的

引导人员提出要求的，他们就能带您走应急通道，这会给您节省宝贵的时间。如果您提出的话，我们一定优先给您安检的。不过，我们仍然还是很抱歉，没有在您值机时提醒您！

王女士：是的，是这样的！那现在怎么办！

投诉处理工作人员：我们帮您办理改签手续，不收取任何费用，刚刚已经给您查询过了，下一个航班到桂林还需要等待7个小时，这期间如果您愿意，机场会安排您到宾馆休息，期间食宿费用都是全免的。您看这样满意吗？

王女士：好吧，事已至此，只能这样了。你们的安排我很满意，另外，我可能自己也到晚了一点点，但是，我要强调的主要原因还是通过安检的时间太长了！既然这样，那就算了，不然我会通过法律途径向你们提出赔偿的！

投诉处理工作人员：谢谢您的理解！您的理解和满意是我们的最大要求，谢谢您！那您随我来办理手续，等会儿有专车送您去宾馆，登机前也会有专车去接您的。

王女士：好。

处理结果：机场工作人员的正确处理和及时补救，不仅化解了旅客的怨气，获得了旅客的理解，也有效解决了此件投诉。

拓展资料二　某航《特殊旅客（　　　　　　）乘机申请书》

特殊旅客（　　　　　　）运输申请书

××航空有限公司：

　　为乘坐××航空有限公司下列航班，我自愿申明如下：鉴于我个人的健康状况，在旅途中由此给本人或其他人造成身体上的损害或死亡，完全由我个人承担责任及损失，并保证不向××航空有限公司及所属工作人员或代理人要求赔偿或提出诉讼。

旅客姓名：　　　　　　性别：　　　　　年龄：
地址（或单位名称）：
航班号/日期：
出发站：　　　　　　经停/衔接站：　　　　　　到达站：
送机人姓名/有效证件号码： 与旅客关系： 联系电话：
陪伴人姓名/有效证件号码： 与旅客关系： 联系电话：
接机人姓名/有效证件号码： 与旅客关系： 联系电话：
健康状况：
备注：

　　旅客签名：　　　　　　　　　　　　　　日期：　　　年　　月　　日

　　注：1. 一式两联，第一联交给出票单位，第二联交由旅客保存。

　　　　2. 旅客签名必须由旅客本人或监护人签名。

拓展资料三 中国南方航空公司《无成人陪伴儿童乘机申请书》

无成人陪伴儿童乘机申请书

UNACCOMPANIED MINOR

REQUESTED FOR CARRIAGE-HANDLING ADVICE

至：中国南方航空股份有限公司_____售票处
TO _____

日期
DATE _____

儿童姓名 NAME OF MINOR _____

性别 SEX _____

出生年月 DATE OF BIRTH _____

年龄 AGE _____

航程 ROUTING

自 FROM	至 TO	航班号 FLT NO	等级 CLASS	日期 DATE

航站 STATION	接送人姓名 NAME OF PERSON ACCOMPANYING	地址、电话 ADD AND TEL NO
始发站 ON DEPARTURE		
中途分程站 STOPOVER POINT		
中途分程站 STOPOVER POINT		
中途分程站 STOPOVER POINT		
到达站 ON ARRIVAL		

儿童父母或监护人姓名、地址、电话：
PARENT/GUARLIAN-NAME, ADDRESS AND TEL NO _____

_____

拓展资料四　海航《无成人陪伴旅客乘机需求单》

特殊旅客服务需求单 B 类（无成人陪伴旅客乘机需求单）

（无陪儿童、无陪老人、无陪孕妇、无陪视力听力语言障碍旅客）

Unaccompanied Traveler Application forms

乘机人信息 information：
姓名 Name：　　　　　年龄 Age：　　　　　性别 Sex：　　　　　母语 Languages spoken： 住址 Permanent address：　　　电话号码 Telephone no. ：　　　其他联系方式 Other contacts：
航班详细资料 Flight details Information 航班号 Flight no.　　　日期 date　　　自 from　　　至 to 航班号 Flight no.　　　日期 date　　　自 from　　　至 to
始发站旅客送机人员（旅客亲属）信息 Person（relatives of passengers）seeing off on departure 姓名 Name：　　　电话号码 Telephone no. ：　　　地址 Address：
经停/衔接站接送人员（旅客亲属）信息 Person（relatives of passengers）meeting and seeing off at stopover point 姓名 Name：　　　电话号码 Telephone no. ： 地址 Address：
到达站接机人员（旅客亲属）信息 Person（relatives of passengers）meeting on arrival 姓名 Name：　　　电话号码 Telephone no. ：　　　地址 Address：
到达站旅客接机人员（旅客亲属）签字 Signature for release of traveler from airlines' custody

申明 Declaration

1. I confirm that I have arranged for the above mentioned minor to be accompanied to the airport on departure and to be met at stopover point and on arrival by the persons named. These persons will remain at the airport until the flight has departed and/or be available at the airport at the scheduled time of arrival of the flight. 我确定我已经安排妥当以上所提及的事务，未成年人在始发站、经停/衔接站和到达站由我所确定的人员接送。接送人将保证留在机场，直至飞机起飞以后，以及按照航班时刻表所列的航班到达时间以前抵达到达站机场。

2. Should the minor not be met at stopover point or designation, I authorize the carrier(s) to take whatever action they consider necessary to ensure the minor's safe custody including return of minor to the airport of original departure, and I agree to indemnify and reimburse the carrier(s) for the costs and expenses incurred by them in taking such action. 如果未成年人在经停/衔接站和到达站无人接应和陪护，我授权承运人可以采取任何必要的措施，以确保未成年人的安全，包括将未成年人运输返回始发站，我同意支付承运人在采取这些措施时所产生的费用。

3. I certify that the minor is in possession of all travel documents (passport, visa, health certifi-

cate, etc.) required by applicable laws. 我保证未成年人已具备相关国家法律要求的所有旅行文件（护照、签证、健康证明等）。

4. I the undersigned parent or guardian of the above mentioned minor agree to and minor named above and certify that the information provided is accurate. 我作为申请书所列未成年人的父母或监护人签字同意，并证明所提供的情况正确无误。

签名 Signature：　　　　　地址 Address：　　　　电话 Telephone no. ：　　　　日期 Date：

本单为一式四联：第一联为出票联，由出票单位留存；第二联为始发站联，交始发站特殊旅客服务部门留存；第三联为乘务联，交当班乘务留存；第四联为到达联，交到达站特殊旅客服务部门留存。

This form is in triplicate：the first sheet is for issuing, kept by issuing unit; the second sheet is for flight, kept by check-in department of airport of departure; the third sheet is for steward, retained by the cabin department; the fourth sheet is for arriving, kept by the service department of airport of destination.

航空公司/代理公司陪护工作人员签字栏

单　位	售票处工作人员	始发站特殊旅客服务人员	空中乘务员	到达站地面服务人员
签字栏 （姓名/日期）				

拓展资料五　《旅客运输免除及豁免责任同意书》

旅客运输免除及豁免责任同意书

本人_____，所持护照/身份证号码为_____，机票号码为_____。我于_____年___月___日乘坐_____航空公司_____航班由海口出发（经停_____）前往_____，座位号_____。

本人特此声明：

1. 航空公司及其代理人已提醒我注意

□不能没有前往国的有效证件

□不能没有有效的回程或续程机票

□不能没有过境国家所需的所有文件

□旅行证件不能过期或不符合旅行要求

□不能没有携带本次旅行所需的足够资金

□转机时间不能不符合最短转机时间的要求

□孕妇乘机，必须出示县级以上医院开具的可乘机证明

□患病或由于自身健康状况不稳定，必须出示县级以上医院开具的可乘机证明

□其他情况

并且告知，在旅行开始之前，上述非正规情况必须加以纠正；

2. 我在考虑所有后果之后，仍然决定按预订计划乘坐上述航班旅行；

3. 航空公司对我已尽到全部提醒的义务，我的此次旅行在自身的健康状况、旅行证件或其他必备文件方面若发生问题，与航空公司及其代理人无关。我同意承担一切后果，并保证不因此而向_____航空公司及其代理人提出法律诉讼和任何赔偿，并且愿意赔偿航空公司因本人持有非正规旅客证件旅行或其他上述情况而遭受的一切损失。

在见证下，本人于___年___月___日签署此文件。

旅客姓名：_____

联系电话：_____

联系地址：_____

航空公司代表签名：_____　旅客签名：_____

见证人签名：_____

1. 用途：用于旅客自身状况不符合运输条件时填写。

2. 填写人和填写要求：由当班值机员或值班主任负责填写，内容要详细、完整、属实，不能漏项，字迹要工整，页面要清洁，不能随意涂改。

3. 保管员和保管方法：由专人保管，定点存放，切勿丢失。

4. 解释和说明：同意书一式三联，第一联为旅客联；第二联为始发航站联；第三联为航空公司联。

第六部分

不正常情况的处理

【知识目标】 了解旅客客票不正常的常见情况；

理解不同情况下行李运输不正常的处理方法与规则；

了解导致旅客运送不正常情况的因素及处理方法；

明确航班不正常情况下的责任认定及相关处理规定。

【能力目标】 能熟练完成退票、变更、签转等旅客客票信息的

处理工作；

能正确处理旅客行李运输中出现的基本常见问题；

掌握旅客运送过程中的突发及特殊情况的处理及

应对措施；

能进行不正常航班业务的处理。

【案例导入】

旅客王某在网上订购某航空公司机票，在网上操作时，由于对流程不够熟悉，付款后发现姓名中名字的部首出错，立即联系航空公司要求更改，遭到拒绝。航空公司称只能退票后重新购买机票。

旅客张某乘坐 2 月 26 日某航空公司三亚至上海的航班，托运行李遗失，消费者旅行用品及购买旅游纪念品价值 8 000 元，但是航空公司只同意按照每千克 100 元的标准，补偿旅客 1 700 元。

7 月 18 日，因航班延误大量旅客滞留某地机场，长时间得不到妥善安排，旅客纷纷打电话投诉。经调查，该航班晚点近 8 个小时，航空公司对此未及时与消费者沟通，也没有及时安排消费者入住酒店休息，引起旅客不满和情绪激动。经调解，由航空公司赔偿每位消费者人民币 200 元，并及时安排其他航班将消费者送达目的地。

【案例解析】

上述案例分别对应了旅客在实际生活中所遇到的旅客客票信息有误、行李遗失及航班延误等不正常情况的处理，对于旅客在网上订票过程中一般都有请旅客核对订票信息的提示，旅客姓名输入出错应承担相应的责任。《中国民用航空旅客、行李国内运输规定》第八条第一款规定："客票为记名式，只限客票上所列姓名的旅客本人使用，不得转让和涂改，否则客票无效，票款不退。"航空公司称只能退票后重新购买机票是符合规定的。旅客由于对流程不够熟悉，付款后发现姓名中名字的部首出错，可与航空公司协商原客票的退票手续。同时，航空公司应在购票网页以醒目的方式提示旅客履行信息核对义务，并制订此类情况下退票的合理处理规定。

对于旅客行李遗失等情况，根据《民用航空法》第一百二十五条规定："因发生在航空运输期间的事件，造成旅客的托运行李毁灭、遗失或者损坏的，承运人应当承担责任"。同时承运人应按照《国内航空运输承运人赔偿责任限额规定》中第三条第三款"对旅客托运的行李和对运输的货物的赔偿责任限额，为每千克人民币 100 元"的规定，向旅客作出赔偿。在该案例中，旅客所托运的行李为 17 千克，托运时未向承运人申请声明价值的赔偿，因此承运人按照托运行李共赔偿 1 700 元符合规定。随着人民生活水平的不断提高，行李的价值越来越大，现行的行李赔偿责任限额已不能满足旅客的需求，旅客在托运行李时应尽量避免将贵重物品交付托运。

在航班延误时，《中国民用航空旅客、行李国内运输规则》第六十条规定，"航班延误或取消时，承运人应迅速及时将航班延误或取消等信息通知旅客，做好解释工作"。该航班晚点近8个小时，航空公司对此未及时与消费者沟通，不符合《中国民用航空旅客、行李国内运输规则》规定。《中国民用航空旅客、行李国内运输规则》第五十七条规定，"由于机务维护、航班调配、商务、机组等原因，造成航班在始发地延误或取消，承运人应当向旅客提供餐食或住宿等服务"。第五十八条规定，"由于天气、突发事件、空中交通管制、安检以及旅客等非承运人原因，造成航班在始发地延误或取消，承运人应协助旅客安排餐食和住宿，费用可由旅客自理"。航空公司应根据航班延误的原因做好旅客的餐食和住宿等服务工作。《中国民用航空旅客、行李国内运输规则》第十九条规定，"航班取消、提前、延误、航程改变或不能提供原定座位时，承运人应优先安排旅客乘坐后续航班或签转其他承运人的航班"。航空公司应优先安排旅客乘坐后续航班或签转其他承运人的航班。

第一单元 »»»»»»»
旅客客票不正常情况的处理

一、客票的退票

旅客购票后，承运人因某种原因不能在客票有效期内提供航空运输服务，或旅客由于自身原因不能完成已购客票的部分或全部航程，而要求退还部分或全部未使用航段的票款，称之为退票。

旅客要求退票，应根据退票的有关规定及时、正确地为旅客办理退票手续。由于承运人原因而造成旅客退票，应做好解释工作，并尽力帮助旅客安排后续航班以解决困难。

退票主要分为自愿退票和非自愿退票两种，自愿退票是指由于旅客自身原因所造成的购票后不能完成已购客票的部分或全部航程而提出的退票要求；非自愿退票是指由于承运人原因，如因天气、交通管制等因素导致航班的取消、提前、延误以及不能提供旅客原购票舱位座位等情况而造成旅客在购票后提出退票要求，或旅客因病经医疗单位证明不能旅行等原因的退票均按非自愿退票处理。

（一）退票一般规定

①旅客办理退票，必须持有乘机人的有效身份证明，如身份证、护照、士兵证、军官证、学生证等。如果委托他人办理，还须持有乘机人的委托书和退票人的有效身份证明。

②票款只限退给客票上填明的旅客。如票款不是由旅客本人支付，应按付款人的要求办理。

③旅客最迟应在客票有效期内办理退票，过期不予办理。特殊票价的有效期不足一年时，可自出票之日或旅行之日起，13个月内办理退票。

④旅客办理退票时，应持有客票所有未使用的乘机联和旅客联，只有乘机联而无旅客联的客票不予办理退票。

⑤旅客在航班的经停地自动终止旅行，该航班未使用航段自动作废，票款不退，但其他未使用航段的乘机联仍可使用或退票。

⑥客票必须按序使用，缺少后续航段乘机联的客票上只能退票，不得使用。

⑦退票时必须依据客票的有关限定条件，如果退票受票价使用的限制或规定不得退票，则不予办理退票。

（二）退票地点

①自愿退票在出票地要求退票，只限在原购票的售票处办理；在出票地以外的航班始发地或在终止旅行地要求退票，可在当地的承运人售票处办理；如当地无承运人售票处，可在当地的承运人销售代理人办理。受理退票的售票处必须获得旅客原购票的售票处或销售代理人的书面授权后，方可办理。

②团体旅客自愿退票，只限在原购票的售票处办理。

③非自愿退票可在原购票售票处、航班始发地、经停地、终止旅行地的承运人售票处或引起非自愿退票发生地的承运人地面服务代理人的售票处办理。

④持不定期客票的旅客要求退票，应在客票的有效期内到原购票地点办理退票手续。

（三）自愿退票

由于旅客本人原因，不能在客票有效期内完成部分或全部航程而要求退票，称之为自愿退票。旅客办理自愿退票时，航空公司将按照有关规定向旅客收取一定金额的退票费，退票费的收取一般以票面价为基准按照一定百分比收取。目前，我国主要航空公司的退票费收取主要分为以退票时间和旅客购票的舱位等级等方式来收取。

1. 散客自愿退票

下面所列的散客自愿退票规定，在中国东方航空公司、上海航空公司、深圳航空公司等一些航空公司中主要是以退票时间来收取的做法，具体操作请根据出票航空公司运输条件的有关规定办理。

①旅客在航班规定离站时间 24 小时以前要求退票，收取原付票款 5% 的退票费。

②旅客在航班规定离站时间 24 小时以内，2 小时以前要求退票，收取原付票款 10% 的退票费。

③旅客在航班规定离站时间 2 小时以内要求退票，收取原付票款 20% 的退票费。

④旅客在航班规定离站时间后要求退票，按误机处理，收取原付票款 50% 的退票费。

⑤持不定期客票的旅客要求退票，收取原付票款 5% 的退票费。

⑥持联程、来回程客票的旅客要求退票，根据提出退票的时间和各航段的离站时间按上述规定办理。

⑦如果客票全部未使用，应从全部原付票款中减去根据退票规定收取的退票费，余额退还旅客。

⑧如果客票部分已使用，应从全部原付票款中减去已使用航段的票价，并根据退票规定收取未使用航段的退票费后，余额退还旅客。

⑨持特种票价客票的旅客要求退票，除另有规定外，按自愿退票规定收取退票费。

⑩革命伤残军人要求退票，在航班起飞时间前收取原付票款 20% 的退票费；在航班起飞时间后收取原付票款 50% 的退票费；购 10% 婴儿票的旅客要求退票，免收退票费。

如：旅客吕某购买了东航武汉—青岛—北京段的机票，其中，武汉—青岛段七折票750元，起飞时间为2月18日21：00；青岛—北京段为五折票700元，起飞时间为2月19日07：50；若旅客在2月18日20：00提出退票，则退票费的收取总额应为多少？

因本案例为旅客原因提出的自愿退票，故东航主要按照退票时间收取退票费，则应该按照该航空公司自愿退票的规定办理。

第一航段：武汉—青岛段，旅客所应支付的退票费用为750×20%＝150（元）；

第二航段：青岛—北京段，旅客所应支付的退票费用为700×10%＝70（元）；

故旅客吕某所应支付的退票费总额为150+70＝220元。

中国国际航空公司、海南航空公司主要是以旅客所购客票的舱位等级为标准来收取退票费，其中中国国际航空公司按舱位等级收取退票费的具体规定如下：

①对于购买全价票（含头等舱、公务舱）客票的旅客，在自愿退票时，收取票面价（不含税的价格，下同）的5%作为退票费。

②对于购买8~9折客票的旅客，收取票面价10%的退票费。

③对于购买6~7.5折客票的旅客，收取票面价20%的退票费。

④对于购买5.5折（含）及以下舱位客票的旅客，收取票面价50%的退票费。

海南航空公司按舱位等级收取退票费的具体规定如下：

①对于购买9折舱位客票的旅客，收取票面价5%的退票费。

②对于购买8~8.5折客票的旅客，收取票面价10%的退票费。

③对于购买5.5~7.5折客票的旅客，收取票面价20%的退票费。

④对于购买5折（含）及以下舱位客票的旅客，收取票面价50%的退票费。

如：旅客赵某购买了国航武汉—北京—哈尔滨的机票，其中，武汉—北京段九折票1 670元，起飞时间为8月3日09：00；北京—哈尔滨段为八折票890元，起飞时间为8月3日14：00；若旅客在8月2日17：00提出退票，则退票费的收取总额应为多少？

因本案例为旅客原因提出的自愿退票，故于国航主要按照舱位等级收取退票费，则应该按照该航空公司自愿退票的规定办理。

第一航段：武汉—北京段，旅客所应支付的退票费用为1 670×10%＝167（元）；

第二航段：北京—哈尔滨段，旅客所应支付的退票费用为890×10%＝89（元）；

故旅客赵某所应支付的退票费总额为167+89＝256（元）。

中国南方航空公司、四川航空公司、厦门航空公司等公司，在退票费的收取上，主要采用将舱位等级和退票时间相结合的办法，收取旅客退票费，其中中国南方航空公司收取退票费的规定如下：

①对于购买8折（含）及以上舱位客票的旅客，在航班起飞前24小时不收取退票费，24小时以内收取票面价5%的退票费。

②对于购买6~7.5折客票的旅客，在航班起飞前24小时收取票面价5%的退票费，24

小时以内收取票面价20%的退票费。

③对于购买5.5折（含）及以下舱位客票的旅客，在航班起飞前24小时收取票面价20%的退票费，24小时以内收取票面价50%的退票费。

四川航空公司在旅客自愿退票的退票费的收取上，对于6折（含）及以上舱位客票的旅客，退票费的收取同中国东方航空公司客票费的收取办法；对于购买4.5～5.5折客票的旅客，在航班起飞前收取票面价20%的退票费，在航班起飞后收取票面价50%的退票费；对于购买4折（含）及以下舱位客票的旅客，在航班起飞前收取票面价50%的退票费，在航班起飞后不得退票。

2. 团体旅客自愿退票

团体旅客是指旅客人数在10人（含）及以上，所购机票的航程、航班、乘机日期相同，并支付相同团体票价的旅客。对于团体旅客购票后自愿退票，中国东方航空公司主要按照下列规定收取退票费：

①团体旅客在航班规定离站时间72小时以前要求退票，收取客票价10%的退票费。

②团体旅客在航班规定离站时间72小时以内至规定离站时间前一天中午12点前要求退票，收取客票价30%的退票费。

③团体旅客在航班规定离站时间前一天中午12点至航班离站前要求退票，收取客票价50%的退票费。

④团体旅客误机，客票作废，票款不退。

⑤持联程、来回程客票的团体旅客要求退票，根据退票时间按上述规定办理。

⑥团体旅客部分成员要求退票，除按上述规定办理外，如部分成员退票后造成旅客人数不足团体旅客人数而不能享受相应团体旅客票价优惠时，应补收票价差额。

⑦对于购买婴儿票、儿童票及其他特殊旅客客票的旅客，将不得计入团体人数之中。

如：3月17日中午12：00，深航武汉—深圳的航班散客购票的最低票价为八折1 380元，有一个12人的旅行团，购买了六折团体机票，优惠票价为1 030元，3月15日下午14：00，该团体中有4人提出自愿退票，则航空公司需退还给旅客的金额为多少？

因本案例涉及团体旅客的自愿退票，当该12人团队有4人退票时，其余的团体旅客人数则只剩8人，不满足团体旅客人数最低10人的要求。

故该团体旅客原购机票的票面价总和为1 030×12＝12 360元。

团体旅客中的4人在航班规定离站时间72小时以内至规定离站时间前一天中午12点前要求退票，收取客票价30%的退票费，则这4人的退票手续费之和为4×1 030×30%＝1 236元。

其余团体旅客人数因不满足团体旅客人数要求需按散客购票来处理，则剩余旅客应支付票款总额为1 380×8＝11 040元。

民航旅客运输

则航空公司应退还给旅客的金额为 12 360−1 236−11 040＝84 元。

（四）非自愿退票

1. 由于下列原因引起旅客退票，称为非自愿退票

①承运人取消航班。

②承运人未按班期时刻表飞行。

③班机未在旅客所持客票上列明的地点降落。

④承运人不能提供旅客事先订妥的座位。

⑤承运人原因造成的航班衔接错失。

⑥经医生证明旅客健康情况不适宜乘机。

⑦承运人要求旅客中途下机或拒绝旅客乘机（因旅客证件不符合规定或因违反政府或承运人规定者除外）。

2. 非自愿退票按下列规定办理

①退票均不收取退票费。

②客票全部未使用，退还全部原付票款。

③客票已部分使用，退还未使用航段的票款。

④航班如在非规定的航站降落，旅客要求退票，原则上退降落站至旅客的到达站的票款，但退款金额以不超过原付票款为限。

（五）旅客因病退票

旅客购票后，因健康原因经医疗单位证实不适宜乘机而要求退票，此种退票虽属旅客本人原因，但不是旅客意愿，所以这种退票仍属于非自愿退票，按照非自愿退票时规定办理。

①旅客因病要求退票，需提供县级（含）医疗单位以上的证明，在原购票地点办理退票。如客票未使用，应退还全部票款。客票部分已使用，应退还未使用航段的全部票款，均不收取退票费。

②患病旅客的陪伴人员要求退票，应与患病旅客同时办理退票手续，不收退票费。

（六）处理退票地工作程序

①查验客票是否有效，未使用的乘机联和旅客联是否齐全。

②核对旅客的有效身份证件。

③根据退票原因确定属自愿退票还是非自愿退票。

④根据退票规定计算出实退金额，填开退款单，并请旅客签收。

⑤将退款和退款单旅客联交给旅客。

⑥将客票未使用的乘机联和旅客联附在退款单财务联上交财务部门。

⑦已订妥座位的旅客要求退票，应取消原订座记录 PNR。

（七）退款单

退款单是办理旅客退票及实退金额的凭证，退款单一式三联，第一联为财务联，第二联为旅客联，第三联为存根联。退款单的各项内容填写清楚，实退金额计算正确，退款原因填写详细，必须经旅客签收后，方可将退款交给旅客。

由于办理退票时必须收回客票的未使用乘机联和旅客联，因此，旅客凭退款单作为报销凭证。

（八）退款单实样

1. 退款单（航空公司用于旅客退票时填写）

中国东方航空公司

CHINA EASTERN AIRLINES

退款单

REFUND

客票/货运单号码 TICKET/AWB NO		全航程 COMPLETE ROUTING	
原付金额 AMOUNT PAID		退款航段 REFUND SECTOR	
扣已使用金额 AMOUNT USED		退款原因 REASONS	
扣退票费/退运费 SERVICE CHARGE			
实退金额 AMOUNT REFUNDED			

日期和出票地点 经手人 签收人

DATE & PLACE OF ISSUE：＿＿＿＿ AGENT：＿＿＿＿ RECEIVED BY：＿＿＿＿

旅客或托运人联 PASSENGER OR CONSIGNEE COUPON

2. 退票、误机、变更收费单

中国国际航空公司

退票、误机、变更收费单 编号：

航空承运变更情况		应收应退款		
原承运航空公司		退票使用栏	客票价款	
原客票号			应收退票费	＿＿＿＿元
原承运日期			实际退款	＿＿＿＿元

续表

原航班号		应收误机费	_____元
变更后承运航空公司		应收变更费	_____元
变更后承运日期		加盖公章	制单地点：
变更后航班号			制单单位：
备注：			

制单日期：　　　　　　　　　　旅客姓名：　　　　　　　经办人：

二、变更

由于旅客原因或承运人原因，在客票有效期内所发生的航班、乘机日期或舱位的改变称为变更。要求变更的客票必须在客票有效期内并且客票乘机联为未使用的状态下才能进行，变更分为自愿变更和非自愿变更。

（一）自愿变更

由于旅客原因造成的变更，称为自愿变更。

1. 更改航班或乘机日期

①更改航班或乘机日期如在原指定航班飞机离站时间之前提出，承运人及其销售代理人在航班有可利用座位情况并有对应舱位开放下，准予免费办理。

②原定航班起飞后，更改航班或日期必须将原客票按自愿退票办理。

2. 改变舱位等级

旅客购票后，如要求改变舱位等级，承运人及其销售代理人应在航班有可利用座位和时间允许的条件下，予以办理。

①从低等级舱位升至高等级舱位。旅客要求从经济舱升至公务舱/头等舱、从公务舱升至头等舱，或在子舱位销售中，由于旅客的自愿变更，造成旅客从子舱位的较低舱位升至较高舱位，可采用换开客票或填开退票、误机、变更收费单的方法，补收差额。

②从高等级舱位降至低等级舱位。旅客要求从公务舱头等舱降至经济舱、从头等舱降至公务舱，或在子舱位销售中，由于旅客的自愿变更，造成旅客从子舱位的较高舱位降至较低舱位，则先按自愿退票的有关规定办理后再重新购票。

3. 团体旅客客票自愿变更

一般情况下，团体旅客在购票后，如要求变更航班、乘机日期，按照先退票后再购票的方式处理，如团体旅客自愿改变舱位等级，经承运人同意后，在航班有可利用座位的情况下，可以按照差额多退少补的方式办理客票的变更手续。

当团体旅客中因部分旅客的自愿变更，造成其余团体旅客成员不足 10 人，则不能够按照团体旅客的规定再享有的优惠票价，其余团体旅客应补足散客与团体旅客票价的差额后，换开新的客票。

一般情况下，承运人均会在航班、舱位、时间允许的条件下为旅客尽快办理客票变更手续，具体的规定因航空公司的不同，在变更手续费的收取上会有一定的差异，国内主要航空公司对于旅客客票变更规定见表 6.1。

表 6.1　国内主要航空公司客票变更规定

航空公司名称	代码	客票变更规定
中国国际航空公司	CA	①购买头等舱、公务舱、经济舱全价舱位及使用儿童、婴儿、革命伤残军人和因公致残人民警察票价的客票的旅客，可在客票有效期内免费变更。 ②购买 8～9.5 折舱位客票的旅客，可在客票有效期内免费变更。 ③购买 6～7.5 折舱位客票的旅客，可在客票有效期内免费变更一次，再次变更需每次收取票面价 10% 的手续费。 ④购买 4～5.5 折舱位客票的旅客，每次变更需收取票面价 20% 的手续费。
中国南方航空公司	CZ	①购买 7 折及以上舱位客票的旅客，可在客票有效期内免费变更。 ②购买 5～6.5 折舱位客票的旅客，每次变更需收取票面价 10% 的手续费。 ③购买 4～4.5 折舱位客票的旅客，每次变更需收取票面价 20% 的手续费。
中国东方航空公司	MU	①4 折以下优惠价格仅限政府规定的"下浮不限"航线，购买经济舱 3 折及以下舱位客票的旅客，不得变更。 ②购买 5 折及以下舱位客票的旅客，客票变更需收取经济舱全票价 5% 的变更费，变更费不得低于 50 元人民币。 ③旅客非自愿更改舱位等级，多退少不补，低舱位改高舱位，无须补差，高舱位改低舱位，退还差额。 ④变更手续费与升舱费同时发生时，两者取一，按较高者收取。
海南航空公司	HU	①购买头等舱、公务舱、经济舱全价舱位及使用儿童、婴儿、革命伤残军人和因公致残人民警察票价的客票的旅客，在对应的舱位开放的情况下，可以免费变更，不限次数。 ②购买 8 折及以上舱位客票的旅客，在航班起飞前可免费变更不限次数，航班起飞后每次变更需收取票面价 5% 的手续费。 ③购买 7.5 折及以下舱位客票的旅客，可在航班起飞前免费变更一次，航班起飞前如再次变更需收取票面价 5% 的手续费，航班起飞后再次变更需收取票面价 10% 的手续费。 ④购买 4 折及以下舱位客票的旅客，不得变更。
四川航空公司	3U	①购买 4 折及以上舱位客票的旅客，在航班规定离站时间 24 小时前提出变更，则对应舱位免收变更手续费；如果没有对应舱位，升舱补差费用作为变更费。 ②航班规定离站时间 24 小时（含）内或离站后提出，当对应舱位开放的情况。

续表

航空公司名称	代码	客票变更规定
四川航空公司	3U	③购买 8 折及以上舱位客票的旅客，对应舱位免收变更手续费；如果没有原客票上列明的对应舱位，升舱补差费用作为变更费。 ④购买 6～7.5 折客票的旅客，收取票面价的 5% 作为变更手续费；如果没有原客票上列明的对应舱位，升舱补差费用作为变更费。 ⑤购买 4～5.5 折客票的旅客，收取票面价的 10% 作为变更手续费；如果没有原客票上列明的对应舱位，升舱补差费用作为变更费。 ⑥购买 4 折及以下舱位客票的旅客，不得变更；所有需收费的变更和补差，均由川航直属售票部门办理。
厦门航空公司	MF	①购买头等舱、公务舱、经济舱全价舱位及使用儿童、婴儿、革命伤残军人和因公致残人民警察票价的客票的旅客，在对应的舱位开放的情况下，可以免费变更，不限次数。 ②购买 6 折及以上舱位客票的旅客，在航班离站前且航班同等舱位有可利用座位的情况下，可免费变更一次，如再次变更，需收取票面价 5% 的手续费。 ③购买 4～5.5 折舱位客票的旅客，在航班离站前，同等舱位每次变更需收取票面价 10% 的手续费。 ④旅客由高舱位向低舱位变更，按自愿退票处理，低舱位向高舱位变更，需原客票全退，另购客票，不收取退票费。 ⑤非自愿变更因采取旅客安排措施而发生的票款、逾重行李费和其他服务费用的差额，多退少不补。
上海航空公司	FM	①购买 6 折及以上舱位客票的旅客，在对应舱位开放的情况下，可免费变更一次。 ②购买 4～5.5 折舱位客票的旅客，如需变更需升舱补到 6 折才可以变更。 ③购买 3.5 折及以下舱位客票的旅客，不得变更。
山东航空公司	SC	①购买头等舱、公务舱、经济舱全价舱位及使用儿童、婴儿、革命伤残军人和因公致残人民警察票价的客票的旅客，在对应的舱位开放的情况下，可以免费变更。 ②购买 6～9.5 折舱位客票的旅客，在客票有效期内允许免费变更一次。 ③购买 8～9.5 折舱位客票的旅客，在客票有效期内如再次变更需收取票面价 5% 的手续费。 ④购买 6～7.5 折舱位客票的旅客，在客票有效期内如再次变更需每次收取票面价 10% 的手续费。 ⑤购买 5.5 折及以下舱位客票的旅客，每次变更需收取票面价 20% 的手续费。
深圳航空公司	ZH	①购买头等舱、公务舱、经济舱全价舱位及使用儿童、婴儿、革命伤残军人和因公致残人民警察票价的客票的旅客，在对应的舱位开放的情况下，不限制变更，特殊协议航线除外。 ②购买 3～9 折舱位客票的旅客，在航班规定离站时间前，旅客要求变更客票，在同等级舱位有可利用座位的情况下，可予以免费变更两次；在无同等级舱位的情况下，则根据舱位等级差异，差价多不退少不补；第 3 次变更，按自愿退票处理。

航空公司名称	代码	客票变更规定
深圳航空公司	ZH	③购买3~9折舱位客票的旅客，在航班规定离站时间后，旅客要求变更客票，在同等级舱位有可利用座位的情况下，予以免费变更1次；在无同等级舱位的情况下，则根据舱位等级差异，差价多不退少补；第2次变更，在同等级舱位有可利用座位的情况下，收取票面20%手续费；在无同等级舱位的情况下，收取票面价20%手续费，并根据舱位等级差异，差价多不退少补；第3次变更，收取票面价50%手续费。
春秋航空公司	9C	①在客票上列明的航班飞机离站时间24小时以前旅客申请变更客票，可免费变更。 ②在航班飞机离站时间前2小时至离站时间前24小时以内申请变更，需支付原票款5%的变更费；在航班飞机离站时间前2小时以内申请变更，需支付原票款10%的变更费；在航班规定离站时间以后提出，收取客票价30%的变更费。 ③只限同折扣间变更或低折扣变更至高折扣。变更时产生差价的，旅客需补差价。只限相同航段变更。

（二）非自愿变更

由于承运人原因造成的变更称为非自愿变更。

承运人在航班取消、提前、延误、航程改变或不能提供原订座位时，承运人应优先安排旅客乘坐后续航班。承运人如果要求旅客变更承运人时，应征得旅客及被签转承运人的同意后，方可签转。

因承运人原因，旅客的舱位等级变更时，票款差额多退少不补，免费行李额按原定舱位等级的有关规定办理。退差额时，凭承运人加盖在旅客联上的降舱印章，由承运人或在原购票地点办理退款手续。

（三）其他原因的变更

①有下列情况之一的，承运人可以不经过事先通知改变机型或航线，取消、中断、延期或推迟航班飞行：

a. 为了遵守国家的法律、政府规定、命令和要求。

b. 为了保证飞行安全。

c. 承运人无法控制或不能预见的其他原因。

②采取措施。

a. 承运人为旅客安排有可利用座位的后续直达航班。

b. 变更原客票的航程，安排原承运人的航班将旅客运达目的地或中途分程点，票款、逾重行李费的差额多退少不补。

c. 征得旅客及被签转承运人的同意后，签转给其他承运人。

d. 按非自愿退票的规定办理。

③旅客因病要求变更日期、航班或航程，应提供医疗单位的证明，并在航班规定的离站时间前提出，按非自愿变更的有关规定办理。

三、签转

在一般情况下，票证只能由原指定的承运人运输，而不能在各承运人之间随意转让和使用。但是，由于旅客的要求或航班延误等原因需要改变承运人时，必须办理签转手续。签转分为自愿签转和非自愿签转。

（一）签转的使用

改变承运人称为"签转"。销售代理人未经过承运人的授权不得办理签转手续。旅客要求改变承运人即自愿签转，应征得原承运人或出票人的同意，一般应符合以下条件：

①旅客使用的票价无签转限制。

②旅客的客票未在航班离站时间前 72 小时以内改变过航班、日期。

③旅客应在航班规定离站时间 24 小时前提出签转要求。

④出票与所签转的承运人之间存在结算关系，且航班有可利用的座位。

⑤国际客票中的国内航段，需根据签注栏中的限制情况，按国际旅客运输的有关规定办理。

⑥当航程仅剩下用于国内航段运输的乘机联，此联不能用于改变航程用于国际运输。

⑦如果客票签注栏中已注明不得改变承运人时，则按退票的有关规定办理后，重新购票。

（二）签转的授权

①有权对票证进行签转的条件是：

a. 原出票航空公司。

b. 票证上原指定的承运人。客票上原指定的承运人有权对其航段的票证进行签转。如果办理签转票证的航空公司与原出票航空公司在签转航段上有特殊分摊协议，签转后不享受特殊分摊协议的结算价而造成出票航空公司的损失，其损失应由办理签转票证的航空公司承担。

c. 授权指定的地面总销售代理。

②换票、改变航程或乘机人

a. 换票是指根据某一票证换开另一票证，其间航程不发生改变，如根据 PTA 或 MCO 换开客票。或者，由于原始客票上的航程发生改变而需要另行填开客票时发生换票。

b. 改变航程与换票不同，改变航程是指由于旅客的原因或是航空公司的原因，旅客没有按照原始客票上的航程旅行而发生的航程增加或减少所引起的改变。

c. 换票分为自愿改变航程后换开客票和非自愿改变航程后换开客票。国内客票不得改变航程。

d. 客票为记名式，变更乘机人按退票处理。

（三）签转的处理

不同航空公司在客票签转上规定有所不同，以中国东方航空公司为例，根据客票适用条件，东航可为本公司承运的旅客及持东航票证的旅客办理航班签转手续，但客票签转仅限于与东航有结算协议的承运航空公司之间进行。

旅客所持东航客票或含东航航段的非东航客票，因自身原因要求更改航段原定承运人，如客票上已注明"不得签转""NON-END"或"NON-ENDORSABLE"，该客票不得签转；如未注明上述字样，在征得东航同意后，可以办理签转手续。

因东航原因，造成旅客不能按原定航班旅行，如旅客选择签转至其他承运人，东航将根据其他承运人的航班座位使用情况，办理签转手续。

第二单元 》》》》》》》》》

行李运输不正常的处理

在旅客行李运输过程中，由于承运人疏忽、过失等原因造成的旅客行李迟运、少收、多收、破损等运输事故，称为旅客行李运输不正常情况。

一、迟运行李

（一）迟运行李的概念

迟运行李主要是指在航班始发站应予载运而未能运出的行李，一般是由于行李漏装、行李牌脱落、飞机载量不足拉卸行李、不能辨认行李目的地等原因造成托运行李未能随旅客同机运出等情况，但不包括因逾重行李导致飞机超载而被安排到后续航班运出的托运行李。每个航空公司都有行李查询部门，可协助各地查询及旅客行李的赔偿工作。

（二）迟运行李的处理程序

①在"行李不正常运输事故记录单"上编号、登记。

②安排后续航班和日期将迟运行李运至目的地，并拍发行李运送电报给行李目的站或有关转运站，以便在航班到达时及时通知旅客，避免不必要的查询。

③对行李牌上联因脱落无法确定行李目的站的迟运行李，应向当天从本站起飞的所有航班和航班的中途站、目的站发送电报，等待其他航站发来的查询电报，确定行李的目的地后，安排后续航班再将行李运出，运出前拍发行李运送电报。

④迟运行李运出前，应填写和拴挂速运行李牌，按运送电报的航班日期将迟运行李运往行李的目的地站。

⑤代理其他承运人处理迟运行李时，应通知该航空公司驻本站代表。

⑥中转站接到迟运行李后，应立即按运送电报或速运行李牌上所列明的航班号、日期进行转运。

⑦目的地站收到迟运行李后，应立即通知旅客提取。旅客领取迟运行李后，到达站需将旅客行李的收到日期和旅客领取日期用电报通知迟运行李的始发站和中转站。如旅客要求，可将行李运送到其驻地，地面交通费由责任站承担。

二、少收行李

（一）少收行李的概念

少收行李是指由于始发站行李漏装、错装、中途站错卸、到达站漏卸、行李与货物混淆或因行李牌脱落无法辨认旅客行李的目的地等运输差错使得航班到达后，目的地站无法按规定时间和行李数目交付旅客，或者下落不明尚待查找的行李。

（二）少收行李的处理程序

①与旅客交涉，查验旅客的客票、登机牌、逾重行李票和行李牌领取联。

②记录旅客姓名、航程、舱位、客票号码、行李件数、重量等信息，如果涉及日后的赔偿问题，还应查验旅客的逾重行李票、声明价值行李附加费等信息，以了解旅客所支付逾重行李的费用和声明价值行李附加费，复印旅客的客票、逾重行李票等票据进行留存。

③了解少收行李的形状和制作材料特征，填写"行李不正常运输事故记录单"及"少收行李处理登记表"，其中，AHL 表示少收行李，OHD 表示多收行李，DMG 表示行李破损，LOST 表示行李遗失等。

国际航协将旅客行李分为两大类，A 表示没有拉链，B 表示有拉链。在各自类别中，又将不同颜色、形状、材质的行李进行编号，如 BK 代表黑色，RD 代表红色，BN 代表棕色，YW 代表红色，C 代表有密码锁，W 代表有轮子，P 代表有袋包，S 代表有袋子，X 代表不具备以上特征。

④查看本站及外站发来的多收行李和运送行李电报，按照行李的运输路线查找行李，如查看行李到达大厅与行李传送带周围有无遗漏行李；通知行李装卸队检查货舱、集装箱内（必要时还可检查客舱）是否有漏卸行李，并检查行李仓库；向货运仓库询问是否误将行李卸到货物仓库内，必要时向海关查询；对于旅客的联程行李，还应向旅客询问行李的

转运情况，最后看见行李的地点，是否已向联程站提出查询。

第一次少收行李查询电报为航班到达站后 1 小时内，第二次少收行李查询电报为第二天，第三至五天为仍需发送行李查询电报。

⑤付给等待行李的旅客必要的临时生活补偿费。

⑥找到旅客的少收行李后通知旅客提取行李，并向之前发送过查询电报的航站行李查询部门拍发结案电报，若旅客行李无法找到时，则需按航空公司相关规定为旅客办理赔偿手续。旅客少收行李处理登记表见表 6.2。

表 6.2　旅客少收行李处理登记表

查询编号	旅客姓名	行李牌号码	行李颜色与类型	航班日期	始发站	填表人	到达编号	领取人签名	领取日期	领取人证件类型及号码	签发人签名

三、多收行李

（一）多收行李的概念

多收行李是指在本次航班到达 24 小时且行李交付工作结束后仍无人认领的行李。出现多收行李的原因主要有非本站行李错运到本站的错运行李、需要经过本站中转的速运行李、目的地为本站但无人认领的行李以及行李牌脱落的无牌行李。

（二）多收行李的处理程序

在处理多收行李时，需填写"多收行李记录单"，编号并登记，拴挂"多收行李记录卡"在多收的旅客行李上，以入库备查。同时，将航空公司多收行李与少收行李的情况进行对照，查找其他哪些航站有少收行李，并拍发多收行李的电报。

1. 错运行李的处理

①送往原行李牌上的目的地。

②拍发运送行李电报至目的地或中转站，并注明错运行李。

③若本站无到目的地站的航班，则将行李返回原发运站。

④填写和拴挂速运行李牌，保留原行李牌。

2. 速运行李的处理

①填写速运行李牌，拴挂在速运行李上，并保留原行李牌。

②尽可能利用本航空公司或其他航空公司的航班免费运送。

③如果速运行李的包装不符合要求，非本航空公司的速运行李可拒绝运送，发生损坏的不负责赔偿。

④国际行李应办理海关手续。

⑤拍发运送行李电报至终点站和中转站，并告知旅客运送行李的航班、日期和目的地。

3. 无人认领行李及无行李牌行李的处理

①核对其他航站发来的少收行李电报或到达站旅客名单。

②查看行李上的旅客姓名、地址标志和行李颜色、类型等相关线索。必要时，可开启包装查看行李内物（必须两人以上在场），以便从中得到有关线索，设法与旅客本人或单位联系。

③核对其他站发来的少收行李电报。

④如果暂时找不到失主，填写"多收行李记录单"，拴挂"多收行李记录卡"，过磅入库。

⑤向运达航班的始发站、中途站和目的地站拍发多收行李查询电报 OHD。

⑥72 小时后仍无旅客认领，则再次拍发 SHL 电报，与 OHD 相同。

⑦如果查到失主，请旅客提供行李的具体情况，核对无误后安排旅客认领。若查明失主在外站，可按速运行李的运送方法运出。

⑧若时间超过 90 天，则按无法交付行李进行处理。

⑨对于无人认领行李中的无价移交物品，军用品应向当地军属部门移交、违禁品应向当地公安部门移交、历史文物和珍贵图书应向当地文化部门移交、海关监管物品应向海关移交、金银珠宝应向中国人民银行移交；无人认领行李中的有价移交物品，生产资料需交当地有关物资部门处理、生活资料需交当地商业部门付款收购、粮食及植物油料等需交当地粮食部门付款收购；对于无人认领的鲜活、易腐或其他保管有困难的物品，需报经上级批准处理。

⑩处理所得款项，应将行李保管费，处理费用扣除后的余款交财务部门保管。属于运输事故，并已由承运人赔偿的行李，其变卖款项全部归承运人所有。对于其他承运人航班运来的无人认领行李，可以移交给该承运人处理，多收行李处理登记表见表 6.3。

表 6.3　多收行李处理登记表

多收编号	旅客姓名	原行李牌号码	行李颜色与类型	航班日期	始发站	填表人	原少收查询编号	处理情况及日期	处理经手人	海关盖章

四、破损行李

（一）破损行李的概念

破损行李是指旅客托运的行李在运输过程中，因行李的外部受到损伤或行李形状发生了改变，而使旅客行李的外包装或内装物品受到了损坏。

旅客行李的破损主要分为明显破损和不明显破损，明显破损是指行李外包装有明显的破损或在运输过程中造成的外包装的变形，不明显破损是指在行李外包装完好或不具有明显破损的情况下而发生的旅客行李内物受到损坏。

（二）破损行李的处理程序

如果旅客行李在航空运输过程中发生轻微磨损或表面沾染到少量污垢，则属于行李运输过程中的常规损耗，承运人应向旅客解释，不需承担相关责任。但若发生行李破损，航空公司应立即查明行李破损的原因，明确责任。

1. 承运人发现行李破损的处理

①承运人如在行李装卸或运输时发现行李破损，应填写"行李事故签证单"，并采取补救措施。

②若行李破损发生在始发站，要求修补后再运输，如果一时无法修复，在运输时，拍发"行李破损电报DMG"，通知转运站和目的地站。

在装卸或传送行李时发生或发现行李破损，应会同行李装卸人员，按照规定填制行李装卸事故签证，并采取必要的补救措施。如果发现出港行李破损，一般要求将破损行李修整，符合运输条件后方能运出。如果一时无法运输，在运出时，应拍发行李破损（DMG）电报，通知行李目的地站或/和有关中转站。

2. 旅客发现行李破损的处理

①若旅客在提取行李时发现行李破损，应先检查行李破损和遗失情况，以明确为旅客自身责任还是承运人的责任。

②检查内容包括有无人为破坏，如开、撬等痕迹，行李包装本身是否符合运输规定，整件行李的重量是否超过其包装所能承受的负荷，破损痕迹的新旧，有无拴挂"免责行李牌"等。如挂有"免责行李牌"的行李发生破损，应查看免除责任行李牌上打"×"的项目，承运人可免除相应责任。

③必要时可将行李过秤，核对实际重量和旅客客票上填列的托运行李的重量是否相符，确定内物是否短缺。

发现旅客行李破损后，属于承运人责任的，应会同旅客填写"破损行李记录表"一式三份，分别作为赔偿依据、受理部门留存及上交财务部门。如果行李外包装完好无损，旅

客提出内物破损要求赔偿，旅客需提出证明系由承运人过失所造成的损坏，否则不负赔偿责任。如果代理其他承运人处理行李破损时，应请该承运人驻场代表在"破损行李记录表"上签字，将"破损行李记录表"交该承运人代表直接处理。

航空公司一般以不同的代码表示旅客行李破损的程度、部位与类型，见表6.4所示。

表6.4 旅客行李破损情况及代码表

破损情况	代码	破损情况	代码	破损情况	代码
轻微	MINOR	严重	MAJOR	完全	COMPLETE
侧面	SIDE	顶部	TOP	底部	BOTTOM
把手	HANDLE	轮子	WHEELS	锁	LOCK
拉链	TIPPER	凹陷	DENT	刮伤	SCARTCH
压碎	CRUSHED	弯折	BENT	撕裂	TEAR

五、行李内物短少或遗失

（一）行李内物短少或遗失的概念

行李内物短少或遗失是指旅客的托运行李在航空运输过程中，由于破损或其他原因而造成行李部分或全部遗失。

（二）行李内物短少或遗失的处理程序

①旅客提取行李时，如发现行李内物短少或遗失，承运人应请旅客留下姓名、地址、联系方式、遗失物品名称、数量、型号等，并作好登记和记录。

②根据旅客提供的情况和线索，与运输过程相关部门发送行李内物被盗或丢失的查询电报，协助旅客查找。旅客要求承运人赔偿的，应明确责任，请旅客书面提出物品价值。

③在行李交付以后旅客才提出行李内物短少或遗失的，承运人要协助旅客寻找，除非旅客能证明是由于承运人的过失所造成的旅客行李损失，否则不需要承担赔偿责任。

④旅客在行李中夹带贵重物品而丢失的，按一般物品赔偿。

⑤发现内物短少应会同相关部门查看情况，短缺严重的，应向公安机关报案。

⑥填写"运输事故记录单"，作为赔偿凭证。

⑦填写"内物短缺报告"。

⑧填写"内物短缺赔偿工作表"，确定赔偿金额。

⑨收到电报的有关部门应立即协助查找，找到旅客丢失的物品后查看物品，列出物品清单，按"速运行李"送到离失主最近的航站，当面交付旅客，并办理签收手续。

六、行李运输的责任与赔偿

行李运输是民航旅客运输过程中的重要环节，每名旅客在乘机过程中都会携带或多或少的行李，可能是衣物、礼物以及其他物品。由于行李本身所具有的多、杂、碎等特点，以及处理环节较多，航空运输一般又都是联程联运的，因此，在运输过程中发生旅客行李破损、遗失、延误等情况几乎是不可避免的，如果是由于承运人原因造成旅客行李的部分或全部损坏，承运人应按照《华沙公约》及国际航协的相关规定办理旅客行李的赔偿手续。

（一）行李赔偿责任划分

1. 承运人责任

①旅客托运的行李在民航运输过程中，由于承运人原因而发生的破损、遗失、短少或延误等事故，应由承运人承担赔偿责任。

②如果旅客的自理行李或随身携带物品在运输过程中发生了破损、遗失、短少或延误等事故，旅客需提供证明表明行李的损失是由于承运人原因所造成的，承运人才可承担相应的赔偿责任。

③如果旅客行李的损失只是全部交运行李的一部分，则不管丢失行李的价值如何，只能按该部分丢失行李的重量在全部行李重量中的比例计算赔偿。

2. 非承运人责任

非承运人责任主要是指由于自然灾害、旅客行李包装方法或包装质量问题或其他无法控制的原因所造成的行李破损、遗失、短少、内物变质、延误等情况，除了旅客能证明是承运人的过失外，均属于非承运人责任。

旅客若因未遵守国家的法律、政府规章、命令及民航运输的有关规定，在行李中夹带违规物品如易碎、易腐物品，造成旅客本人或其他旅客的行李损失，应由造成损失的旅客承担赔偿责任。承运人交付行李时，如果旅客没有对行李的完好提出异议，则承运人也不需承担赔偿责任。

（二）行李赔偿的相关规定

由于旅客行李中可能包含的物品包罗万象，而且一旦发生破损、遗失和被盗，将很难判断损失的数额，主要赔偿规定如下所述。

①乘坐国际航班旅客的托运行李，根据《华沙公约》的规定，每千克以 20 美元为限，乘坐国内航班旅客的托运行李全部或部分破损、遗失或短少，赔偿金额每千克以人民币 50元为限。如行李的价值每千克低于限定额时，则按旅客行李的实际价值进行赔偿。

②由于承运人原因造成的旅客自理行李和随身携带物品的损失，对于乘坐国际航班的旅客，承运人的最高赔偿金为 400 美元，乘坐国内航班的旅客，承运人的最高赔偿金为 3 000 元人民币，对于乘坐国际航空运输国内段的旅客，行李赔偿按适用的国际运输行李赔偿规定进行办理。

③如果旅客遗失的行李是全部行李的一部分，可按遗失行李的实际重量计算赔偿金额。若无法确定遗失行李的重量，则旅客遗失的行李最多只能按该旅客享受的免费行李额赔偿。对于国际航空运输过程中采用计件制旅客行李运输的航段，除交付逾重行李费之外，每件行李的赔偿额以 32 千克为限。

④旅客遗失的托运行李如已办理了行李的声明价值，应按声明价值为限对旅客进行赔偿，声明价值附加费不退。若承运人能证明旅客对行李的声明价值高于其行李实际价值时，承运人可按其实际价值进行赔偿。

⑤旅客若将重要文件、资料、外交信袋、证券货币及其他需专人照管的物品夹入行李内托运，一旦发生遗失或损坏，承运人均按一般托运行李承担赔偿责任。

⑥已赔偿的旅客丢失行李找到后，承运人应迅速通知旅客领取，除临时生活用品赔偿费之外，旅客需退回全部赔款，若发现旅客有明显的欺诈行为，承运人可追回全部赔款。

⑦旅客的托运行李如发生部分破损，可按行李折旧后的价值赔偿或承担相应的维修费用。

⑧旅客的托运行李在运输过程中发生破损，造成行李内物或行李箱表面污损而不能继续使用，可按污损物品的重量根据每千克的最高赔偿限额进行赔偿。

⑨由于承运人原因造成旅客软质行李箱包附设的锁、手柄、滑轮、搭扣、提带等发生损坏、脱线而无法修复的，最高赔偿限额为人民币 30 元；硬质行李箱包附设的锁、手柄、滑轮、搭扣、提带等发生损坏、脱线而无法修复的，最高赔偿限额为人民币 50 元。

⑩由于承运人原因造成旅客软质行李及硬质行李外包装表面明显刮擦或挤压变形的，最高赔偿限额均为人民币 100 元。

⑪由于承运人原因造成旅客软质行李外包装撕裂的，最高赔偿限额为人民币 200 元；旅客硬质行李外包装撕裂的，最高赔偿限额为人民币 400 元。

⑫旅客的托运行李在运输过程中如发生箱包损坏而不能使用时，应凭购箱发票及破损行李箱包报销，硬质行李箱包报销的最高限额为人民币 600 元。

⑬若旅客行李箱包为价值较高的软、硬箱包，赔偿可以按破损空箱原值以使用年限折旧后计算，但最高赔偿限额均不得高于破损行李的原实际价值。

⑭由于承运人原因造成旅客的纸质行李箱包损坏，则因纸质包装不符合航空运输行李包装的要求，可不予进行赔偿。

⑮若旅客的木质行李箱包和藤制行李箱包发生破损而无法使用时，最高赔偿限额为人民币 50 元。

（三）临时生活用品的补偿

旅客乘坐航空公司的航班，但由于承运人原因使得旅客的托运行李未能与旅客同机抵达，而造成旅客旅途生活不便的，可在旅客的经停站或目的地站等候行李期间，根据实际情况发放旅客临时生活用品补偿费，主要补偿规定如下所述。

①临时生活用品补偿费一般一次性地发放给旅客，不同航空公司的具体情况可有所不同，一般国内航班的临时生活用品补偿标准为 100 元人民币，对于重要旅客、头等舱、公务舱的旅客，临时生活用品补偿可适当增加。

②发放临时生活用品补偿时，需填写"临时生活日用品付款单"（见拓展资料一）一式三联，第一联为会计联，送交公司财务部门；第二联为存根联，附在"行李运输差错记录"上，以便赔偿时参考；第三联为旅客联，由旅客收执。

③支付旅客临时生活日用品补偿费后，如旅客行李未能找到而需进行赔偿，则该补偿费将作为承运人对旅客行李赔偿的一部分，从赔偿金额中扣除。若行李最终找到，旅客则无须退还临时生活用品补偿费。

④航空公司无须提供给旅客临时生活用品补偿的情况主要如下：

a. 旅客乘坐本航空公司航班到达本站，但行李在外站已遗失且在本站申报遗失前，旅客行李并非由本公司承运。

b. 旅客行李于当天由后续航班运达。

c. 旅客行李贴挂有"免除责任行李牌"，其免责项目注明为"旅客晚交运行李"。

d. 旅客行李为逾重行李，因载量不足而被撤下。

e. 改名旅客的永久或长期地址为托运行李的目的地。

（四）行李的索赔和诉讼

1. 旅客索赔要求的提出和处理

①旅客的托运行李若发生损坏或延误，旅客应当在发现损坏或延误后立即向承运人提出异议，至少应当在下列规定期间内提出异议，否则丧失索赔权。

a. 旅客领取了托运行李后，若发现托运行李发生损坏的，最迟应当在实际收到托运行李之日起 7 天内提出。

b. 旅客的托运行李发生延误的，最迟应当在托运行李交付旅客之日起 21 日内提出。

②旅客需凭"行李运输事故记录"或"破损行李记录"向受理站提出索赔要求，如旅客已离开受理站，由受理站将有关资料和处理意见委托距旅客所在地最近的民航站处理。

③受理站在接到旅客行李的索赔要求时，应于 3 天内查明情况和原因，7 天之内确定承运人是否具有索赔责任，并将处理意见答复旅客。如受他站委托处理旅客索赔事务时，须 3 天内在委托站将处理意见答复旅客。

④若行李发生损失的旅客因事不能办理索赔手续，需由代办人提供旅客本人签名的授权书方可办理。

⑤行李赔偿可在行李的始发站、目的地站办理，旅客如在始发站办理行李的赔偿手续，必须在目的地站确认对该名旅客未作赔偿后方可办理。

⑥受理站在接到国际航班旅客的行李索赔要求时，应尽快查明情况和原因，并将处理意见答复旅客。21 天内仍无法找到时，可按有关规定赔偿。

⑦旅客在行李的赔偿过程中如有异议，可在受理站或承运人法定所在地点提出诉讼，诉讼时效期从飞机到达目的地之日起，或从飞机应当到达目的地点之日起，或从运输终止之日起开始计算，时间一般为两年，逾期将自动丧失任何损失的诉讼权。

2. 行李赔偿受理

旅客行李在航空运输过程中如发生损坏、遗失、延误等情况，旅客应按法定时限向承运人提出赔偿要求，承运人的行李查询部门负责受理赔偿。行李赔偿表示行李查询工作已结束，一般在行李遗失的第二周开始受理。

（1）受理要求

受理赔偿时，应对照以下条款，检查备齐所需文件和资料，如办理行李遗失或延误行李赔偿的旅客必须提供"旅客行李牌识别联""客票旅客联""行李运输事故记录""来往查询电报及函电""丢失行李调查表""旅客索赔申请书""行李赔偿调查报告"等其他有关行李损失的详细资料，对于旅客的逾重行李或声明价值行李的赔偿，还应提供逾重行李票或声明价值附加费收据等单据。

若办理破损行李赔偿的旅客，必须提供"破损行李记录表"（拓展资料二）、"旅客行李索赔单"（拓展资料三）、"行李装卸事故签证""来往查询电报及函电"等资料。对于已投保险公司行李险的行李赔偿，承运人只承担一般行李的赔偿责任。

（2）受理步骤

①根据旅客提供的所有单据和证明材料，调查旅客行李的查询和处理情况，判明行李运输事故的责任者。

②如果确系承运人的责任，要采取一切尽可能的办法，为行李遗失或内物短少的旅客查找并归还旅客行李；对旅客行李箱包的磨损等问题迅速修复，若仍无法解决时，方可进入理赔程序。

③确定行李赔偿限额，经上级审批后，填写"行李赔偿费收据"并给予旅客赔偿。如旅客行李损失在 500 元以内的赔偿，可由行李查询部门，外站由地面服务代理方行李查询部门批准；对于旅客免费行李额内的赔偿，由机场商务办，外站由协议授权的地面服务代理机场行李查询部门批准。超过上述限额和范围的赔偿，由承运人的市场销售部门批准。

第三单元 》》》》》》》
旅客运送不正常的处理

一般规定旅客购买客票后，无论任何情况，旅客必须按照承运人规定的时间到达乘机手续办理处和登机口。为保证航班正点，如旅客未按承运人的规定办理乘机手续，承运人可以取消旅客订妥的座位和安排好的座位。

承运人对由于旅客原因未能乘机而产生的损失或费用不负责任。但由于某个环节中的差错，如客票填写出错、值机工作人员办理航班时出错、航班飞行不正常以及由于旅客本身的失误，而造成旅客未能如期完成客票上所列航程的旅行，称之为旅客运送不正常。

旅客运送不正常情况的发生，不仅为旅客本人带来了诸多不便，也会给航空公司带来经济效益和社会效益上的损失。因此，在实际生活中，承运人需尽快为此类旅客解决困难，最大限度地挽回可能造成的损失。

一、非旅客方面的因素

由于天气、突发事件、空中交通管制及承运人原因而造成的旅客运送不正常情况，称为非旅客方面的因素。此类情况下，承运人应尽早安排旅客乘坐后续航班成行，如旅客要求退票，则按旅客非自愿退票的相关规定办理。

二、旅客误机

误机是指旅客未按规定时间办妥乘机手续或因旅行证件不符合规定而未能乘机。

旅客发生误机，应到乘机机场或原购票地点办理改乘航班、退票手续。以中国东方航空公司为例，如果误机旅客要求改乘后续航班，在后续航班有空余座位的情况下，承运人应积极予以安排，不收误机费，但必须在旅客客票乘机联上加盖"误机/NOSHOW"的印章。若旅客误机后要求退票，则在航班关闭后至航班规定离站时间前收取20%的误机费；在航班规定离站时间后，收取50%的误机费。误机旅客改签后再次要求退票，仍应收取50%的误机费。

团体旅客误机后，客票作废，票款不退。

三、错乘

错乘是指旅客乘坐了不是客票上列明的航班。

如在始发站发现旅客错乘飞机，承运人应安排错乘旅客搭乘最早的后续航班飞往旅客客票上的目的地，票款不补不退。若在航空运输的中途站发现旅客错乘飞机，承运人应终止其旅行，尽快安排错乘旅客搭乘旅客客票上列明的目的地航班。由于承运人原因导致旅客错乘，承运人应及时向旅客赔礼道歉、免费安排食宿并尽早安排旅客乘坐后续航班成行。如错乘旅客要求退票，则按旅客非自愿退票的相关规定办理。

四、漏乘

漏乘是指旅客在出发地办理乘机手续后或在经停地过站时未搭乘上指定的航班。

由于旅客原因发生漏乘，旅客要求退票，按误机规定办理。由于承运人原因导致的旅客漏乘，承运人应尽快安排旅客乘坐后续航班成行。如旅客要求退票，按旅客非自愿退票的规定办理。

五、旅客人身伤害的责任与赔偿

航空保险是指投保人在保险人承保的空域中发生各种承保范围内的损失时，保险人按保险单条款给予赔偿的一种保险，一般分为飞机机体损失物保险、旅客及行李损失赔偿责任保险、旅客搭乘飞机过程中受伤害的保险等。

航空保险一般采用双向保险制，即将承运人赔偿和保险公司赔偿相结合的办法，不管旅客是否投保，发生航空事故时，承运人均需承担赔偿责任，按照责任大小国内旅客最高赔偿40万元。

从旅客的角度，通常所说的航空保险一般是指旅客在搭乘飞机过程中受伤害的保险，也称为航空意外险。对于购买了航空意外险的旅客，在发生航空事故时，还可以获得保险公司保险赔偿，航空意外险的最高赔偿额度为40万元，同一被保险人最高保险金额为人民币200万元。

第四单元 »»»»»»»»
不正常航班及业务处理

一、不正常航班的概述

一般规定航班飞行不正常，如航班延误、取消、中断、返航等情况，既给旅客带来不便和损失，也给航空公司造成经济效益和社会效益上的损失。现场工作人员的工作就是要尽力挽回和弥补这些损失，维护公司和旅客的利益。

在航班发生不正常情况时，现场工作人员首先应了解造成航班不正常的原因，分清承运人或非承运人原因。但不论是哪种原因，都应及时向旅客通告航班信息，做好解释工作，为旅客办理航班转签或退票手续，协助或为旅客安排食宿，解决旅客的实际困难，尽量满足旅客的合理要求。

二、延误航班的业务处理

（一）航班延误时的工作程序

①如在航班正常起飞时间以前接到航班延误的信息，应将该信息以通告形式张贴在值机柜台上，并以广播通知，让旅客了解情况。

②如在航班正常起飞时间以前接到航班延误的信息，应仍按航班正常起飞时间为旅客办理乘机手续。

③按旅客要求为旅客办理航班改签手续或办理退票手续：必要时为旅客出具航班延误证明。

④为已办理乘机手续后要求改签或退票的旅客取出已托运的行李。

⑤经常和生产调度室及总调保持联系，了解航班起飞信息，并通知旅客。

⑥如为其他公司代理的航班发生延误，应及时与该公司的驻机场代表取得联系，征询航班信息。并根据被代理公司的意见，安排旅客转签航班或作其他处置。

⑦延误航班起飞时间确定后，应再次核对旅客人数和托运行李件数及重量，并报载重平衡室和生产调度室。

（二）航班延误时的服务工作

①服务室工作人员在接到航班延误的通知后，应了解航班延误或取消的原因，航班飞

机号及预计起飞时间或补班情况、不正常航班上的旅客人数等。

②广播通知并引导旅客前往不正常航班旅客休息大厅休息，并耐心做好解释工作。每隔半小时广播一次最新航班动态信息。

③航班延误超过2小时以后，向旅客提供饮料。

④航班延误时值用餐时间，应安排旅客用餐。

⑤出口航班开始—09：30为早餐时间，11：00—13：30为午餐时间，17：00—18：30为晚餐时间。

⑥航班延误时间超过4小时以后应安排专车送旅客前往指定的宾馆休息（持折扣票的旅客除外）。

⑦旅客因航班延误或取消而在宾馆休息至第二天，当日的值班人员应陪同在宾馆住宿并与翌日的值班人员交接延误航班号、旅客人数等情况。

⑧待延误航班的准确起飞时间确定后，应派专车将旅客接入机场，安排登机并做好交接工作。

三、航班取消

（一）航班取消时的工作程序

①如在航班正常关闭时间以前接到航班取消的信息，应将该信息以通告形式张贴在值机柜台上，并以广播通知，让旅客了解情况。

②如在航班开始办理乘机手续以前接到航班取消的信息，且补班时间基本确定，可根据旅客要求和具体情况，为旅客办理行李托运手续，减轻旅客过夜时的负担，但可以不发给登机牌。

③按旅客要求为旅客办理航班改签手续或办理退票手续，必要时为旅客出具航班取消证明。

④为已办理乘机手续后要求改签或退票的旅客取出已托运的行李。

⑤如为其他公司代理的航班取消，应及时与该公司的驻机场代表取得联系，征询航班信息。并根据被代理公司的意见，安排旅客转签、合并航班或作其他处置。

⑥通知服务室工作人员根据情况和取消原因，提供必要的服务。

（二）航班取消时的服务工作

①接到生产调度室关于航班取消通知后，应了解航班取消后合并或补班的预计起飞时间及具体安排。

②广播通知航班取消消息，并向旅客做好解释说明工作。

③向旅客发放和回收致歉卡，根据旅客要求为旅客提供服务。

④如航班因承运人（或代理航班承运人公司）原因而取消，服务人员应安排专车送旅

客前往指定的宾馆休息（持折扣票的旅客除外）。如航班因非承运人原因而取消，工作人员应协助旅客安排食宿，尽可能为旅客提供方便。食宿费用由旅客自理。

⑤旅客因航班取消而在宾馆休息至第二天，当日值班人员应陪同在宾馆住宿并与翌日值班人员交接旅客人数等情况。

⑥待取消班的准确起飞时间确定后，应派专车将旅客接入机场，另派专人在候机楼门口迎接并引导旅客到柜台重新办理乘机手续，安排登机并做好交接工作。

四、补班

补班是在当天航班延误或备降取消后，隔天该航班重新飞行。旅客须重新办理乘机手续。

（一）补班的工作程序

①承运人应事先了解航班机型、机号、前一天所办理的旅客人数等情况，如航班改换机型，应再次确定平衡要求。

②如取消航班已办乘机手续，值机员应为旅客重新换登机牌，如已托运的行李取出过夜或有增加，则应重新办理行李托运。

③如取消航班未办值机手续但已有部分旅客的行李已办理托运，则应在与载重平衡室交接时，将这部分行李件数和重量加上，并通知行李搬运队将在仓库过夜的行李与当场交运的行李一起装机。

（二）补班的服务工作

①旅客运送部门在准备登机牌时，应将补班的登机牌与取消航班的登机牌加以区别，以免未重新办理乘机手续的旅客与其他旅客座位重复或混淆上客人数。还应注意，如当日有相同航班号的正班航班且与补班飞行时间较接近时，应设法在登机牌和行李牌上进行区分。

②上客时，承运人应注意将补班旅客和相同航班号的正班旅客区别开。

五、中断

航班中断较常见的情况是航班在经停站取消或在非经停站或目的地备降。

（一）航班中断时的工作程序

①及时向生产调度室了解航班备降的原因、备降航班的飞机号、旅客人数和预计起飞时间等信息。

②组织旅客下飞机。旅客下飞机以后广播通知并引导其前往不正常航班旅客休息大厅休息，并耐心做好解释工作。

（二）航班中断时的服务工作

①每隔半小时广播一次最新航班动态信息。

②航班备降超过 2 小时后，应向旅客提供饮料；航班备降如时值用餐时间，应安排旅客就餐。

③航班备降超过 4 小时以后，应安排专车送旅客前往指定宾馆。如旅客因航班备降而在宾馆休息至第二天，当日值班人员应陪同在宾馆住宿并与翌日值班人员交接旅客人数等情况。

六、返航

飞机起飞后由于机械故障、航路、对方站天气情况等原因，不能继续其航行，而返回原始发站的情况通常称为返航。

（一）航班返航时的工作程序

①在飞机返航后，旅客运送服务部门应及时向生产调度室了解航班返航的原因、返航航班的飞机号、旅客人数和预计起飞时间等信息。

②组织旅客下飞机。

③旅客下飞机以后需广播通知并引导其前往不正常航班旅客休息大厅休息，并耐心做好解释工作。

（二）航班返航时的服务工作

①每隔半小时广播一次最新航班动态信息。

②航班返航，等待起飞时间超过 2 小时后，应向旅客提供饮料（持折扣票的旅客除外）；航班返航如时值用餐时间，应安排旅客就餐（持折扣票的旅客除外）。

③航班返航后等待时间超过 4 小时以后，应安排专车送旅客前往指定宾馆。如旅客因航班不能起飞而在宾馆休息至第二天，当日值班人员应陪同在宾馆住宿并与翌日值班人员交接旅客人数等情况。

七、责任认定与赔偿

当遇到航班不正常情况时，承运人除了做好安排后续航班、退票等上述的补救措施以外，还对旅客因延误而造成的经济损失需按规定进行补偿或赔偿。对于赔偿损失责任的归责原则上采用过错认定的原则，即由承运人证明自己已经采取了一切必要措施或不可能采取此种措施，最终仍造成了旅客的损失，应承担赔偿的责任。

早在 2004 年 7 月 1 日，当时的中国民用航空总局就公布了《对国内航空公司因自身原因造成航班延误给予旅客经济补偿的指导意见（试行）》的指导方案，其中已规定：航空公司因自身原因造成航班延误，除按照《中国民用航空旅客、行李国内运输规则》的有关规定，做好航班不正常情况下的服务工作之外，还应根据航班延误 4 小时（含）以上不超过 8 小时、延误 8 小时（含）以上的不同延误时间的实际情况，对旅客进行经济补偿。根据这份意见，旅客在乘坐飞机时，如果是因为航空公司自身造成的长时间延误，旅客可以得到航空公司相应的经济补偿。补偿方式可以通过现金、购票优惠券和返还里程等方式予以兑现。在航班延误的情况下，为了不再造成新的延误，经济补偿一般不在机场现场进行，航空公司可以采用登记、信函等方式进行，旅客可进行现场填单，航空公司将在事后将补偿款项汇给乘客。机场应该制止旅客采取"罢乘""占机"等过激方式影响航班的正常运行。民航总局也表示，具体补偿标准和补偿方案由各航空公司自行制订。按照民航总局的计划，2004 年国内所有航空公司都将制订并公布《旅客服务承诺》，其中对航班延误给予旅客补偿的标准和办法是其中的主要内容。

2010 年中航协向航空公司下发了《航空运输服务质量不正常航班承运人服务和补偿规范（试行）》，提出了新的补偿标准。本规范适用于在国内运输过程中的不正常航班旅客服务中信息提供、航班服务、客票的退、改、签及补偿等，在补偿中分为非承运人原因和承运人原因。前者是指天气、突发事件、空中交通管制、安检、旅客或公共安全等原因。后者是指航班计划、机务原因、航班调配、运输服务、机组等承运人原因，由于承运人原因所造成的航班延误、取消，客票的退、改、签等费用均由航空公司承担。航班延误 4～8 小时（含 8 小时），承运人需为旅客安排休息场所，还需向旅客提供价值 300 元的购票折扣、里程或其他方式的等值补偿，或是人民币 200 元的现金补偿。航班延误 8 小时以上则要向旅客提供价值 450 元的购票折扣、里程或其他方式的等值补偿，或是人民币 300 元的现金补偿。若因为旅客拒绝上、下机而造成的航班延误时间，则不计入承运人原因造成的航班延误时间内。不同航空公司在航班延误、取消等不正常情况下的补偿标准不尽相同，如深圳航空公司在航班延误 4～8 小时（含 8 小时），补偿标准为不超过旅客客票所持票面价格的 30%，当航班延误 8 小时及以上时，补偿标准为不超过旅客客票所持票面价格的 100%。

在国际航空运输过程中，若因承运人原因造成旅客航班延误达 3 小时及以上时，必须向乘客提供一定数额的金钱补偿，即使已到达目的地，旅客依然可以要求最高达 600 欧元（约合人民币 4 705 元）的补偿。对于旅客的赔偿方式，主要采取了三个层次，即按照航班飞行里程的长短，对于飞行里程少于或等于 1 500 千米的，赔偿 250 欧元；飞行里程为 1 500～3 500 千米的，赔偿 400 欧元；飞行里程在 3 500 千米以上的，以赔偿 600 欧元的方式进行。

目前，我国各大保险公司也针对旅客的航班不正常情况推出了航班延误、取消险等险种，每位乘机旅客在每航段可购买 1 份保险，不同航线截止销售时间不同，购买成功后即时生效。如旅客购买所乘国内航班的延误取消险，所投保的航班延误或航班抵达目的地时

延误 3 小时及以上，或旅客实际乘坐的保险单载明的航班发生返航或备降，可获得赔偿人民币 300 元；若航班被取消可获得赔偿人民币 100 元。

【思考题】

1. 旅客客票的不正常情况主要有哪些？

2. 简述散客退票的一般规定。

3. 简述团体旅客退票的一般规定。

4. 简述变更的定义及分类。

5. 简述我国主要航空公司对旅客客票变更的相关规定。

6. 简述签转的定义及分类。

7. 简述签转的使用和授权。

8. 简述行李运输不正常情况的类型及处理程序。

9. 简述行李运输的责任与赔偿规定。

10. 简述旅客运送不正常情况的分类和处理程序。

11. 简述旅客人身伤害的责任与赔偿。

12. 简述不正常航班的分类和服务程序。

13. 简述航班不正常时的责任与赔偿。

拓展资料一　临时生活用品付款单

临时生活用品付款单
RECEIPT FOR ACCOMODATION
FOR DAILY NECESSITIES

PIR NO.
编号
REFERENCE NO.　LLCA _____

兹有我（签名人）在乘坐_____航班旅行时未收到我的交运行李，愿接受承运人支付的如下金额以购买临时生活必需品。我理解并同意将来如找不到我的行李，如下金额将计算入承运人对我的赔偿款项内。

I, The undersigned, received from carrier, the following sum for the Purchase of temporary Necessary Personal items due to the non-delivery of my checked baggage during the course of my travel on _____ Flight, it is understood and agreed that above payment will be applied and credited to any future adjustment made to me by carrier, in the event that may baggage is not located.

旅客姓名
Passenger's name _____

客票号码
Ticket form and serial No. _____

地址
Address _____

航班/日期
Flight/Date _____

行李牌号码
Bag. Tag serial No. _____

金额
The sun of _____

旅客签字
Passenger's signature _____

日期
Date _____

经手人
Prepared by _____

批准人签字
Approved by _____

拓展资料二　上海航空公司破损行李记录

破损行李记录 SAL DAMAGED BAGGAGE REPORT（DBR）								

编号 REFERENCE NO. LLCA				破损行李件数 PIECE OF DAMAGED BAG		旅客姓名 PASSENGER'S NAME		称呼 TITLE
旅客航程 PASSENGER'S ITINERAY				旅客临时住址及电话号码 PASSENGER'S TEMPO- RARY ADDRESS AND PHONE NO.				
航空公司 AIRLINE	航班号 FLT NO.	月日 MONTH/DATE	自至 FROM TO					
				旅客永久住址及电话号码 PASSENGER'S PERMO- NANT ADDRESS AND PHONE NO.				
声明价值 EXCESS VALUATION PURCHASED　□未付 NO □已付 YES 金额 THE SUM OF				以前报告过 PREVIOUSLY REPORTED　□没有 NO　□已报告过 YES 在 AT _____				
				客票号 TICKET NO.				
				声明价值票 EXCESS VALUATION TICKET NO.				
索赔内容 CONTENT CLAIM □有 YES，如有 IF YES 列出清单和破损情况 □无 NO				现款支付 CASH SETT LE- MENTACCEPTED □已接收 YES　□未接 收 NO			借用箱提供 LOANER BAG PROVIDED □已借 YES　□未 借 NO	
行李牌号码 BAGG. TAGS ERIAL NO.	行李类型和颜色 BAGG. TYPE AND CLOUR	质地 MATERIAL	商标 BRAND NAME	购买日期 DATE OF PURCHASE		价值 PRUCHAS VALUE		现在价值 PERSENT VALUE

破损说明 DESCRIBE DAMAGE	
破损原因——如果知道 CAUSE OF DAMAGE—IF KNOW	在图标上标出破损部位 MARK DAMAGED AREA ON DLAGRAMES
经手人姓名电话号码 CAAC OFFICIAL'S NAME PHONE NO.	
旅客签字 PASSENGER'S SIGNATURE	

　　当您乘坐上航航班时您的行李发生了破损，为此我们深表歉意。PLEASE ACCEPT OUR

SINCERE APOLOGIES FOR THE DAMAGE TO YOUR BAGGAGE WHICH APLE YOU WERE A
PASSENGER ON SAL FLIGHT 上航感谢您光临，我们期望您今后能愉快地乘坐上航旅行。
SAL APPRECIATE YOUR PATRONAGE ON OUR FLIGHT AND LOOK FORWARD TO YOUR
FUTURE TRAVEL WITH SAL UNDER HAPPIER CIRCUMSTANCE 请注意：本表格不涉及购买
新的行李，购买新的行李必须得到上航工作人员的特别允许。PLEASE NOTE：PURCHASE
OF REPLACEMENT BAGGAGE IS NOTE COVERED BY THIS FROM AND MUST BE SPECIFIC-
ALLY AUTHORIZED BY SAL AGENT.

拓展资料三　旅客行李索赔单

上海航空公司

SHANGHAI AIRLINES

旅客行李索赔单

CLAIM FORM

DAMAGE OR LOSS OF PASSENGER BAGGAGE

旅客姓名

Passenger's name＿＿＿＿＿＿＿＿＿＿＿＿＿＿＿＿＿＿＿＿＿＿

地址

Address＿＿＿＿＿＿＿＿＿＿＿＿＿＿＿＿＿＿＿＿＿＿＿＿＿＿＿＿

工作单位

Profession Service＿＿＿＿＿＿＿＿＿＿＿＿＿＿＿＿＿＿＿＿＿＿

客单、行李牌

Ticket and Tag No.＿＿＿＿＿＿＿＿＿＿＿＿＿＿＿＿＿＿＿＿＿＿

航班号　　月　　日　　　　　　　航班号　　月　　日

Flight No. ＿＿ Month ＿＿ Date ＿＿　　Flight No. ＿＿ Month ＿＿ Date ＿＿

发生事故的日期和地点

Date and Place of Occurance ＿＿＿＿＿＿＿＿＿＿＿＿＿＿＿＿＿

损失或遗失的主要情况

Datails of Damageor loss＿＿＿＿＿＿＿＿＿＿＿＿＿＿＿＿＿＿＿

件数　　　　　　　　　重量　　　　　　　　声明价值

No. of Piece ＿＿＿＿　　Weight ＿＿＿＿　　Declare Value ＿＿＿＿

行李内容

List of Contents＿＿＿＿＿＿＿＿＿＿＿＿＿＿＿＿＿＿＿＿＿＿

索赔金额

Amount Claimed ＿＿＿＿＿＿＿＿＿＿＿＿＿＿＿＿＿＿＿＿＿＿

索赔人签字或盖章　　　　　　日期　　　　　　　地点

Signature of Claimant ＿＿＿＿　　Date ＿＿＿＿　　Place ＿＿＿＿

第七部分

IATA 地理分区和 GI 方向代码

【知识目标】 了解 IATA 分区的基本情况及次区域的划分
方法；
掌握 GI 方向性代号的规定；
理解时差的概念。

【能力目标】 能熟练区分 IATA 的区域划分；
掌握 GI 方向性代号；
能正确进行时差的换算及飞行时间、到达时间
的计算等旅客常见问题。

【案例导入】

刘小姐和家人去美国旅游，准备在网站上预订一张北京飞上海的国航机票。通过国航官网查询显示如图7.1所示。

图7.1　查询显示

刘小姐疑惑的是时间显示是 2016 年 2 月 26 日 13：00—2016 年 2 月 26 日星期五 13：30，所花时间仅半小时？

【案例解析】

在国际航班时刻的显示上，国际惯例是采用当地时间。该例子中刘小姐所查询的航班时间中出发时间应是出发地的北京时间，到达时间是目的地的纽约时间。地球不同区域的时间存在时差，因此在计算国际航班旅程所花时间应考虑时差问题。

第一单元 »»»»»»»

IATA 区域的定义和划分

为了更好地协调世界各国航空运输业务，根据相关国家之间航空运输往来的密切程度以及地理位置，国际航协（IATA）将世界划分为三个区（IATA Traffic Conference Areas，Area，或 TC），即 IATA 一区、IATA 二区和 IATA 三区（也可表述为 A1/A2/A3 或 TC1/TC2/TC3）。在每个区内还划分为若干个次区域（Sub-Areas）。根据关于各个区的划分，国际航协又定义了半球的概念，东半球：包括二区和三区；西半球：只包括一区。

IATA 区域和次区域的概念非常重要，与地理上通常的划分并不完全一致而且划分的标准不同，次区域的划分也有区别。其中，在国家名称后面的两字代码是相应国家的两字代码。

一、IATA 一区

IATA 一区（TC1 或 Area 1）包括南北美洲大陆及相邻岛屿：格陵兰岛、百慕大群岛、西印度群岛、加勒比海群岛以及夏威夷群岛（包括中途岛和帕尔米拉环礁）。

IATA 一区中的北美是世界航空运输较为发达的地区之一。北美许多航空公司在世界的航空公司中占有重要的地位，拥有全球一半以上的航班，尤其是美国，拥有大约 700 个商业机场，每年旅客吞吐量为 5 亿人次以上。北美地区与欧洲、东亚等地区连接的航线是世界上繁忙的航线之一，美国航空运输业的金三角是洛杉矶—芝加哥—亚特兰大，这三个机场都是世界上旅客吞吐量非常大的机场。繁荣的经济、先进的科技，造就了北美地区强盛的航空运输业。

而中美、南美的一些国家，虽然经济相对不是那么发达，但是由于特殊的地理位置和复杂的地形，各个地区之间有水路和空运连接。而安第斯山脉崎岖蜿蜒，位于南美大陆西部，是南美的一道天然屏障，因此必须依赖于航空运输与外界相连。

一区的次区域可按"大洲"和"大洋"两种划分方法。

（一）"大洲"划分

按"大洲"分为北美洲区、中美洲区、南美洲区和加勒比海区。

1. 北美洲区

北美洲区主要包括：美国（US）、加拿大（CA）、墨西哥（MX）、法属圣皮埃尔和密克隆（PM）。

2. 中美洲区

中美洲区主要包括：贝利兹（BZ）、哥斯达黎加（CR）、洪都拉斯（HN）、萨尔瓦多（SV）、危地马拉（GT）、尼加拉瓜（NI）等国家及其相邻岛屿。

3. 南美洲区

南美洲区主要包括：阿根廷（AR）、巴西（BR）、智利（CL）、秘鲁（PE）、厄瓜多尔（EC）、玻利维亚（BO）、法属圭亚那（GF）、苏里南（SR）、圭亚那（GY）、乌拉圭（UY）、巴拿马（PA）、委内瑞拉（VE）、哥伦比亚（CO）、巴拉圭（PY）。

4. 加勒比海区

加勒比海区主要包括巴哈马（BS）、圭亚那（GY）、百慕大群岛（BM）、苏里南（SR）、法属圭亚那（GF）、加勒比海群岛（注：南美洲区与加勒比海区有一部分是重合的）。

加勒比海群岛是指：安圭拉（AI）、安提瓜和巴布达（AG）、阿鲁巴岛（AW）、巴巴多斯（BB）、英属开曼群岛（KY）、古巴（CU）、多米尼亚（DM）、多米尼亚共和国（DO）、格林纳达（GD）、瓜德罗普岛（GP）、海地（HT）、牙买加（JM）、马考（MO）、英属蒙特塞拉特岛（MS）、英属安迪涅斯群岛（AN）、圣基茨-尼维斯（KN）、圣卢西亚（LC）、英属圣文森特岛（VC）、特立尼达和多巴哥（TT）、英属维尔京群岛（VG）、英属特克斯岛和凯特斯岛（TC）等国家及其相邻岛屿。

（二）"大洋"划分

按"大洋"分为北大西洋地区、中大西洋地区、南大西洋地区，使用一区和二/三区间经大西洋航线的运价时的划分。

1. 北大西洋区

北大西洋区主要包括加拿大（CA）、格陵兰岛（GL）、墨西哥（MX）、美国（US）（包含阿拉斯加、夏威夷、波多黎各、美属维尔京群岛）。

2. 中大西洋区

中大西洋区主要包括所有加勒比海地区、中美、南美和巴拿马运河区域，不包括阿根廷、巴西、智利、巴拉圭和乌拉圭。

具体包括安圭拉（AI）、安提瓜和巴布达（AG）、阿鲁巴岛（AW）、巴哈马（BS）、巴巴多斯（BB）、贝利兹（BZ）、百慕大群岛（BM）、玻利维亚（BO）、英属开曼群岛

（KY）、哥伦比亚（CO）、哥斯达黎加（CR）、古巴（CU）、多米尼克（DM）、多米尼加共和国（DO）、厄瓜多尔（EC）、萨尔瓦多（SV）、法属圭亚那（GF）、格林纳达（GD）、瓜德罗普（GP）、危地马拉（GT）、圭亚那（GY）、海地（HT）、洪都拉斯（HN）、牙买加（JM）、马提尼克岛（MR）、英属蒙特塞拉特岛（MS）、荷属安的列斯（AN）、尼加拉瓜（NI）、巴拿马（PA）、秘鲁（PE）、圣基茨-尼维斯（KN）、圣卢西亚（LC）、英属圣文森特岛（VC）、苏里南（SR）、特立尼达和多巴哥（TT）、英属特克斯岛和凯特斯岛（TC）、委内瑞拉（VE）、英属维尔京群岛（VG）。

3. 南大西洋地区

南大西洋地区包括阿根廷（AR）、巴西（BR）、智利（CL）、巴拉圭（PY）、乌拉圭（UY）。

二、IATA 二区

IATA 二区（TC2 或 Area 2）是指欧洲（包括俄罗斯联邦的欧洲部分）和邻近的岛屿、冰岛、亚速尔群岛、非洲及其邻近的岛屿、阿松森岛以及亚洲的一部分，即伊朗以西（包括伊朗）。

IATA 二区的欧洲、中东、非洲地区在政治、经济、种族、宗教、发展历史等各方面有着较大的差异，航空运输的发展也不平衡。欧洲是商务航空运输的发源地，旅客运输的历史源远流长，是世界航空运输发达地区，其定期航班完成的运输周转量仅次于北美，而不定期航班也很发达，业务量与定期航班相当。一直以来，铁路运输是欧洲旅客运输业的重要组成部分，每年均要运送数以百万计的旅客，在法国境内的高速铁路时速已达到每小时300 千米以上，综合运输时间比飞机还短。此外，发达的高速公路网络，纵横交错的河流湖泊，也为公路、水路客运的发展提供了极为便利的条件，因而航空运输所占的比重有所下降。

中东是连接欧亚大陆的桥梁，伊斯兰堡、卡拉奇等都是世界上重要的中继站之一。中东是世界文化的发源地之一，其拥有丰富的石油资源，航线分布密集，航空运输业务量大，航空运输比较发达。

非洲是世界上交通运输业比较落后的一个洲，其没有完整的交通运输体系。由于缺乏财政支持，航空运输基本属于待发展阶段。

二区可以划分为三个次区，分别是欧洲区、中东区、非洲子区。

（一）欧洲区

欧洲区包括地理概念上的欧洲国家以及在地理上属于北非的阿尔及利亚、摩洛哥和突尼斯。另外还包括位于欧亚两大洲交界地的土耳其。

包括：阿尔巴尼亚（AL）、阿尔及利亚（DZ）、安道尔（AD）、亚美尼亚（AM）、奥地利（AT）、阿塞拜疆（AZ）、列支敦士登（LI）、立陶宛（LT）、波斯尼亚—黑塞哥维那（BA）、马其顿（MK）、马其他（MT）、摩尔多瓦（MD）、摩纳哥（MC）、摩洛哥（MA）、芬兰（FI）、波兰（PL）、德国（DE）、希腊（GR）、匈牙利（HU）、冰岛（IS）、爱尔兰（IE）、意大利（IT）、拉脱维亚（LV）、瑞典（SE）、瑞士（CH）、土耳其（TR）、乌克兰（UA）、英国（GB）、爱沙尼亚（EE）、挪威（NO）、格鲁吉亚（GE）、直布罗陀（GI）、俄罗斯（乌拉尔山以西）（RU）、圣马利诺（SM）、斯洛伐克（SK）、斯洛文尼亚（SI）、西班牙（ES）、白俄罗斯（BY）、比利时（BE）、卢森堡（LU）、突尼斯（TN）、保加利亚（BG）、克罗地亚（HR）、捷克（CZ）、丹麦（DK）、荷兰（NL）、法国（FR）、葡萄牙（PT）、罗马尼亚（RO）。

与其相关的概念还包括：

欧洲大陆，指所有上述欧洲国家，但除去阿尔及利亚、冰岛、爱尔兰、突尼斯和英国。

伊比利亚半岛，指直布罗陀、葡萄牙、西班牙。

斯堪的那维亚，指丹麦（不包括格陵兰）、挪威、瑞典。

（二）中东区

中东区包括位于阿拉伯半岛上的中东国家和地理概念上隶属于非洲的埃及、苏丹两国。塞浦路斯通常被视为欧洲的一部分，但其也被划分到中东区。

包括：巴林（BH）、伊朗（IR）、约旦（JO）、卡塔尔（QA）、阿曼（OM）、塞浦路斯（CY）、伊拉克（IQ）、科威特（KW）、沙特阿拉伯（SA）、叙利亚（SY）、埃及（EG）、以色列（IL）、黎巴嫩（LB）、苏丹（SD）、也门（YE）、阿拉伯联合酋长国（AE）（包括阿布扎比、迪拜、沙迦、富查伊拉、阿治曼）。

（三）非洲子区

除去阿尔及利亚、摩洛哥、突尼斯、埃及、苏丹五国外其他在地理上属于非洲的国家。

①中非：马拉维（MW）、赞比亚（ZM）、津巴布韦（ZW）。

②东非：布隆迪（BI）、吉布提（DJ）、埃塞俄比亚（ETO）、肯尼亚（KE）、坦桑尼亚（TZ）、卢旺达（RW）、乌干达（UG）、索马里（SO）。

③南非：博茨瓦纳（BW）、莱索托（LS）、莫桑比克（MZ）、纳米比亚（NA）、南非（ZA）、斯威士兰（SZ）。

④西非：安哥拉（AO）、几内亚比绍（GW）、喀麦隆（CM）、毛里塔尼亚（MN）、乍得（TD）、科特迪瓦（CI）、赤道几内亚（GQ）、多哥（TG）、加纳（GH）、几内亚（GN）、布基纳法索（BF）、马里（ML）、中非共和国（CF）、尼日利亚（NG）、塞内加尔（SN）、塞拉利昂（SL）、冈比亚（GM）、贝宁（BJ）、利比亚（LR）、佛得角（CV）、尼日尔（NE）、刚果（CG）、圣多美和普林西比（ST）、加蓬（GA）、扎伊尔（ZR）。

三、IATA 三区

IATA 三区（TC3 或 Area 3）是指伊朗以东的亚洲部分及其邻近的岛屿、东印度群岛、澳大利亚、新西兰及其邻近的岛屿、太平洋岛屿中除去属于 IATA 一区的部分。

亚洲人口众多，地域广阔，人们需要利用各种不同的运输方式旅行。由于经济发展水平差距较大，所处的地理位置不同，各种运输方式的发展极不平衡。亚洲航空运输网络发展非常健全，这不仅表现在亚洲范围内，还表现在其与相邻各个洲的紧密联系，如日本、韩国、东南亚各国、大洋洲等国家，都拥有连接欧洲、北美等各主要航空港的航班，航空运输具有很大的发展潜力。

三区可以划分为四个次区，分别是南亚次大陆区、东南亚区、东亚区、西南太平洋区。

（一）南亚次大陆区

南亚次大陆区主要是指位于南亚次大陆的国家，包括阿富汗（AF）、尼泊尔（NP）、孟加拉（BD）、巴基斯坦（PK）、不丹（BT）、斯里兰卡（LK）、马尔代夫（MV）、印度（包括安达曼群岛）（IN）。

（二）东南亚区

东南亚区主要是指位于东南亚的国家以及在地理上属于中亚的国家，包括：柬埔寨（KH）、中国（CN）、中国香港（HK）、印度尼西亚（ID）、吉尔吉斯斯坦（KG）、老挝（LA）、马来西亚（MY）、马绍尔群岛（MH）、蒙古（MN）、缅甸（BU）、贝劳（PW）、菲律宾（PH）、俄罗斯（乌拉尔山以东部分）（RZ）、塔吉克斯坦（TJ）、泰国（TH）、乌兹别克斯坦（UZ）、越南（VN）、文莱（BN）、关岛（GU）、哈萨克斯坦（KZ）、中国澳门（MO）、密克罗尼西亚（FM）、北马里亚纳群岛（MP）、新加坡（SG）、中国台湾（TW）、土库曼斯坦（YM）。

（三）东亚区

东亚区包括：日本（JP）、韩国（KR）、朝鲜（KP）。

（四）西南太平洋区

西南太平洋区主要是指位于西南太平洋的国家和岛屿（但不包括隶属于一区的岛屿），包括：美属萨摩亚（AS）、巴布亚新几内亚（PG）、斐济（FJ）、法属波利尼西亚（PF）、瑙鲁（NR）、瓦利期群岛和富图纳群岛（WF）、纽埃（NU）、库克群岛（CK）、所罗门群岛（SB）、基里巴斯（KI）、瓦努阿图（VU）、澳大利亚（AU）、萨摩亚群岛（WS）、汤加（TO）、图瓦卢（TV）、新西兰（NZ）、新喀里多尼亚群岛（NC）。

第二单元 》》》》》》》
GI 方向性代号

在国际航程中，从一个城市到另一个城市，在不同方向下便有不同的航线。例如旅客航程 HKG—CHI，可以是太平洋航线也可以是大西洋航线，而如果旅客选择的是大西洋航线，则旅客的运价比太平洋航线的价格高出许多。因此即使舱位等级、始发地目的地相同，票价也会不同。国际航程中的运价不仅要根据舱位等级或票价种类，还要依据旅行方向。

国际航协根据旅客旅行的航程方向，总结归纳出航线的方向性代号，即国际航程的环球指示代号（Global Indicator, GI）。GI 不同表示旅行方向不同，运价则不同。GI 是准确计算国际客运运价的重要依据。

一、WH（Western Hemisphere）

西半球航线：全部航程在 TC1 内或西半球以内的航线，是连接南北美洲的航线，又称拉丁航线，如 MIA—CCS 和 LIM—BUE。

拉丁航线北美地区的点主要是美国南部的迈阿密、达拉斯以及西岸和东岸的门户点，墨西哥的墨西哥城，中美的圣何塞、太子港。航线在南美的点主要在哥伦比亚的波哥大；巴西的巴西利亚、里约热内卢、圣保罗；智利的圣地亚哥；阿根廷的布宜诺斯艾利斯等城市。

拉丁航线不长，除自成体系外，还常常与太平洋航线和大西洋航线相连，成为这些航线的续程航段。南美洲的美丽风光正被人们所认同，越来越多的亚洲人取道美国来南美。太平洋航线中转拉丁航线的城市主要是迈阿密、圣何塞、洛杉矶、墨西哥城等地。大西洋航线多取道波哥大或巴西的城市中转。

二、EH（Eastern Hemisphere）

东半球航线：全部航程在 TC2 内或 TC3 内，或 TC2 和 TC3 之间的航线，是世界上航线最多的区域，如 GVA—JNB，MAD—ATH—SIN，HKG—DXB—POM，CAN—SIN—AKL—CHC—BNE—SYD—MEL—CAN。

三、AT （Via the Atlantic Ocean）

经大西洋航线：主要是 TC1 至 TC2 之间的航线，也包含从 TC3 经 TC2 至 TC1 的航线，如 LON—NYC，PAR—WAS，ZRH—NYC—RIO，NYC—LON—PAR—DXB。

以上第 3 个航程中的目的地虽然是南美的城市，但是也符合 AT 方向的定义。在以上最后一个航程中，巴黎和迪拜之间虽然飞行的是欧亚大陆，但由于迪拜也是二区中的城市，所以整个航程仍符合一区和二区间旅行的航程，它在国际运价计算中，航程方向代号也为 AT。

北大西洋航线历史悠久，是连接欧洲与北美之间最重要的国际航线。北美和欧洲是世界上航空发达地区，欧洲的中枢机场如伦敦、巴黎、法兰克福、马德里、里斯本等和北美的主要城市相连，使北大西洋航线成为世界上最繁忙的国际航线。由于这条航线历史悠久，飞行的航空公司多，竞争非常激烈，因此这条航线虽然经济意义和政治意义都十分重大，但却不是世界上经济效益最好的航线。

四、PA （Via Pacific Ocean）

经北太平洋航线：主要是 TC1 至 TC3 飞越太平洋的航线，如 TYO—HKG—SFO，SHA—ANC—NYC。

北太平洋航线是连接北美和亚洲之间的重要航线。它穿越浩瀚的太平洋以及北美大陆，是世界上最长的航空线。这条中枢航线通常以亚洲的东京、首尔、香港、北京、广州等城市集散亚洲各地的客货，以北美的温哥华、洛杉矶、旧金山、芝加哥、西雅图等城市集散美洲大陆的客货。

五、PN （Via Pacific and North America）

经南太平洋航线：在 TC1 和 TC3 之间从南美经北美至西南太平洋航线（经过太平洋和北美），但航线不经过北部和中部太平洋，如 SYD—LAX—MEX—SCL，SYD—LAX—SAO，SCL—LAX—AKL。

这些航线中的城市大都具有典型的自然风光，是目前推崇的生态旅游的新开辟航线。

六、SA （Via the Atlantic and via Points in Central Africa，South Africa，India Ocean Islands）

经南大西洋航线：在 TC1、TC2、TC3 之间从南大西洋地区至东南亚之间的航线，经过大西洋、中部非洲、南部非洲、印度洋岛屿。南大西洋地区包括阿根廷、巴西、智利、巴

拉圭和乌拉圭，如 RIO—JNB—HKG，SCL—CPT—TYO。

南大西洋航线开辟时间较晚。随着南美旅游和经济的发展，南美地区的门户城市和目的地城市越来越多，传统经北美到南美的航线已经不能满足需要，南大西洋航线正是应市场需要开辟的航线。值得注意的是，这条航线是经印度洋和大西洋南部的航线，并没有经过欧亚大陆。

七、AP（Via the Atlantic and Pacific Oceans）

环球航线：在 TC1、TC2、TC3 之间经大西洋和太平洋的航线，如 BJS—TYO—SEA—YUL—LON，ROM—MIA—BKK。

环球航线是航线以东向或西向绕地球旅行。一些航空公司联盟推出环球旅行优惠价格，让人们在出行方面更加方便。

八、RU［Between Area 2 and 3（Trans Siberian route）with a sector having non-stop service between Europe and Japan/Korea（N/S）；not via another country in Europe］

经俄罗斯航线：在俄罗斯的欧洲部分和 TC3 之间的航线，且在俄罗斯和日本、朝鲜地区有一段不经停航线，不经过欧洲其他国家，如 MOW—TYO，HKG—SEL—MOW—LED。

九、TS（Via Siberia and Nonstop Europe-Japan/Korean）

跨西伯利亚航线：在欧洲和 TC3（除中国和南亚次大陆）之间的航线，或者在中东/非洲和日本/朝鲜地区之间旅行，且欧洲和日本/朝鲜地区是直达航线（不包括 RU/FE 路线），如 TYO—STO，BKK—TYO—PAR，JED—IST—TYO。

十、FE（Far East）

远东航线：在俄罗斯（乌拉尔山以西）、乌克兰和 TC3（不包括日本、朝鲜地区）之间的直达航线，如 MOW—HKG—POM，HRB—IEV。

以上八、九、十 3 种航线也称为欧亚航线，是连接欧洲和远东的航线。

十一、PO（Polar）

北极航线：在 TC2 和 TC3 之间旅行，经过 ANC（安克雷奇）的航线，如 TYO—ANC—STO。

北极航线也称极地航线，是穿越北极上空的重要航线，用于连接北美和欧洲、亚洲的城市、欧洲与北美之间的跨极地飞行。极地航线为执飞国际航班的航空公司提供了比以前更多的直飞航路选择。与传统航线相比，极地航线不仅在缩短航程时间和减少油耗方面更具优势，而且为开通新的直飞航班提供了可能。

总之，在判断一个航程的环球指示代号时，首先看航程中是否有越洋航段，如有越洋航段，以越洋航段作为判断环球指示代号的依据。在东半球范围内，有 EH、TS、FE、RU 4 个方向。判断时，首先要判断一个航程是否 RU 方向；如不是，再判断是否是 TS 方向；如不是，再判断是否 FE 方向；如仍不是，则一定是 EH 方向。

在判断环球指示代号时，一切地点都是指 IATA 确定的航空地理上的地点，注意与自然地理地点的区别。

第三单元 》》》》》》》》
时差与飞行时间的计算

一、时区

地球是自西向东自转，地球上不同经度位置的人会在不同的时间看到日出和日落，东边比西边先看到太阳，东边的时间也比西边的早。当飞机飞越不同的地区时，就产生时刻上的不统一，即产生了时差。

在国际航空运输中，为了解决时间计量的问题，克服时间上的混乱，1884 年在华盛顿召开的一次国际经度会议（又称国际子午线会议）上，规定将全球划分为 24 个时区（东、西各 12 个时区）。规定以英国（格林尼治天文台旧址）0 度经线为基准线，从西经 7.5 度到东经 7.5 度为 0 时区。向东有 12 个时区，向西有 12 个时区，分别定义为东一区、东二区……东十二区和西一区、西二区……西十二区。显然东十二区和西十二区是同一时区，两者中心线（东经 180 度和西经 180 度线）亦重合，被称为国际日期变更线，东西十二时区时间相同，但日期相差一天。

二、区时

每个时区的中央经线上的时间就是这个时区内统一采用的时间，称为区时，相邻两个时区的时间相差 1 小时。例如，中国东八区的时间总比泰国东七区的时间早 1 小时，而比日本东九区的时间迟 1 小时。因此，出国旅行的人，必须随时调整自己的手表，才能和当

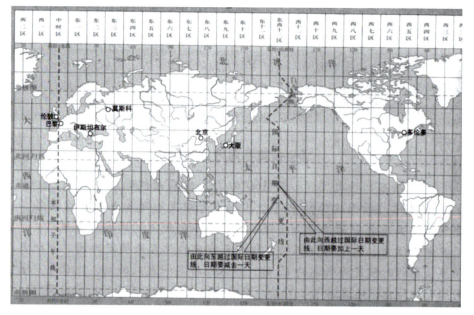

图 7.2

地时间相一致。凡向西走，每过一个时区，就要把表拨慢 1 小时（比如 2 点拨到 1 点）；凡向东走，每过一个时区，就要把表拨快 1 小时（比如 1 点拨到 2 点）。

三、GMT 与当地标准时间

根据国际标准化组织的规定，经过 0 时区的格林尼治天文台的时间为国际标准时间（也称格林尼治时间，Greenwich Mean Time，GMT），各个国家按照所在时区采用的时间为当地的标准时间。

（一）GMT 与当地标准时间的换算

东一区、东二区……东十二区的当地时差分别为+01：00、+02：00……+12：00，西一区、西二区……西十二区的当地时差分别为−01：00、−02：00……−12：00，那么 GMT 与当地时间的换算，即在 GMT 时间基础上加上相应时差即为当地标准时间。

公式表示为：当地标准时间＝GMT+当地时差。

例 1：当 GMT 为 11：45 时，北京当地时间是多少？

解：由于北京为东八区

则北京当地时间＝GMT+08：00＝11：45+08：00＝19：45，即北京时间为 19 点 45 分。

例 2：GMT 不变，求美国夏威夷当地时间。

解：由于夏威夷为西十区

则夏威夷当地时间＝GMT+（−10：00）＝11：45−10：00＝01：45，即夏威夷时间为 1 点 45 分。

例 3：当北京时间为 09：50 时，瑞士苏黎世当地时间是多少？

解：北京时间＝GMT+08：00＝09：50

则 GMT＝北京时间-08：00＝09：50-08：00＝01：50，即为 1 点 50 分。

苏黎世时间＝GMT+01：00＝01：50+01：00＝02：50，即为 2 点 50 分。

例 4：当美国洛杉矶时间为 2015 年 2 月 10 日 18：25，求日本东京的当地时间。

解：洛杉矶时间＝GMT+（-08：00）＝18：25

则 GMT＝洛杉矶时间-（-08：00）＝18：25-（-08：00）＝26：25，即为 2015 年 2 月 11 日的 02：25。

东京时间＝GMT+09：00＝02：25+09：00＝11：25，即为 2015 年 2 月 11 日的 11 点 25 分。

（二）利用订座系统查询时差资料

下面将介绍怎样在中国民航订座系统 CRS 里查询时差资料。

1. 查询某城市时差资料

格式：TIME：城市三字代码

例：TIME：BJS

终端可以显示 BJS 的时差为+08：00。

2. 查询某两个城市之间时差资料

格式：CO：T/（两个城市三字代码）

例：CO：T/BJSTYO

终端可以显示北京和东京之间的时差为+01：00。

四、DST 与多时区国家

DST（Daylight Saving Time）又称夏令时、日光节约时制，是一种为节约能源而人为规定地方时间的制度。一般是指在天亮得早的夏季人为地将时间提前一小时，可以使人早起早睡，减少照明量，以充分利用光照资源，从而节约照明用电。到秋季来临前，再把时针拨回一小时。这个构想于 1784 年由美国班杰明·富兰克林提出来，1915 年德国成为第一个正式实施夏令日光节约时间的国家，目前全世界有近 110 个国家每年要实行夏令时。我国曾经于 1986—1992 年实行夏令时。实行夏令时的日期一般是：4—10 月（北半球）或 10—3 月（南半球），各个国家实行夏令时的具体规定也不同。

在国际时间换算表中，"DST Effective Period"表示执行夏令时的时间。如法国，"DST Effective Period"为"31 MAR 02—27 OCT 02"，对应的时间是"+2"，表示法国在 2002 年 3 月 31 日到 10 月 27 日期间执行夏令时，对应的时区为东二区，即当地时间比 GMT 快 2

小时。

多时区国家是指一些国家由于地域辽阔，跨越多个时区，因此在本国实行多时区制，如美国、加拿大、澳大利亚、巴西、俄罗斯等，不同的行政区域采用不同的时间。这类国家在 OAG 的国际时间换算表中，国家名称右上角用"＊＊"以示区别。航空公司的航班时刻表均以当地时间公布，在这类多时区国家的国内旅行中也要考虑时差问题，以免造成时间上的混乱。

五、飞行时间

飞行时间是指航班自始发地至目的地机场之间的运输时间。在国际航空运输中，经常会遇到时差换算和飞行时间计算的问题，以合理安排旅客的旅行。旅客需要了解全程或某一航段的飞行时间，都可以通过航班的起飞时间和到达经停点或目的地的时间进行换算。

飞行时间计算公式：

$$飞行时间 = 航班到达的 GMT 时间 - 航班起飞的 GMT 时间$$

注意：在飞行时间计算中，由于航班时刻表、计算机预订系统等均采用当地时间（Local Time）公布航班信息，因此在换算过程中航班起飞时间和到达时间均换算成 GMT 时间进行计算，避免因时差问题而计算不准。

例1：航班 BA027，2 月 1 日 21：30 时间从英国伦敦起飞，2 月 2 日 17：30 时间到达中国香港，请计算航班的飞行时间。

解：

步骤一：确定始发地、目的地与 GMT 的关系

伦敦采用 GMT

香港 GMT+8

步骤二：时间转换为 GMT

伦敦始发 GMT 时间为 2 月 1 日 21：30

香港到达 GMT 时间为 2 月 2 日 17：30-08：00＝2 月 2 日 09：30

步骤三：计算飞行时间

飞行时间＝航班到达的 GMT 时间-航班起飞的 GMT 时间

$$= 2 月 2 日 09：30 - 2 月 1 日 21：30 = 12 小时$$

即：航班 BA027 的飞行时间为 12 小时。

例2：长荣航空 BR032 班机 1 月 30 日 18：20 时间由台北起飞，于同天 21：30 时间飞抵纽约，请计算航班的飞行时间。

解：

步骤一：确定始发地、目的地与 GMT 的关系

台北 GMT+8

纽约 GMT-5

步骤二：时间转换为 GMT

台北始发 GMT 时间为 1 月 30 日 18：20-08：00=10：20

纽约到达 GMT 时间为 1 月 30 日 21：30+05：00=1 月 31 日 02：30

步骤三：计算飞行时间

飞行时间=航班到达的 GMT 时间-航班起飞的 GMT 时间

　　　　=1 月 31 日 02：30-1 月 30 日 10：20=16 小时 10 分钟

即：航班 BR032 的飞行时间为 16 小时 10 分钟。

例 3：航班 CA922，温哥华起飞时间为 3 月 3 日 13：00，共飞行 10 小时到达上海，请计算该航班到达上海的当地时间。

解：

步骤一：确定始发地、目的地与 GMT 的关系

温哥华 GMT-8

上海 GMT+8

步骤二：将始发时间转换为 GMT，并计算出到达的 GMT 时间

温哥华始发 GMT 时间为 3 月 3 日 13：00+08：00=21：00

上海到达 GMT 时间为 3 月 3 日 21：00+10 小时=3 月 4 日 07：00

步骤三：计算到达上海的当地时间

3 月 4 日 07：00+08：00=3 月 4 日 15：00

即：航班 CA922 到达上海当地时间为 3 月 4 日 15：00。

【思考题】

1. 判断下列国家或城市所属的 IATA 区域和次区域。

Argent　Ecuador　Australia　Belgium　Egypt　Iceland　Lithuania　Turkey

Hamburg　Geneva　Kiev　Edinburgh　Houston　Manchester　Singapore

2. 指出下列航程的环球指示代号。

（1）JKT—SYD—SAO

（2）LAX—TYO—DEL

（3）FRA—SEL

（4）MOW—BOM—BKK

（5）AKL—ANC—ASU

（6）LIS—CHI—JKT

（7）SYD—LAX—SCL—BUE

（8）KG—TPE—YVR—NYC

（9）SIN—MRU—JNB—HKG

（10）OSA—GUM—DEL

3. 当 Heathrow（LHR）机场当地时间是 2 月 5 日的 07：00，Narita（NRT）机场的当地时间是多少？

4. 某航班于 1 月 6 日星期五 09：10 从 Lusaka（Zambia）始发，于 1 月 7 日星期六 14：50 到达中国香港，计算飞行时间。

5. 某航班于 11 月 17 日晚上 9 点从北京起飞，飞往洛杉矶。飞行时间 12 个小时左右，到达时间为当地时间 17：00，请问到达洛杉矶后当地日期也是 17 号吗？

第八部分

国际旅客运价

【知识目标】了解国际旅客运价的公布及使用规定；

熟悉货币的换算方法；

了解航程的种类；

理解运价计算的方法与规则。

【能力目标】掌握国际旅客运价的基本概念；

能熟练进行货币的计算及转换；

能对各种类型的航程进行运价的计算。

【案例导入】

　　张女士打算在某航空公司网站上预订一张武汉飞往马来西亚的机票，但她随后发现航班行程安排上显示的是两段航程，即武汉飞广州、广州飞马来西亚。经向航空公司工作人员咨询，此类客票为国际航空运输中的常见旅客运输方式，在价格上往往能给予旅客更大的优惠空间。

【案例解析】

　　联程机票是指始发地到目的地之间经另一个或几个机场中转，含有两个（及以上）乘机联、使用两个（及以上）不同航班号的航班抵达目的地的机票。在国际航空运输过程中，航空公司为将航班资源进行有效组合，形成航线网络，使得旅客从始发地经一个或多个中转地运送至目的地，同时可以最大限度地发挥航空运输方便、快捷的优势，有效提高航班的客座利用率，往往会推出此类客票。

　　联程机票的购买和正常机票购买的流程一样，但由于在进入中转机场时要花费中转时间，在运价上往往比直达航班有更大的优惠。

第一单元 >>>>>>>>>>
基本概念

　　国际航空旅客运价是指国际航空旅客运输中，承运人对其载运的旅客及其限额内的行李收取的从始发站机场到目的地机场的运输费用。

　　国际旅客运价为多边协商定价，是当前国际间普遍接受的定价方式，一般由航空公司之间进行协商，达成协议后报有关各国政府批准，主要分为下述类型。

一、服务等级运价

　　国际旅客运价按服务等级不同，可划分为头等舱、公务舱、经济舱及经济舱下属折扣子舱位运价，具体价格因航空公司折扣幅度不同而有所区别。

二、旅行方式运价

　　根据旅客航行的航程以及运价计算的规定，国际旅客运价可以分为单程运价和来回程运价，单程运价只适用于单程的航程，来回程运价适用于除单程以外的其他航程。

三、使用性质运价

　　根据运价使用条件的不同，国际旅客运价可分为普通运价和特殊运价两种类型。

　　1. 普通运价

　　普通运价是指适用于头等舱、公务舱和经济舱的成人全额票价，通常没有附加条件，包括适用于儿童、婴儿在成人普通运价基础上给予一定折扣的运价。

　　2. 特殊运价

　　特殊运价是指带有一定限制条件的折扣票价。特殊运价种类繁多，由于价格比普通运价优惠很多，因此对普通旅客而言具有一定的吸引力。

　　（1）折扣运价

　　折扣运价是在普通运价的基础上，给予百分之多少的折扣而来的，具体要根据旅客的不同年龄、职业、身份以及旅行的特殊目的而给予不同的优惠。折扣运价的种类很多，现列出下述几种。

①婴儿、儿童折扣，代号 IN 和 CH。

②学生折扣，代号 SD。

③青年折扣，代号 YXX。

④家庭折扣，代号 PD。

⑤夫妇折扣，代号 CST。

⑥海员折扣，代号 SC、DG。

⑦国际航协销售代理折扣，代号 AD。

⑧导游折扣，代号 TG。

⑨空运业职员折扣，代号 ID。

（2）促销运价

促销运价是指在空运市场疲软时，航空公司为了刺激和扩大销售而使用的运价。这些运价在使用上不尽相同，不同的种类有不同的适用条件。

①预先购买的旅游运价。按不同的季节分为 YLAP、YHAP、YAP 等，此价是来回程运价，使用有限制；节俭旅游运价，分为 YS、YLS、YHS、YXS 等；个人短期游览运价，有 FE、YE、YE3M、YE45 等，此价有最短和最长游览期限的来回程价；个人综合旅游运价，分为 IT、IIT 等，这是目前世界上较为流行的一种旅游票价；团体综合旅游运价，分为 GV 或 GIT，也是目前较为流行的旅游票价。

②保本运价，主要有 YMB、YLB、YB 等，此类票价航空公司不赚钱，仅仅收回成本而已。

③社会团体运价（GA），此种票价适用于同一个社团或企、事业单位所组成的团体。

四、使用顺序运价

在国际旅客运价方面，根据运价的使用顺序不同，也可以划分为不同类型，如直达运价、比例运价以及组合运价，在使用顺序上直达运价优先于比例运价和组合运价。

五、制订途径运价

国际运价按制订途径可划分为 IATA 运价、协议运价、承运人运价。IATA 运价是指国际航协在 TACT 运价资料上公布的运价；协议运价适用于航线经营双方航空公司的运价，比直达运价要低；承运人运价是航空公司建立的较低水平适用于本航空公司或两国间对飞航空公司的单边或双边票价，其价格往往低于 IATA 运价。世界主要国家（地区）城市机场三字代码如拓展资料一所示。

第二单元 》》》》》》》》》》

航程种类

一、按航程种类划分

（一）单程

单程是指不构成完全的来回程、环球程或其他使用 1/2RT 运价的缺口程的航程。

例：PEK—KHI，PEK—KHI—IST。

（二）来回程

来回程是指旅行从一点始发，经某一折返点，再回到原出发点，并且全程使用航空运输的航程，来回程计算要求全程只含两个票价计算组，并且每一个票价计算组使用相同的 1/2RT NUC。

例：北京—东京—火奴鲁鲁—东京—北京，北京—中国香港—新加坡—马尼拉—北京。

（三）环程

环程是指旅行从一点始发，经一条连续、环形的空中路线，最后又回到原出发点的航程，环程允许中途出现非航空运输段。环程计算可以含两个或以上票价计算组，但两组所使用的 1/2 来回程票价应不相同。

例：PEK—HKG—NRT—PEK，PEK—LHR—LIS—MNL—PEK。

（四）环球程

环球程是指从一点始发，穿越（且仅一次穿越）大西洋和太平洋，最后又回到原出发点的航程。

例：北京—东京—旧金山—纽约—伦敦—北京。

（五）特种票价缺口程

特种票价缺口程是指旅行从一国始发，最后又回到该始发国的使用普通运价的航程，主要分为下述 3 种情况。

1. 始发地缺口程

始发地缺口程是指去程的出发点和回程的到达点不同，但都在始发国内的航程，即缺口两端都在始发国内，例如 PEK—NRT—PVG。

2. 折返地缺口程

折返地缺口程是指去程的到达点和回程的出发点不同，但都在同一国内的航程，即缺口两端都在折返国内，例如 PEK—NRT/OSA—PEK。

3. 双缺口程

双缺口程是指去程的出发点和回程的到达点不同，但都在始发国内；并且去程的到达点和回程的出发点也不同，但都在折返国内的航程，例如 PEK—NRT/OSA—PVG。

二、按到达方式划分

（一）直达航程

直达航程是指两点间（单向或双向）的直达航班所经过的最短路程，在直达航程中可能有经停点，也可能没有经停点，不论是否有经停，仅需一张客票乘机联，例 PEK—LHR、PEK—LHR—PEK。

（二）非直达航程

非直达航程也称联程运输，是指在航程中有中间转机点的情况，且需要多张客票乘机联，例 PEK—SYD—AKL、PEK—SYD—AKL—SYD—PEK。

第三单元 ≫≫≫≫≫≫
货币规则

一、中间组合单位

中间组合单位是计算运价的标准单位，其全称为 NEUTRAL UNITS OF CONSTRUCTION（NUC）。由于国际航空运价是以当地货币的形式公布的，如果航程中经过不同的国家，仅用当地货币不能完成全部的运价计算，为了票价计算的合理性，国际航协制定了中间组合单位。NUC 以美元为基础用于票价计算，中间组合单位为运价计算的标准单位，不是货币。

二、国际航协转换比价（IROE）

当中间组合单位 NUC 作为票价计算的目的时，需以始发地的 NUC 转换数额将其换成当地货币价，这个数额就是国际航协转换比价 IROE。

IATA 转换比价的作用是将当地货币转换成中间组合单位，或将中间组合单位的总数转换成运输始发国货币，计算方式为：NUC×IROE＝LCF、NUC＝LCF÷IROE。

当地货币即 LOCAL CURRENCY FARE，简称 LCF，使用转换比价 IROE 将当地货币转换为 NUC，计算方式：LCF/IROE＝NUC。例如上海飞往香港地区的机票，LCF：CNY 1 970，IROE：8.276 500，NUC 是：LCF CNY 1 970/IROE 8.276 500＝238.02，使用转换比价 IROE 将计算后的 NUC 转换为运输始发地货币计算方法：NUC×IROE＝LCF，例如将 NUC 转换成人民币 CNY，已知上海到东京 NUC 614.99，得知人民币与 NUC 的 IROE 为 8.276 500，则当地货币是：NUC 614.99×IROE 8.276 500＝CNY 5 090。

三、尾数取舍规则

（一）票价计算尾数的取舍

对 NUC 尾数的取舍，计算 NUC 时，尾数只取到小数点后两位，以后的数字舍去不计，例如 NUC 3 398.359 62 计为 3 398.35，NUC 1 658.934 63 计为 1 658.93。

（二）对 IROE 尾数的处理

对 IROE 不存在尾数取舍和进位的问题，只须直接应用所查到的 IROE 数字即可。在实际应用中，小数点两位以后为零的尾数可省去。

第四单元 》》》》》》》
运价的选择与计算

一、计算依据

国际运价经过多年发展，已建立了一套较为完整的计算体系，如当旅客航程确定后，首先必须确定航程种类及方向性代号；接着需要确定航程信息，如是否属于指定航程，若不属于指定航程需要确认是否能直接使用特殊票价和公布直达运价；如果上述条件均不满足，就需要通过采用里程制、中间较高检查以及单程最低限额检查；对于环程运价则通过来回程最低限额检查等方法来确认全航程运价。

二、使用条件

（一）使用有效期

①使用普通运价的国际客票自旅行开始之日起一年内有效，同时需注意客票最后一张乘机联必须在有效期截止前使用，即在当日当地时间午夜 12 点之前从机场出发。

②普通单程、来回程和环程运价在旅行开始后一年内完成运输有效。

③按航空公司文件价格销售的机票，根据航空公司的不同规定，有效期也就不同，例如 45 天、1 个月、2 个月、3 个月、6 个月。

（二）使用规则

以单程为例。

1. 中间较高点的检查 HIP（Higher Intermediate Point Rule）

建立中间较高点规定是为了保证从始发地至目的地的票价不低于航程中同一方向任意两个中途分程点的同等级的直达票价。

（1）中间较高点票价

中间较高点票价是指在一个票价计算组内，任意两点间的票价比自起点到终点的同一服务等级票价要高。这个较高的票价，称为中间较高点票价（Higher Intermediate Fare，HIF）。

（2）检查中间较高点的步骤

①从票价计算组的起点到任意中途分程点。

②从一中途分程点到另一中途分程点。

③从中途分程点到票价计算组的终点。

2. 单程回拽检查 BHC（Oneway Backhaul Check）

在任何票价计算组中，如果自起点到该票价计算组内任意一中途分程点的票价高于该票价计算组自起点到终点的直达票价，则必须作单程回拽检查。单程回拽检查适用于单程的票价计算。如果一个航程中有多个票价计算组，则每个票价计算组都要分别作单程回拽检查的步骤。

在每一个票价计算组中找出自起点到航程中票价最高的中途分程点的 NUC，并用这一NUC 与自起点到该票价计算组终点的 NUC 进行比较。如这一 NUC 高于起点至终点的 NUC，则按下列方式计算出单程最低限额。

（1）查单程最低限额的方式

HI NUC（自起点到航程中票价最高的中途分程点的 NUC）− LO NUC（自起点到终点的 NUC）= BHD（回拽差额）+ HI NUC（自起点到航程中票价最高的中途分程点的

NUC）= OWM（单程最低限额 NUC，即所选用的单程票价不得低于此限额）。

（2）将 OWM NUC 和 CF（该票价计算组按规定程序计算所得的 NUC）相比较，

①如果 OWM>CF，得到单程回拽附加额，客票填开代号为"P"。

②如果 OWM<CF，则略去 OWM 不计，仍然使用 CF。

3. 方向性最低收费检查 DMC（Directional Minimum Check）

方向性最低收费检查简称 DMC，是指每一票价计算组的票价（含 HIP 及 BHC）不得低于该组内任意两个开票点间任意方向的同等级的最高直达票价。

DMC 检查适用于下述情况。

①DMC 适用于对于自/至/经过日本的单程或普通运价缺口程，当旅行凭证不是在运输始发国开立时，做 DMC 检查。对于电子客票来讲，旅行凭证开立的地点就是旅客电子记录建立的地点。

②DMC 检查应在每一票价计算组做。

③在做 DMC 检查时，如果对于所适用的承运人及所适用的服务等级有多个普通票价（Y、Y2）公布，可采用较低的或最低水平的票价进行 DMC 检查。在采用此种低水平票价时不必考虑该票价的中转及中途分程的限制条件。

4. 单程分段相加最低组合

分段相加适用的条件

①无公布运价，也无比例票价。

②EMS>25M 时或分段相加可得更低票价。

③不能使用直达运价时。

三、航程计算方法

旅客航程为 XMN—HKG—PAR；全程使用 C 舱普通运价；在 XMN 付款、出票。计算全程运价。IROE：7.206 9；（H 10）0；LCF：CNY

运价表：	C OW EH NUC	MPM
CAN—PAR	2 539.59	7 988
HKG—PAR	2 857.85	7 948

XMN—PAR 的直达运价构成可列式如下：

比例运价表中未给出里程附加。由附表查出 XMN—PAR 的 EH 航线的 MPM 为 8 157。

1. TPM 计算

TPM 计算如下所示。

XMN

306	HKG	CZ
5 968	PAR	CX

6 274

2. 运价构成

运价构成如下所示。

FCP	XMNPAR
NUC	C OW（EH）2 635. 29
RULE	Y146
MPM	EH 8 157
TPM	6 274
EMA	NIL
EMS	M
HIP	HKGPAR
RULE	Y146
AF	NUC 2 857. 85
CHECK	BHC NIL
TOTAL	2 857. 85+4. 23＝NUC 2 862. 08
IROE	× 7. 206 9（H 10）0
LCF	CNY 20 630

TAT ENTRY：

```
XMN CZ HKG CX PAR Q4. 23M
HKGPAR
2 857. 85 NUC2 862. 08END ROE7. 206 9
```

issued in COC，fare type：Y

AMS	FARES		MPM
259 PAR	AMSPAR	316. 42	
5 099 BJS	AMSBJS	2 252. 58	
1 239 HKG	AMSHKG	2 427. 38	EH 8 541

PARBJS   2 297. 41

PARHKG   2 474. 58

BJSHKG   327. 34

FCP AMSHKG

NUC YOW 2 427. 38

RULE NIL

MPM EH 8 541

TPM 6 597

EMA NIL

EMS M

HIPPARHKG 2 474. 58

CF 2 474. 58

CHECK NIL

TOTAL 2 474. 58

IROE

LCF

FROM/ TO		
AMS	CARR	FARE CALC
PAR	AF	M
BJS	AF	PARHKG
HKG	CA	2 474. 58
——		
	ROE	_____
TOTAL FARE CALC	NUC	2 474. 58
FARE		

（EQUIV. FARE PD.）

AMS AF PAR AF BJS CA HKG M PARHKG 2 474. 58NUC 2 474. 58END ROE

四、里程计算规则

按照国际运价计算规则，非直达航程可以使用直达运价，但在多数情况下，当非直达航程使用直达运价（包括直达公布运价和比例运价）时，应考虑最大允许里程的限制。按上述方法计算的联程运价称为里程制（Mileage System）运价。

（一）里程制的基本元素

1. 最大允许里程 MPM（Maximum Permitted Mileage）

最大允许里程是适用的某一票价所允许旅行的最大距离，单位是英里。旅行的方向不同，公布的票价和其所适用的最大允许里程也不同。

2. 开票点里程 TPM（Ticketed Point Mileage）

开票点里程是两个开票点（一个城市对）间的直达的最短飞行距离，其里程单位是英里。由于飞行路线及方向不同，同一城市对会出现不同的 TPM，因此计算票价时，应根据实际旅行线路及方向选择相应的 TPM。

3. 超里程附加 EMS（Excess Mileage Surcharges）

当非直达航程的各开票点之间的里程之和超过该票价计算组两个计算点间的最大允许

民航旅客运输

里程时，可根据超额的比例计算超里程附加费，允许超出的最大限度为 25％，如超过 25％则采用分段相加最低组合的方法计算票价。

4. 额外里程优惠 EMA（Extra Mileage Allowance）

额外里程优惠也称开票点里程附减（TPM Deduction），是指航程经过某些特定的路线或地点出现 TPM 总和大于 MPM 时，可按规定给予里程优惠，即可将优惠的里程数额从 TPM 总和之中减去，然后再进行超里程附加的检查与计算，这种方法可以降低超里程附加额。

（二）计算规则

①在查两点之间运价的同时可以查到两点之间的最大允许里程 MPM，注意 GI。

②实际客票点里程 TPM 在 GENERAL RULES 中可以查到，注意可以反查。一般 TPM×120％＝MPM，所以查不到 TPM 时，可以用 TPM＝MPM/120％ 这个公式来获得；当 TPM 小于或等于 MPM 时，可以用直达运价。

③超里程附加 EMS 附加比例为（TPM−MPM）/MPM×100％，计算保留 4 位小数。

④额外里程优惠 EMA 先确定是否超里程，即 TPM>MPM，再根据旅行路线，看是否满足 EMA 的条件，从 TPM 中减去优惠数，用新的 TPM 与 MPM 确定超里程附加率。同时需注意必须符合 between/and、必须经过 via 中列明的点以及一个运价计算组只能优惠一次。

五、计算步骤

（一）实际客票点里程的计算

Ticketed in：TYO　　　Fare Type：Normal Economy

TPMs　　　Journey：
　　　　　　TYO
759　　　　SEL　　　　KE
567　　　　BJS　　　　OZ

Fare Construction
FCP　　　TYOBJS
NUC　　　Y　　　870.71
RULE　　　NIL
MPM　　　EH　　　1 575
TPM　　　　1 326
EMA　　　NA
EMS　　　M
HIP　　　／

FROM/TO		
	CARR.	FARE CALC
TOTAL FARE CALC		
FARE		

RULE   /

AF   NUC870. 71

CHECK   /

TOTAL   NUC   870. 71

IROE   × 120. 131 767

LCF 104 599. 9 ~ （H100）JPY   104 600

TICKETED in TYO	Fare Type：Economy Normal
Fare Constrution：	
FCP	
NUC	
RULE	
MPM	
TPM	
EMA	
EMS	
HIP	
RULE	
AF	
CHECK	
TOTAL	
IROE	
LCF	

FROM/TO		
	CARR.	FARE CALC

续表

TOTAL FARE CALC		
FARE		

（二）额外里程优惠

例： Y

DEL

708 X/ BOM AA

1 871 BKK BB

748 KUL AA

1 542 MNL CC

FCP DELMNL

NUC Y OW 490. 90

RULE NIL

MPM EH 3 656

TPM 4 869-700

EMA -700 E/BOM

EMS15M

HIP NIL

CF564. 53

CHECK NIL

TOTAL564. 53

IROE 48. 528 000

LCF

FROM/ TO		
DEL	CARR	FARE CALC
X/BOM	AA	
BKK	BB	E/BOM
KUL	AA	15M
MNL	CC	564. 53
———		
	ROE	48. 528 000
TOTAL FARE CALC	NUC	564. 53
FARE		

EQUIV.
FARE PD.

DEL AA X/E/BOM BB BKK AA KUL CC MNL15M564. 53NUC

564. 53END ROE 48. 528 000

【思考题】

1. 国际旅客运价的种类有哪些？

2. 国际航空运输过程中不同类型的旅客折扣运价的代码是如何表示的？

3. 国际航空运输过程中旅客航程种类如何划分？

民航旅客运输

拓展资料一　世界主要国家（地区）城市机场三字代码

	A		
AAL	AALBORG	奥尔堡	丹麦
AAR	AARHUS	奥胡斯	丹麦
ABJ	ABIDJAN	阿比让	象牙岛
ABZ	ABERDEEN	阿伯丁	英国
ACC	ACCRA	阿克拉	加纳
ADB	IZMIR	伊兹密尔	土耳其
ADD	ADDIS ABABA	亚的斯亚贝巴	埃塞俄比亚
ADL	ADELAIDE	阿德莱德	澳大利亚
AGB	AUGSBURG	奥格斯堡	德国
AGP	MALAGA	马加拉	西班牙
AHO	ALGHERO	阿尔格罗	意大利
AKL	AUCKLAND	奥克兰	新西兰
ALA	ALMA-ATA	阿拉木图	哈萨克斯坦
ALC	ALICANTE	阿利坎特	西班牙
ALY	ALEXANDRIA	亚历山大港	埃及
AMD	AHMEDABAD	艾哈迈达巴德	印度
AMI	MATARAM-LOMBOK	龙目岛	印度尼西亚
AMM	AMMAN	阿曼	约旦
AMS	AMSTERDAM	阿姆斯特丹	荷兰
ANC	ANCHORAGE	安克雷奇	美国
ANE	ANGERS	翁热	法国
ANK	ANKARA	安卡拉	土耳其
ANR	ANTWERP	安特卫普	比利时
ARN (STO)	STOCHHOLM Arlanda Apt	斯德哥尔摩阿兰达机场	瑞典
ASP	ALICE SPRINGS	阿利斯斯普林斯	澳大利亚
ASU	ASUNCION	亚松森	巴拉圭
ATH	ATHENS	雅典	希腊
ATL	ATLANTA	亚特兰大	美国
AUH	ABU DHABI	阿布扎比/阿布巴比	阿联酋
AYQ	AYERS ROCK	艾尔斯岩	澳大利亚

B			
BAH	BANRAIN	巴林	巴林
BAK	BAKU	巴库	阿塞拜疆
BAX	BARNAUL	巴尔瑙尔	俄罗斯
BCN	BARCELONA	巴塞罗那	西班牙
BDA	BERMUDA	百慕大	百慕大
BDU	BARDUFOSS	巴尔杜福斯	挪威
BEG	BELGRADE	贝尔格莱德	南斯拉夫
BEL	BELEM	贝伦	巴西
BER	BERLIN	柏林	德国
BEY	BEIRUT	贝鲁特	黎巴嫩
BFS	BELFAST	贝尔法斯特	英国
BGO	BERGEN	贝尔根	挪威
BGW	BAGHDAD	巴格达	伊拉克
BHX	BIRMINGHAM	伯明翰	英国
BIO	BILBAO	毕尔巴斯	西班牙
BIQ	BIARRITZ	比亚利兹	法国
BJL	BANJUI	班洙尔	冈比亚
BKI	KOTA KINABALU	克利夫兰	美国
BKK	BANGKOK	曼谷	泰国
BKO	BAMAKO	巴马科	马里
BLL	BILLUND	比露德	丹麦
BLQ	BOLOGNA	博洛尼亚	意大利
BLR	BANGALORE	班迦洛	印度
BNE	BRISBANE	布里斯班	澳大利亚
BNJ	BONN	波昂	德国
BOD	BORDEAUX	波尔多	法国
BOG	BOGOTA	波哥达	哥伦比亚
BOM	BOMBAI	孟买	印度
BOS	BOSTON	波士顿	美国
BPN	BALIKPAPAN	巴厘巴板	印度尼西亚
BQS	BLAGOVESCHENSK	布拉戈维申斯克	俄罗斯
BRE	BREMEN	不来梅	德国

续表

BRN	BERNE	伯尔尼	瑞士
BRS	BRISTOL	布里斯托	英国
BRU	BRUSSELS	布鲁塞尔	比利时
BSB	BRASILIA	巴西利亚	巴西
BTK	BRASK	布拉茨克	俄罗斯
BSL	BASLE	巴塞尔	瑞士
BTS	BRATISLAVA	布亚迪斯拉发	斯洛伐克
BTU	BINTULU	民都鲁	马来西亚
BUD	BUDAPEST	布达佩斯	匈牙利
BUE	BUENOS AIRES	布宜诺斯艾利斯	阿根廷
BUH	BUCHAREST	布加勒斯特	罗马尼亚
BUS	BATUMI	巴统	格鲁吉亚
BWI	BALTIMOER	巴尔的摩	美国
BWN	BANDAR SERI BEGAWAN	斯里巴加湾市	文莱
BYU	BAYREUTH	白莱特	德国
BZV	BRAZZAVILLE	布拉柴维尔	刚果
	C		
CAG	CAGLIARI	卡利亚里	意大利
CAI	CAIRO	开罗	埃及
CAS	CASABLANCA	卡萨布兰卡	摩洛哥
CBR	CANBERRA	堪培拉	澳大利亚
CCS	CARACAS	加斯拉斯	委内瑞拉
CCU	CALCUTTA	加尔格达	印度
CDG	PARIS-CHARLES DE GAULLE	巴黎戴高乐机场	法国
CEB	CEBU	宿务	菲律宾
CEI	CHIANG RAI	清莱	泰国
CFE	CLERMONT-FERRAND	克莱蒙费朗	法国
CGK	JAKARTA Soekamo-Hatta Apt	雅加达苏加诺机场	印度尼西亚
CGN	COLIGNE	科隆	德国
CHC	CHRISTCHURCH	基督堂市	新西兰
CHI	CHICAGO	芝加哥	美国
CJJ	CHUNG JU	青州	韩国
CJU	CHEJU	济洲岛	韩国

CLE	CLEVELAND	克利夫兰	美国
CLT	CHARLOTTE	夏洛特	美国
CMB	COLOMBO	科伦坡	斯里兰卡
CMH	COLLIMBUS	哥伦布	美国
CMN	CASABLANCA Mohamed V Apt	卡萨布兰卡	摩洛哥
CNF	BELO HORIZONTE	贝洛奥里藏特	巴西
CNS	CAIRNS	凯恩斯	澳大利亚
CNX	CHIANG MAI	清迈	泰国
CPH	COPENHAGEN	哥本哈根	丹麦
CPT	CAPE TOWN	开普敦	南非
CRK	CLARK	吕宋岛	菲律宾
CTA	CATANIA	卡洛尼亚	意大利
CTS	SAPPORO CHITOSEL APT	札幌新千岁机场	日本
CVG	CINCINNATI	辛辛那提	美国
CWB	CURITIBA	库里蒂巴	巴西
D			
DAC	DHAKA	达卡	孟加拉
DAD	DANANG	达雷斯萨拉萨	越南
DAM	DAMASCUS	大马士革	叙利亚
DAR	DAR ES SALAAM	达易晒拉	坦桑尼亚
DEL	DELHI	新德里	印度
DEN	DENVER	丹佛	美国
DFW	DALLAS	达拉斯	美国
DHA	DHAHRAN	沙特阿拉伯	沙特阿拉伯
DKR	DAKAR	达卡尔	塞内加尔
DLA	DOUALA	杜阿拉	喀麦隆
DMM	DAMMAN	达曼	印度
DOH	DOHA	多哈	卡塔尔
DPO	DEVONPORT	德文波特	澳大利亚
DPS	DENPASAR	丹帕沙	印度尼西亚
DRS	DRESDEN	德累斯顿	德国
DRW	DARWIN	达尔文港	澳大利亚
DTM	DORTMUND	多特蒙德	德国

续表

DTW	DETROIT	底特律	美国
DUB	DUBLIN	都柏林	爱尔兰
DUR	DURBAN	德班	南非
DUS	DUSSELDORF	杜塞尔多夫	德国
DXB	DUBAI	迪拜	阿联酋
E			
EBB	ENTEBBE/KAMPALA	恩德培	乌干达
EDI	EDINBURGH	爱丁堡	英国
EIN	EINDHOVEN	埃因霍恩	荷兰
EMA	NOTTINGHAM	诺丁汉	英国
ESB	ANKARA ESENBOGA	安卡拉	土耳其
EVN	YEREVAN	耶烈万	亚美尼亚
EWR	NEW YORK/NEWARK	纽约/纽瓦克	美国
EZE	BUENOS AIRES	布宜洛斯艾利斯	阿根廷
F			
FAO	FARO	菲罗	葡萄牙
FBU	OSLO	奥斯陆	挪威
FCO	ROME LEONARD VINCI-F APT	罗马达芬奇机场	意大利
FDH	FRIEDRICHSHAFEN	菲列特港	德国
FIH	KINSHASA	金沙萨	扎伊尔
FKS	FUKUSHIMA	福岛	日本
FLN	FLORIANOPOLIS	弗洛里亚诺波利斯	巴西
FLR	FLORENCE	佛罗伦萨	意大利
FMO	MUNSTER	明斯特	德国
FNA	FREETOWN	弗里敦	塞拉利昂
FNJ	PYONGYANG	平壤	朝鲜
FOR	FORTALEZA	福塔雷萨	巴西
FRA	FARNKFURT	法兰克福	德国
FRU	BISHKEK	比什凯克	吉尔吉斯斯坦
FUK	FUKUOKA	福冈	日本
G			
GBE	GABORONE	加博罗内	博茨瓦纳
GCI	GUERNSERY	根西岛	英国

GDN	GDANSK	格但斯克	波兰
GIB	GIBRALTAR	直布罗陀	英国
GIG	RIODE JANEIRO INT'L APT	里约热内卢	巴西
GLA	GLASGOW	格拉斯哥	英国
GMP	SELOUL-Gimpo	首尔金浦机场	韩国
GOA	GENOVA	热那亚	意大利
GOT	GOTHENBURG	哥德堡	瑞典
GRU	SAO PAULO	圣保罗	巴西
GRZ	GRAZ	格拉茨	奥地利
GUM	GUAM	关岛	美国
GVA	GENEVA	日内瓦	瑞士
H				
HAH	COMORES	莫罗尼	科摩罗
HAJ	HANOVER	汉诺威	德国
HAM	HAMBURG	汉堡	德国
HAN	HANIO	河内	越南
HBA	HOBART	霍巴特	澳大利亚
HDY	HAT YAI	汉特亚	泰国
HEL	HELSINKI	赫尔辛基	芬兰
HIJ	HIROSHIMA	广岛	日本
HKG	HONGKONG	香港	中国
HKT	PHUKET	普吉岛	泰国
HNL	HONOLULU	檀香山	美国
HOQ	HOF	霍夫	德国
HRE	HARARE	哈拉依	津巴布韦
HTA	CHITA	赤塔	俄罗斯
HTI	HAMILTON ISLAND	汉密尔顿岛	澳大利亚
I				
IAD	WASHINGTON Dulles Int'l Apt	华盛顿达拉斯机场	美国
IAH	HOUSTON	休斯敦	美国
ICN	SEOUL-Lncheon Int'l	首尔仁川国际机场	韩国
IEV	KIEV	基辅	乌克兰
IGU	FOZ DO IGUACU	福斯-杜伊瓜苏	巴西

续表

IKT	IRKUTSK	伊尔库次克	俄罗斯
INN	INNSBRUCK	因斯布鲁克	奥地利
IPH	IPOH	怡保	马来西亚
ISB	ISAMABAD	伊斯兰堡	巴基斯坦
IST	ISTANBUL	伊斯坦布尔	土耳其
IZM	IZMIR	伊兹密尔	土耳其
J			
JED	JEDDAH	及达	沙特阿拉伯
JER	JERSEY	泽西岛	英国
JFK	NEW YORK	纽约	美国
JHB	JOHOR BAHRU	柔拂州	马来西亚
JIB	DJIBOUTI	吉布提	吉布提
JKG	JONKOPING	延雷平	瑞典
JKT	JAKARTA	雅加达	印度尼西亚
JNB	JOHANNESBURG	约翰内斯堡	南非
JOG	YOGYAKARTA	约尔卡塔	印度尼西亚
K			
KAN	KANO	卡诺	尼日利亚
KBL	KABUL	喀布尔	阿富汗
KBP	KIEV	基辅	乌克兰
KBR	KOTA BHARU	哥打巴哈鲁	马来西亚
KCH	KUCHING	古晋	马来西亚
KEF	REYKJAVIK	雷克雅未克	冰岛
KEL	KIEL	基尔	德国
KHH	KAOHSIUNG	高雄	中国
KHI	KARACHI	卡拉奇	巴基斯坦
KHV	KHABAROVSK	哈巴罗夫斯克	俄罗斯
KIJ	NIGATA	新潟	日本
KIN	KINGSTON	金斯敦	牙买加
KIX	OSAKA-Kansai Int'l	大阪关西国际机场	日本
KLU	KLAGENFURT	克拉根福	奥地利
KOA	KONA	科纳	美国
KOJ	KAGOSHIMA	鹿儿岛	日本

续表

KRK	KRAKOW	克拉科夫	波兰
KRP	KARUP	卡鲁普	丹麦
KRT	KHARTOUM	喀土穆	苏丹
KTM	KATHMANDU	加德满都	尼泊尔
KTW	KATOWICE	卡托维兹	波兰
KUA	KUANTAN	关丹	马来西亚
KUF	SAMARA	萨马拉	俄罗斯
KUL	KUALA-LUMPUR	吉隆坡	马来西亚
KWI	KUWAIT	科威特	科威特
L			
LAS	LAS VEGAS	拉斯维加斯	美国
LAX	LOS ANGELES	洛杉矶	美国
LBA	LEEDS/BRADFORO	利兹	英国
LBV	LIBREVILLE	利伯维尔	加蓬
LCA	LARNACA	拉纳尔	塞浦路斯
LDU	LAHAD DATU	沙巴	马来西亚
LED	ST. PETERSBURG	圣彼得堡	俄罗斯
LEJ	LEIPZIG/HALLE	莱比锡	德国
LGA	NEW YORK-LE GUARDIA	拉瓜地	美国
LGK	LANGKAWI	兰卡威	马来西亚
LGW	LONDON-GATWICK	伦敦盖特威克机场	英国
LHE	LAHORE	拉赫尔	巴基斯坦
LHR	LONDON-HEATHROW	伦敦希思罗机场	英国
LIL	LILLE	里尔	法国
LIM	LIMA	利马	秘鲁
LIN	MILAN LINATE APT	米兰利纳特机场	意大利
LIS	LISBON	里斯本	葡萄牙
LJU	LJUBLJANA	罗贝尔雅那	斯洛文尼亚
LME	LE MANS	勒芒	法国
LNZ	LINZ	林茨	奥地利
LOS	LAGOS	拉各斯	尼日利亚
LPA	GRAND CANARIA	拉斯帕尔马斯	加那里群岛
LPB	LA PAZ	拉巴斯	尼日利亚

续表

LPL	LIVERPOOL	利物浦	英国
LUG	LUGANO	卢加诺	瑞士
LUN	LUSAKA	卢萨卡	赞比亚
LUX	LUXEMBOURG	卢森堡	卢森堡
LYS	LYON	里昂	法国
M			
MAA	MADRAS	马德拉斯	印度
MAD	MADRID	马德里	西班牙
MAO	MANAUS	马瑙斯	巴西
MAN	MANCHESTER	曼彻斯特	英国
MCI	KANSAS CITY	堪萨斯城	美国
MCO	ORLANDO INTERNATIONAL APR	奥兰多国际机场	美国
MCT	MUSCAT	马斯喀特	阿曼
MEL	MELBOURNE	墨尔本	澳大利亚
MEM	MEMPHIS	孟斐斯	美国
MES	MEDAN	棉兰	印度尼西亚
MEX	MEXICO CITY	墨西哥城	墨西哥
MFM	MACAU	澳门	中国
MIA	MIAMI	迈阿密	美国
MIL	MILAN	米兰	意大利
MKY	MACKAY	马凯	澳大利亚
MLA	MALTA	马耳他	马耳他
MLE	MALE	马累	马尔代夫
MMA	MALMO	马尔摩	瑞典
MME	TEESS-SIDE	蒂赛德	英国
MNL	MANILA	马尼拉	菲律宾
MOW	MOSCOW	莫斯科	俄罗斯
MPL	MONTPELLIER	蒙彼利埃	法国
MRS	MARSEILLE	马塞	法国
MRU	MAURITIUS	毛里求斯	毛里求斯
MSP	MINNEAPOLIS-ST PAUL	明尼阿波利斯	美国
MSQ	MINSK	明斯克	白俄罗斯
MSY	NEW ORLEANS	新奥尔良	美国

MTY	MONTERREY	蒙特雷	墨西哥
MUC	MUNICH	慕尼黑	德国
MVD	MONTEVIDEO	蒙得维的亚	乌拉圭
MXP	MILAN，Malpensa Apt	米兰马尔本萨机场	意大利
MYJ	MATSUYAMA	松山	日本
MYY	MIRI	米里	马来西亚
N			
NAP	NAPLES	那不勒斯	意大利
NAT	NATAL	那塔尔	巴西
NBO	NAIROBI	内罗毕	肯尼亚
NCE	NICE	尼斯	法国
NCL	NEWCASTLE	纽卡斯尔	英国
NGS	NAGASAKI	长崎	日本
NOU	NOUMEA	努美阿	新喀里多尼亚
NQY	NEWQUAY	新码头	英国
NRK	NORRKOPING	诺尔彻平	瑞典
NRT	TOKYO NARITA APT.	东京成田机场	日本
NTE	NANTES	南特	法国
NUE	NUREMBERG	纽伦堡	德国
NYC	NEW YORK	纽约	美国
O			
ODS	ODESSA	敖德萨	乌克兰
OKA	OKINAWA	冲绳	日本
OKJ	OKAYAMA	冈山	日本
OOL	GOLD COAST	黄金海岸	澳大利亚
OPO	PORTO	波尔图	葡萄牙
ORD	CHICAGO	芝加哥	美国
ORY	PARIS ORLY APT.	巴黎奥尔利机场	法国
OSA	OSAKA	大阪	日本
OSL	OSLO	奥斯陆	挪威
OTP	BUCHAREST Otopeni Apt	布加勒斯特奥托佩尼国际机场	罗马尼亚
OVB	NOVOSIBIRSK	新西伯利亚	俄罗斯
P			
PAD	PADERBORN	帕德博恩	德国

续表

PDX	PORTLAND	波特兰	美国
PEN	PENANG	槟榔峙	马来西亚
PER	PERTH	珀斯	澳大利亚
PHL	PHILADELPHIA	费城	美国
PHX	PHOENIX	凤凰城	美国
PLH	PLYMOUTH	普利茅斯	英国
PLM	PALEMBANG	巨港	印度尼西亚
PLZ	PORT ELIZABETH	伊丽莎白港	南非
PMI	PALMA DE MALLORCA	帕尔马	西班牙
PMO	PALERMO	巴勒莫	意大利
PNH	PHNOM PENH	金边	柬埔寨
POM	PORT MORESBY	莫尔斯比港	巴布亚新几内亚
POZ	POZNAN	波兹南	波兰
PRG	PRAGUE	布拉格	捷克
PSA	PISA	比萨	意大利
PUF	PAU	波城	法国
PUS	BUSAN	釜山	韩国
R			
RAO	RIBEIRAO PRETO	里贝朗普雷图	巴西
RDU	RALEIGH/DURHAM	罗利达勒姆	美国
REC	RECIFE	累西腓	巴西
REG	REGGIO CALABRIA	勒佐卡拉布里亚	意大利
RGN	YANGON	仰光	缅甸
RIO	RIO DE JANEIRO	里约热内卢	巴西
RIX	RIGA	里加	拉托维亚
ROB	MONROVIA	蒙罗维亚	利比里亚
ROM（FCO）	ROME	罗马	意大利
ROR	KOROR	科罗尔	帕劳
RTM	ROTTERDAM	鹿特丹	荷兰
RUH	RIYADH	利雅得	沙特阿拉伯
S			
SAH	SANAA	萨拉	也门
SAN	SAN DIEGO	圣地亚哥	美国

SAO	SAO PAULO	圣保罗	巴西
SBW	SIBU	西布	马来西亚
SCL	SANTIAGO	圣地亚哥	智利
SCN	SAARBRUCKEN	萨尔布吕肯	德国
SDF	LOUISVILLE	路易维尔	美国
SDJ	SENDAI	仙台	日本
SDK	SANDAKAN	仙那港	马来西亚
SEA	SEATTLE	西雅图	美国
SEL	SEOUL	汉城	韩国
SEZ	SEYCHELLES	塞舌尔	塞舌尔
SFO	SAN FRANCISCO	旧金山	美国
SFS	SUBIC BAHIA	苏比克湾	菲律宾
SGN	HO CHI MINH CITY	胡志明市	越南
SHJ	SHARJAH	沙加	阿联酋
SIN	SINGAPORE	新加坡	新加坡
SJC	SAN JOSE CA	圣荷西	美国
SKG	THESSALONIKI	萨洛尼卡	希腊
SKP	SKOPJE	斯科普里	马其顿
SLL	SALALAH	塞拉莱	阿曼
SNN	SHANNON	香侬	爱尔兰
SOC	SOLO CITY	索洛	印度尼西亚
SOF	SOFIA	索非亚	保加利亚
SOU	SOUTHAMPTON	南安普敦	英国
SPK	SAPPORO	札幌	日本
SPN	SAIPAN	塞班岛	美国
SPU	SPLIT	斯普里特	克罗地亚
SSA	SALVADOR	萨尔瓦多	巴西
SSG	MALABO	马拉博	赤道几内亚
STL	SAINT LOUIS	圣路易斯	美国
STN	LONDON STANSTED APT UK	伦敦斯坦斯德机场	英国
STO	STOCKHOLM	斯德哥尔摩	瑞典
STR	STUTTGART	斯图加特	德国
SUB	SURABAYA	泗水	印度尼西亚

续表

SUF	LAMEZIA TERMA	拉默齐亚	意大利
SVG	STAVANGER	斯塔万格	挪威
SVO	MOSCOW SHEREMETYEVO APT	莫斯科谢列梅捷沃机场	俄罗斯
SVQ	SEVILLE	塞尔维亚	西班牙
SVX	SVERDLOVSK	斯维尔德洛夫斯克	俄罗斯
SXB	STRASBOURG	斯特拉斯堡	法国
SXF	BERLIN-Schonefeld	柏林舍内费尔德机场	德国
SYD	SYDNEY	悉尼	澳大利亚
SYZ	SHIRAZ	设拉子	伊朗
SZG	SALZBURG	萨尔茨保	奥地利
SZZ	SZCZECIN	什切青	波兰
		T	
TAE	TAEGU	大丘	韩国
TAS	TASHKENT	塔什干	乌兹别克斯坦
TBS	TBILISI	第比利斯	格鲁吉亚
TGG	KUALA TERENGGANU	瓜拉丁加奴	马来西亚
THR	TEHRAN	德黑兰	伊朗
TIA	TIRANA	地拉那	阿尔巴尼亚
TIP	TRIPOLI	的黎波里	利比亚
TLL	TALLINN	塔林	爱沙尼亚
TLS	TOULOUSE	图卢兹	法国
TLV	TEL AVIV	特拉维夫	以色列
TOY	TOYOMA	富山	日本
TPA	TAMPA	坦帕	美国
TPE	TAIPEI	台北	中国
TRF	SANDEFJORD	桑德菲尧德	挪威
TRN	TURIN	托里诺	意大利
TRS	TRIESTE	帝里亚维特	意大利
TUN	TUNIS	突尼斯	突尼斯
TWU	TAWAU	斗湖	马来西亚
TXL	BERLIN	柏林	德国
TYO	TOKYO	东京首都机场	日本

	U		
ULN	ULAN BATOR	乌兰巴托	蒙古
ULY	ULYANOVSK	乌里扬诺夫斯克	俄罗斯
UPG	UJUNG PANDANG	乌戎潘当	印度尼西亚
URG	URUGUAIANA	乌鲁瓜亚纳	巴西
UTP	UTAPAO	乌塔保	泰国
	V		
VCE	VENICE	威尼斯	意大利
VIE	VIENNA	维也纳	奥地利
VLC	VALENCIA	巴伦西亚	西班牙
VNO	VILNIUS	维尔纽斯	立陶宛
VRN	VERONA	维罗那	意大利
VST	VASTERAS	威斯特洛	瑞典
VVI	SANTA CRUZ DE LA SIERRA	圣克鲁兹	俄罗斯
VVO	VLADIVOSTOK	符拉迪沃斯托克	俄罗斯
	W		
WAS	WASHINGTON	华盛顿	美国
WAW	WARSAW	华沙	波兰
WDH	WINDHOEK	温得和克	纳米比亚
WLG	WELLINGTON	惠灵顿	新西兰
WRO	WROCLAW	弗罗茨瓦夫	波兰
	Y		
YAO	YAOUNDE	雅温特	喀麦隆
YCD	NANAIMO	纳奈莫	加拿大
YEG	EDMONTON	埃德蒙顿	加拿大
YGK	KINGSTON	金斯敦	牙买加
YHZ	HALIFAX	哈列法克斯	加拿大
YMQ	MONTREAL	蒙特利尔	加拿大
YOW	OTTAWA	渥太华	加拿大
YVR	VANCOUVER	温哥华	加拿大
YWG	VINNIPEG	温尼伯	加拿大
YWH	VICTORIA-INNER HARBOUR	维多利亚港	加拿大
YXE	SASKATOON.	萨斯卡通	加拿大

续表

YXS	PRINCE GEORGE	乔治王子城	加拿大
YXU	LONDON	伦敦	英国
YXY	WHITEHORSE	怀特霍斯	加拿大
YYC	CALGARY	卡尔加里	加拿大
YYJ	VICTORIA	维多利亚	加拿大
YYZ	TORONTO	多伦多	加拿大
Z			
ZAG	ZAGREB	萨格拉布	克罗地亚
ZNZ	ZANZIBAR	桑吉巴尔	坦桑尼亚
ZRH	ZURICH	苏黎士	瑞士

第九部分

国际旅客运输

【知识目标】 了解国际航空运输中旅客客票的基本概念；
了解国际客票有效期等相关规定；
了解国际客票的构成及使用要求；
理解客票变更、退票的方法与规则。

【能力目标】 掌握国际客票的相关信息；
能熟练进行客票的填开及代码录入；
能进行国际客票的变更、退票等业务处理；
能正确计算客票变更时的运价。

民航旅客运输

【案例导入】

旅客张某购买了南方航空公司7月2日广州飞纽约的国际机票（客票有效期为7月21日），但是由于签证一直没有下来，7月2日当天无法按原计划乘坐航班，故想咨询退票程序及不同时段退票费收取的相关规定。

【案例解析】

旅客出国旅游时经常会遇到被使领馆拒签而无法成行导致原来购买的优惠机票可能由于客票规定不得退票、改签或者要收取昂贵的变更手续费。

为减少此类旅客的损失，南航在国际机票的退票程序上调整了部分航线的退票规定，旅客在中国内地（不含港澳台地区）购买的由南航承运的始发的单程、往返程、缺口程、联程等国际长航线客票（非团队客票），包括南航欧洲航线、美加航线、澳新航线和中东航线，如遇使领馆拒签需退票，可享受以下服务：

原客票为收费退票的，旅客需在航班起飞前（不含起飞当天）凭拒签证明原件、护照复印件及客票信息前往南航直属售票处退票，免收退票手续费。旅客于航班起飞当天提出退票的，需收取一定手续费，余额退还旅客。原客票为不允许退票的，旅客需在航班起飞前7天（含起飞当天）或起飞前6天内凭拒签证明原件、护照复印件及客票信息前往南航直属售票处，将分别收取一定金额的手续费后给予退票。

第一单元 》》》》》》》》》
航线的选择与航班的安排

一、航线

国际航线是指飞行的路线连接两个国家或两个以上国家的航线，在国际航线上进行的运输是国际运输。航空公司都非常重视航线的选择，因为合理的航线规划不仅可以缩短飞机飞行的时间，提高航空公司利润，而且可以为旅客节省开支。国际航线在安排上的基本原则是不出现迂回、交叉或重复路线，以保证航班的航程尽可能缩短，在时间上有更多的节省。

国际航线的选择除了要考虑飞越国的航空政策以外，还要从航空公司经济效益的角度出发，尽量选取短的航线以便于节油。对于双发飞机来说，以前的民航法规中有一条所谓的 60 分钟飞行限制，就是说飞机在飞行的航线上任何一点出现一发失效时，距离最近的备降场飞行时间应当不超过 60 分钟的飞行时间限制，比如从美国的肯尼迪机场飞往英国的希斯罗机场，就必须先沿着加拿大北飞然后沿着北大西洋航线飞往英国，这样一来航程就比较长。后来，随着飞机发动机可靠性的提高，就有了双发延程运行的概念，逐渐把这个 60 分钟的限制提高到了 90、120 以及 180 分钟，这样就节省了不少的路程，不过 60 分钟这条限制不适用于 3 发或者 4 发飞机。

二、航班

一个航班如果其始发站、经停站、终点站有一点在外国领土上都称为国际运输。航空公司在确定了最佳航线后就需要安排最佳的衔接航班，在选择航班时，首先考虑直达航班，其次考虑公布的联程转机航班，最后考虑衔接航班。如北京—新加坡被视为一个航段；北京—新加坡—曼谷—北京则是三个航段。

国际航班的编排一般是由航空公司二字代码加上三位数字组成，第一位数字为航空公司代码，后两位为航班序号，与国内航班号相同的是单数为去程，双数为回程。例如 MU508，由东京飞往北京，是中国东方航空公司承运的回程航班。

第二单元 》》》》》》
国际客票的使用

一、有效身份证件

国际机票使用护照作为依据，护照是作为一个国家的某一个公民的出境凭证。有了护照，国家才允许公民办理出境的其他手续。签证是作为一个国家对另外一个国家公民的入境许可，有了其他国家的签证我国公民才允许进入这个国家，所以在国际机票的销售中，护照和签证都需要看。

（一）护照类证件

护照（Passport）是一个国家的公民出入本国国境和到国外旅行或居留时，由本国发给的证明该公民国籍和身份的合法证件。

护照不是永久性的证件，有一定的有效期限。护照在有效期内是具有法律效力的证明，即为有效护照，否则为无效护照，不具备法律效力。各国使（领）馆在颁发签证时都要求护照的有效期必须在六个月以上。如果护照有效期不足六个月的，则必须先到公安机关申请延期后，再到使领馆申办签证。

各国护照的有效期不尽相同，有一年、二年、三年、五年和十年内有效的护照。我国的护照有效期现在一般为十年期。

护照一般可分为外交护照、公务护照和普通护照。我国政府颁发的护照有四种：外交护照、公务护照、普通护照和香港特别行政区护照，其中普通护照又分为因公普通护照和因私普通护照。

1. 外交护照

外交护照的颁发部门是外交部，颁发对象是外访的党政领导和高级官员以及派驻国外的外交官等。

2. 公务护照

公务护照由外交部、中华人民共和国驻外使馆、领馆或者外交部委托的其他驻外机构以及外交部委托的省、自治区、直辖市和设区的市人民政府外事部门签发，颁发对象是常驻国外机构的工作人员及其配偶和未成年子女等。

3. 普通护照

普通护照是指一般公民使用的护照。因私护照由公安部或公安部授权的其他地方公安机关颁发，颁发对象是因私事出国的人员，包括出国定居、探亲、访友、旅游、自费留学、出国就业、治病等。因公护照与公务护照一样，由外交部、各省、自治区、直辖市外事办公室颁发，颁发对象为国家或者国有企业、事业单位派遣公务活动的人员、公派留学、进修人员、访问学者等。

4. 香港特别行政区护照

香港特别行政区护照由香港特区政府、香港入境事务处签发。颁发对象主要为持有香港永久性居民身份证的中国公民，也可以颁发给 11 岁以下而未持有香港永久性居民身份证的香港永久性居民（由于未满 11 岁人士不用登记领取身份证）。

香港特别行政区护照的内容包括：

类别/Type："P"，即护照/passport；

签发国代码/Code of Issuing State：CHN（中国/China）及"护照号码/Passport No."；

姓/Surname；

名/Given names；

国籍/Nationality："CHINESE"；

性别/Sex：使用英文缩写，男为"M"，女为"F"；

出生地点/Place of Birth：持照人若在中国内地出生，以省级行政区名称的汉语拼音表示；在香港出生的，以英文"HONG KONG"表示；在澳门出生的，则以葡萄牙文"MACAU"表示；持照人若在外国出生，则写英文国名。

出生日期/Date of birth：按日、月、年格式写，日期及年份为两位数，月份以 3 位英文字母表示；

签发日期/Date of issue：书写格式同上；

有效期至/Date of expiry：书写格式同上；

签发机关/Authority："香港特别行政区入境事务处"和"IMMIGRATION DEPARTMENT, HONG KONG SPECIAL ADMINISTRATIVE REGION"。

图 9.1　香港特别行政区护照封面

（二）签证

签证（VISA）是一个国家的主权机关在本国或外国公民所持的护照或其他旅行证件上的签注、盖印，以表示允许其出入本国国境或者经过国境的手续，也可以说是颁发给他们的一项签注式的证明。也就是说签证是在护照或旅行证件上签注盖章，证明护照有效，签证也可以做另纸签证，但本质上仍是一个签注或盖印。

签证是一个主权国家为维护本国主权、尊严、安全和利益而采取的一项措施。当一个国家的公民到其他国家旅行、定居、商贸、留学时，除了必须拥有本人的有效护照或旅行证件外，另一个必备的条件就是必须获得前往国家的签证。签证由前往国的出入境管理机构（例如移民局或其驻外使领馆）签发，作为进入目的地国的许可证明。因此签证是一个主权国家实施出入本国国境管理的一项重要手段。

不同国家对签证种类的划分不同，签证的类别也呈现出种类较多的特点。我国现行的签证有外交签证、礼遇签证、公务签证和普通签证四种。

一般来说，按出入境性质分为：出境签证、入境签证、出入境签证、多次入出境签证、再入境签证和过境签证六种类别。根据持有人护照种类分为：外交签证、公务签证、普通护照。根据出入境事由分为：移民签证、非移民签证、留学签证、旅游签证、工作签证、商务签证以及家属签证等。根据时间长短分为：长期签证和短期签证。长期是指在前往国停留3个月以上，短期指在3个月以内。

此外，还有一种常见的签证，即返签证/倒签证。返签证较多在亚洲国家使用，所谓返签证/倒签证，是指由邀请人为来访人员在本国国内的出入境管理部门办好签证批准证明，连同申请人的护照及填写的申请表格、照片等材料一起呈送给本国驻来访人员国的使领馆，审核通过后，由使领馆给受邀人员颁发一个签证颁发许可证，这个许可证就是返签证。然后，受邀出访人员只需凭这个返签证，同时按照出访国使领馆的要求准备一些普通材料，即可方便地取得对方国的签证。

签证的内容一般包括签证种类、入境目的、居留期限、有效日期及签发机构、签发官员、日期和签证费，如图9.2、图9.3所示。

图9.2　德国签证

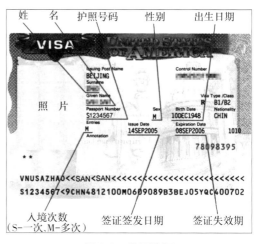

图9.3　美国签证

签证的有效期因签证的种类不同而不同。过境签证一般为3～7天；就业或留学签证的有效期最长，为半年或半年以上；一般入境签证是1个月或3个月。签证的有效期和签证的停留期是不同的两个概念，签证的有效期是指签证可以使用的期限，而签证的停留期是入境后准许停留的时间。

值机人员阅读签证信息时需要注意检查旅行者的国籍、签证的有效期、签证是否已被使用或是否已经作废、签证是一次还是多次有效、签证上的名字与护照上的名字是否一致、所有旅客的名字是否都在签注上（家庭共用护照）、是否有签发部门的公章等。

二、国际客票

国际客票是国际旅客参与航空运输的凭证，是旅客和承运人之间签订的运输契约，是旅客乘机和行李运输的凭证，也是承运人之间运费计算的依据。根据国际运价使用的相关规定，国际客票主要分为普通运价客票和特殊运价客票。

三、有效期

国际客票的有效期限制了旅客在目的地的最短停留时限和最长停留时限，普通客票有效期一般是从旅行之日起一年内有效。通常情况下，从客票上第一张乘机联的旅行日期开始，整本客票必须在一年内使用完毕，即在一年后的客票截止日的当地时间12点之前从客票上列明的指定机场出发。所有旅客的退票、改签等行为均应在客票有效期内进行。

国际不定期客票的有效期自客票填开之日起一年内有效，对于特殊运价客票，则其有效期按照承运人规定的特殊运价的有效期具体规定执行，不同的特殊运价客票有效期有所不同，客票有效期在行程单上和客票上都有明确的标注。

国际航班有效期的计算方法一般有三种，即按照日、月、年来计算。按日计算时，一般旅行开始之日和客票填开之日不计算在内，只需要将日期直接加上有效期的天数即可，除非有承运人的特殊说明，则按承运人规定执行。例如，旅客王某购买了一张6月1日武汉飞纽约的有效期为15天的短期客票，则该客票的有效期截止日就应为6月16日。

对于按月计算的客票有效期，其计算方法则是直接将客票上对应的月份直接加上有效期即可，有特殊情况的说明除外。例如，旅客张某购买了一张有效期为3个月的客票，若其旅行之日为10月1日，则客票有效期为第二年的1月1日。

对于按年计算的客票有效期，在计算时直接相加到另一年度的对应日期即可，需特别注意的是对于有特殊说明的特殊运价有效期，并不是以填开客票之日或开始旅行之日为准，而是以特殊的日期为准，是以国际航班的旅行日期为准还是以跨越太平洋或大西洋的日期为准，或以跨越某个地区为准，都需要在使用时视具体情况而定。

四、客票使用规定

国际客票在使用时主要遵循下述几点原则。

（一）单独使用

每一位乘坐国际航班的旅客，其客票均必须单独使用，独立填开一本或一本以上的连续客票。对于连续客票，必须是联数相同、票号连续的，并且把连续客票按顺序装订在一起使用。

（二）确定乘机联

每一个不同的航班、不同承运人的航段、不同座位等级、不同订座状况航段、中途分程点航段和地面运输航段，都需要一张乘机联。在办理乘机手续时，旅客必须出示所有已使用和未使用的乘机联，并按顺序使用，当客票乘机联多于航程数时，跳过的乘机联应注明"作废"。

（三）不得涂改

国际客票使用时不得涂改，否则客票无效。

第三单元 〉〉〉〉〉〉〉〉〉〉
国际客票的填开

一、国际客票的组成

国际客票在组成上与国内客票基本相同，一般都包括声明、会计联、出票人联、乘机联和旅客联。其中，客票中的声明主要包括中英文的旅客运输条件以及《华沙公约》中的有关条款；出票人联则由出票人留存；乘机联是根据旅客旅行的航程，选择 1～4 张不同乘机联的客票代表整个航程；旅客联则是旅客乘机后用于报销的主要凭证。

二、填开原则

（一）ISSUED BY（航空公司栏）

填写票本航空公司。

（二）NAME OF PASSENGER（旅客姓名栏）

1. 填写"姓/名或名的缩写+称呼"

常见的称呼有：MR（先生）、（MS 女士）、MISS（小姐）。

PREPARED FOR [illegible]	TRIP TO **BISSAU, GUINEA BISSAU**
RESERVATION CODE **M**[illegible]	TRAVEL DATES **Apr 20 - May 14**

eTicket Receipt(s)
[illegible]80624358 - [illegible]

Tuesday Apr 20	**DKR** DAKAR, SENEGAL	**OXB** BISSAU, GUINEA BISSAU
TACV-CABO VERDE AIRLINE **VR 8002**	Departing At **04:00pm** Terminal **Not Available**	Arriving At **05:15pm** Terminal **Not Available**
Passenger Name [illegible]	Seats **Check-In Required**	Frequent Flyer Number

Airline Reservation Code	M3YJD	Duration	
Status	Confirmed	Class	Economy
Aircraft	Air	Stops	0
Meals		Distance (in Miles)	
Smoking	No		

Please verify flight times prior to departure

Friday May 14	**OXB** BISSAU, GUINEA BISSAU	**DKR** DAKAR, SENEGAL
TACV-CABO VERDE AIRLINE **VR 8001**	Departing At **06:30pm** Terminal **Not Available**	Arriving At **07:45pm** Terminal **Not Available**
Passenger Name [illegible]	Seats **Check-In Required**	Frequent Flyer Number

Airline Reservation Code	M3YJD	Duration	
Status	Confirmed	Class	Economy
Aircraft	Air	Stops	0
Meals		Distance (in Miles)	
Smoking	No		

Please verify flight times prior to departure

Notes
THANK YOU FOR YOUR BUSINESS

图 9.4　国际客票的填开

2. 填写旅客特殊服务代码

①机位申请代码。SA 靠走廊的座位、SW 靠窗的座位。

②特殊餐食。BBML 婴儿餐、CHML 儿童餐、DBML 糖尿病患者餐、BLML 流食、MOML 穆斯林餐、KSML 犹太教餐、HNML 印度餐、VLML 素食（含糖、鸡蛋）、VGML 素食（无糖）、AVML 亚洲素食、ORML 东方餐食、SFML 海鲜餐、FPML 水果餐、RVML 生菜蔬食品、LCML 低卡路里餐、HFML 高纤维餐等。

③旅客情况。DEAF 聋哑旅客（如果有助听狗或其他动物陪伴，须详细说明）、BLND 盲人旅客（如果有导盲犬或其他动物陪伴，须详细说明）、DEPA 遣返旅客（有人押送）、DEPU 遣返旅客（无人押送）、UMNR 无人陪伴儿童、CHD 儿童、INF 婴儿、GMJC 革命伤残军人、STCR 担架旅客、EXET 多占座位、CBBG 客舱行李、DIPL 外交信使、SEMN 船员（水手）、MEDA 健康状况（需要旅客医疗状况证明）。

④行李情况。BSCT 摇篮车/吊床/婴儿摇篮、BULK 超大行李（须说明数量、重量和尺寸）、BIKE 自行车（须说明数量）、XBAG 额外行李（须说明数量、重量和尺寸）、CBBG 放置机舱行李（购买了额外座位，须说明数量、重量及尺寸）、XBAG 逾重行李（须说明数量、重量、大小）、FRAG 易碎行李（须说明数量、重量和尺寸）、SPEQ 体育设施（须指明设备类型、数量、重量和尺寸）、PETC 宠物（需要详细说明）。

⑤其他情况。其他情况主要包括有 WCHC 轮椅（旅客完全固定在轮椅上，需要轮椅运输上/下飞机客舱）、WCHR 轮椅（R 代表客机梯子，旅客能用客机梯到达自己的座位，但需要轮椅来安排长途旅行）、WCHS 轮椅（S 代表梯子，旅客不能升降梯子，但可自选到达座位上，需要轮椅来安排长途旅行）、WCOB 轮椅（在飞机上的轮椅，由航空公司提供，要求只用在美国运输之间）、WCMP 轮椅（人工动力轮椅，是用来送以上旅客的，其重量和尺寸也许是被指定的）、SLPR 机舱内床铺（不包括担架）、COUR 急件、GRPF 团体伙食数据、WCBO 干电池（由一个可要求提前通知准备装配的乘客运送，重量和尺寸可以被指定）。

（三）CARRIER 承运人栏

本栏用于填写预订航班的承运人的两字代码。如果没有指定承运人，此栏可以空着不填。如果是代码共享航班，则只需要填入首先出现的承运人代码，世界主要国家（地区）航空公司二字代码如附录一所示。

（四）FROM/TO 航段栏

本栏填写航程中相应的城市的英文名称，FROM 栏填写航程的始发城市，TO 栏按顺序填写转机，经停和目的地城市，多余的填写 VOID，见表 9.1。

表 9.1　国际机票乘机联的处理

X/O	NOT GOOD FOR PASSENGER	CARR	FLIGHT/CLASS	DATE	TIME	STATUS	FARE BASIC
	FROM MONTREAL/YMX						
X	TO FRANKURT						
	TO PARIS/ORY		V	O	I	D	
	TO PARIS/CDG						
	TO WASHINGTON						

①表中的"X/O"用"X"表示非中途分程点，中途分程点不需要表示。

②在城市名后加上该城市的三字代码，以示区别。

③当一个城市有多个机场时，应在城市名后注明机场代码。如果旅客在某一个机场到达，而在另一个机场出发，则应在城市名后先标明到达城市的三字代码，再写上出发机场的三字代码，中间用斜线隔开，或者用一张乘机联，分别表示到达站机场和出发站机场的信息，并且在地面运输对应的乘机联写上"VOID"，撕下该乘机联，上交财务部门。

（五）FLIGHT/CLASS/DATE/TIME（航班号/舱位等级/日期/时间栏）

FLIGHT 填写已预订航班的航班号；CLASS 填写舱位等级；DATE 填写航班日期，按照 IATA 的规定，日期用两位数字表示，月份用英文三字代码缩写；TIME 填写起飞时间，时间采用 24 小时制，用 4 位数字表示。

（六）STATUS 状态栏

STATUS 状态栏需要根据实际情况填写订座情况代号，如：

①OK 表示座位已经订妥。

②RQ 表示座位已经申请，但未获落实或候补。

③SA 表示利用空余座位，通常用于某些不允许预先订座的航班。

④NS 常用于婴儿客票，表示不允许单独占座。

（七）FARE BASIC（票价类别栏）

本栏通常用于特殊运价使用时客票的表示。票价类别代号包括服务等级、季节性、票价及旅客类别、运价水平、有效期等内容。

1. 服务等级代号

①P 代表豪华头等舱。

②F 代表头等舱。

③J 代表豪华公务舱。

④C 代表公务舱。

⑤Y 代表经济舱。

⑥K 代表经济舱折扣子舱位。

2. 季节性代号

季节性代号很多，应注意票价的适用期限，常见的有：

①H 代表旺季。

②O 或 K 代表平季。

③L 代表淡季。

④P 代表峰季。

此外还有：

①W 代表周末运价，适用于周末的旅行。

②X 代表平时运价，适用于平日的旅行。

③N 代表夜间运价。

3. 票价类别及旅客类型票价代号

①常见的票价类别代号有：EF 游览票价、AP 预付游览票价、PEX 付款游览票价。

②常见的旅客类型票价代号有：填写的代码可反映改票价和旅客类别，等级和条件，如 CH 儿童票价、MM 军人票价、DT 教师票价、SD 学生票价、SC 海员票价、EE 旅游票价、ZZ 青年票价、EM 移民票价、GV 团队票价、RW 环球票价、VU 访美运价、ID 行业票价、DL 劳务人员票价等。

4. 运价水平代号

当同一等级的票价有不同水平时，"1"表示最高级水平，"2"表示第二最高级水平，"3"表示第三最高级水平。

（八）NOT VALID BEFORE/AFTER（有效期栏）

有效期栏填写客票有效期，最短、最长停留期。NOT VALID BEFORE 代表在某一日期前无效，有效期为一年的普通客票此栏可以不填，通常是对某些特殊客票的最早旅行日期的限制。NOT VALID AFTER 代表在某一日期之后无效，有效期为一年的普通客票此栏可以不填，通常是对某些特殊客票的最晚旅行日期的限制。有效期可以用数字表示天数，也可以用1个数字加上"M"表示月数。

例如：

YHEE3M2 表示 Y 舱旺季游览 2 等票价，有效期为 3 个月。

YLAP30 表示 Y 舱淡季预付票款游览票价，有效期为 30 天。

（九）ALLOW（行李额栏）

本栏填写的是旅客所购客票对应的免费行李额，行李规定有计重制和计件制两种，使用计重制时，通常用"KG"表示，如20 KG；使用计件制时，用"PC"表示，如2 PC；婴儿没有免费行李额，应填写"NIL"或"XX"，见表9.2。

表9.2　国际机票行李栏的填写

X/O	NOT GOOD FOR PASSENGER	CARR	FLIGHT/CLASS	DATE	TIME	STATUS	FARE BASIC	NOTE VALID BEFORE	NOTE VALID AFTER	ALLOW
	FROM PARAS CDG	BB	132/Y	07DEC	2 100	OK	YLEE2M		07FEB	20 KG
	TO TEL AVIV	CC	O	P	E	N	YLEE2M	13DEC	07FEB	20 KG
	TO PARIS CDG		TOUR CODE				ADDITIONAL ENDORSEMENT			

（十）BAGGAGE CHECKED/UNCHECKED（交运行李/非交运行李栏）

本栏根据旅客在机场办理登机手续时是否办理交运行李的实际情况，由机场值机人员填写。

（十一）TOUR CODE（旅游代码栏）

航空公司推出个人综合旅游（IIT）或团体综合旅游（GIT）票价时，要按 IATA 文件规定填写相应的综合旅游代号。

如在 IT6BA2ABC0123 中，前两位 IT 表示使用综合旅游票价，数字 6 表示批准该综合旅游的年份的最后一个数字，BA 表示赞助或批准该综合旅游的承运人代码，2 表示批准该综合旅游的 IATA 的区域，后几位的 ABC0123 表示该综合旅游的指定识别代码。

（十二）FARE（票价栏）

填写运输始发国机票票面价，由货币代码和具体金额组成，如 CNY 1 580.00 或 USD 1 580.00。如果使用免票，用"FREE"或"运输始发国货币+0.00"表示。

（十三）FARE CLLCULATION（票价计算栏）

本栏填写旅客整个航程的票价计算，以 NUC 或运输始发国货币表示的票价计算过程，机打票通常用横式表示，而航空公司本票用竖式表示。

（十四）EQUIV. FARE. PD（实付等值栏）

本栏只在旅客支付的货币不同于始发国货币时填写，用银行比价折算以后用实付等值货币和具体金额表示。

（十五）TAX 税收栏

税收栏填写有关国家规定的在客票填开时收取的、与国际运输有关的税费，包括货币代号、税额和税费代号等。国际机票的税大致分为三种，离境税、过境税和入境税，个别国家还有其他名目的税。例如美国，除了有上述税以外，还有海关使用税、机场税、动植物免疫检查费等。

如果旅客用运输始发国货币支付票价，税收栏用运输始发国货币表示；如果旅客用非运输始发国货币支付票价，税收栏用实付货币表示。税一般根据购买机票时的汇率发生变化，因此旅客在不同时间段即使购买的机票航程一样，税收却会有所不同，当然相差的比率并不大。

税费应该分别表示，如果应收税项超过 3 个，可以将无法分别填写的税费合并后填入税收栏的最后一栏，并在后面加注"XT"，由"XT"表示综合税金，再计算栏中具体税项，并将"XT"部分所表示的税费明细部分填入签注栏或运价计算栏。

如果旅客可以享受免税，须在税收栏填写"EXEMPT"，后面加注相应的国家代号。

（十六）TOTAL（总金额栏）

总金额栏用于填写旅客实际支付货币的票价和税费的总和。

（十七）FORM OF PAYMENT（付款方式栏）

本栏用于填写实际付款的方式，常见的有：

CASH　　　　　　　表示现金或旅行支付票款
CHECK 或 CHEQUE　表示支票付款
PTA　　　　　　　　表示预付票款通知支付
MCO　　　　　　　 表示旅费证付款

如果旅客用信用卡付款，应该填写信用卡代码和号码，例如 VI9845672000，表示用 VISA 卡付款。当旅客支付不止用一种付款方式时，应填写每一种付款方式的代码和相应的

金额。

（十八）BOOKING FARE（订座记录编号栏）

本栏主要填写代理人系统中旅客订座记录编号，通常可在其前面标注航空公司的两字代码，中间用斜线隔开。旅客订座记录编号在不同国家用不同的位数来表示，我国主要由包含数字和英文字母的五个字符随机组成。

（十九）ENDORSMENTS（签注栏）

本栏用于填写一些机票限制条件和乘机联使用时的注意事项，包括签转的限制、有关特殊运价的使用限制，退款的限制、合并税费的明细项目、银行兑换率等。

（二十）CONJUNCTION TICKET（连续客票栏）

当旅客航程过长，不能用一本客票表示旅客旅行全航程时，或者客票与其他票证一起使用时，需连续出第二张票。在此栏填入第一本客票的完整票号以及后续客票的最后两位票号或其他票证的号码。

（二十一）ORIGINAL ISSUE（原始出票栏）

在此栏填入原始出票的票证号码、出票地点、出票人的代号等信息。当涉及多次换开时，第二次或以后的换开都填入第一本客票的出票信息。

（二十二）ISSUED IN EXCHANGE FOR（换开客票栏）

当旅客客票是由其他运输凭证换开时，需要填入相关凭证号码，如客票、旅证费、预付票款通知等；如果是手工填开，则在凭证号码后面需加上凭已换开的乘机联或换取服务联的号码。

（二十三）DATE AND PLACE OF ISSUE（出票日期和地点栏）

本栏通常用钢印或刷卡机压印出票人的名称、数字代码、出票地点和国家，手工填写无效。

（二十四）CASH COLLECTION（底价栏）

用于填写代理人和航空公司结算的价格。

（二十五）COMM RATE（扣率栏）

填写机票的扣率。

（二十六）TAX AMOUNT（税收总和栏）

用于填写所有税收相加之和。

第四单元 »»»»»»»»
国际客票的变更与退票

一、变更的分类

一般情况下，旅客购买的客票一旦填开完毕就不能有任何更改。但是，在旅客改变航班、航段、舱位、乘机日期、变更承运人等情况下也需要作出某些调整。旅客客票的变更主要分为自愿变更和非自愿变更，不同航空公司在国际客票的变更上有不同的规定。

二、不同类型变更的处理方法

（一）自愿变更

国际旅客运输中大量使用不准变更、不准签转、不准更改的低折扣票价，旅客提出客票变更的自愿变更情况比较少，因此，旅客客票的变更一般是对旅客在承运的航空公司不变的情况下进行的更改。更改主要分为变更航班、乘机日期、舱位、航程等。同等舱位变更是指旅客所更改的航班舱位都相同，升舱是指旅客所变更的舱位等级高于原订舱位的等级。一般情况下同等舱位更改时航空公司不收取手续费；升舱在一般情况下航空公司都会要求旅客补足不同等级舱位之间的差价。

1. 旅客变更航班、乘机日期

旅客如变更航班号、乘机日期，但不改变航程、舱位等级、承运人等客票信息时，则航空公司的出票人或代理人可使用"RESERVATION ALTERNATION STICKER 更改标签"进行旅客客票信息的更改，并盖章以示变更有效，见表9.3。

表9.3　旅客客票信息变更记录

CARRIER	FLIGHT	CLASS	DATE	TIME	STATUS

2. 旅客变更舱位等级

当旅客提出变更舱位等级时，承运人可以根据航班座位情况判断是否允许进行舱位等级变更的办理，一般按照多退少补的票款处理原则。在为旅客办理相关手续时，除了在客

票上相应的乘机联和旅客联贴上"更改标签"外，通常还需要填开 MCO 来处理变更不同舱位时的差价。

当旅客在办理升舱需补收差额时，承运人应在收取相应的差额后填开一本用于提高舱位等级的 MCO "UP GRADE"与客票一起使用，以此作为提高舱位等级的凭证。当旅客在降低舱位等级需补退差额时，承运人应填开一本用于降低舱位等级的 MCO "DOWN GRADE"，旅客可凭该 MCO 到原售票处办理差额退还手续。

3. 旅客变更航程

旅客客票填开之后乘机日期之前，若旅客提出改变航程，则按照旅客退票后重新购票进行处理，其适用的运价和客票有效期均按旅客重新购票后的新客票来计算。根据旅客要求变更航程，在旅客支付有关差额后，可以为旅客换开客票。

在新客票的换开客票栏和原始出票栏，即"ISSUED IN EXCHANGE FOR"和"ORIGINAL ISSUE"栏，承运人或客票代理人应按要求填开有关原客票的票号等旅客客票信息，并在新客票的航程栏"FROM/TO"和订座情况栏"STATUS"，填开客票变更后的新航程和旅客订座情况。

在票价计算栏"FARE CALCULATION"和票价栏"FARE"内应填开新的全航程票价，包括税费。若旅客改变航程后需补齐差额，则在总票价栏"TOTAL"处需填写差价并以字母 A 表示附加收费。若旅客改变航程后还有差额可退还，则在总票价栏"TOTAL"处应填写 NO ADDITIONAL CHARGE 来表示。

为变更航程的旅客在办理票款差额支付时，旅客需要补足的票款差额可直接在填开新客票前收取，当旅客变更航程导致有差额退还给旅客时，承运人或客票代理人需填开退款用的 MCO，由旅客到原售票地点办理退票，也可由承运人直接退还票款差额。

4. 旅客变更承运人

当旅客客票的变更在不同航空公司之间进行时，通常称为客票的签转。一般情况下，签转只适用于全价票的客人，折扣票不得签转。旅客要求变更承运人，必须征得原承运人的同意，进行旅客客票签转的两个航空公司之间必须有协议，并在新的承运人航班座位允许的条件下，使用"更改标签"办理签转，同意两个航空公司的旅客进行签转，反之也是不可以签转。

旅客变更承运人时，在客票的"ENDORSEMENT/RESTRICTION"签转/限制栏内注明原旅客客票承运人同意将该名旅客签转给新的承运人。

（二）非自愿变更

由于天气或承运人等非旅客的原因需要变更客票时，票款差额多退少补。其他票证处理与自愿变更的情况类似。

国际航空运输在旅客客票的变更上有不同的规定，如我国主要航空公司国际客票的变更规则为：

中国南方航空公司对购买头等舱、公务舱、经济舱全价舱位的旅客及使用儿童/婴儿/革命伤残军人、因公致残人民警察票价客票的旅客允许签转，若客票没有"不得签转"的字样，允许上述旅客自愿变更承运人；若使用其他折扣舱位客票的旅客，则不得自愿变更承运人；如旅客要求变更承运人，需补足折扣票价与正常票价的差额。

对购买7折及以上舱位等级客票的旅客，在旅客提出对航班、乘机日期等客票信息进行变更时，对旅客同等级舱位的变更免收变更手续费。对购买5至6.5折舱位客票的旅客，在旅客提出对航班、乘机日期等客票信息进行变更时，对旅客同等级舱位的变更收取票面价10%的变更手续费。购买4至4.5折客票的旅客，在旅客提出对航班、乘机日期等客票信息进行变更时，对旅客同等级舱位的变更收取票面价20%的变更手续费。

中国国际航空公司对购买头等舱、公务舱及经济舱全价舱位的旅客允许签转，当对应的舱位开放的情况下，对使用正常票价、8折及以上等级舱位客票及持有儿童票、婴儿票、革命伤残军人和因公致残人民警察客票的旅客，在客票有效期内可免费更改航班、乘机日期等信息。

对持有6折及以上等级舱位客票的旅客，在客票有效期内允许免费更改航班、乘机日期等信息一次，若旅客再次更改，则每次需额外收取10%的变更手续费。对持有4折及以上等级舱位客票的旅客，在客票有效期内如需更改航班、乘机日期等信息，则每次需额外收取20%的改期费。对持有3折及以下舱位客票的旅客，如需进行客票的变更，则遵循特价机票不退不换的原则。

上海航空公司对购买头等舱、公务舱及经济舱全价舱位的旅客及持有儿童票、婴儿票、革命伤残军人和因公致残人民警察客票的旅客允许签转，并在客票有效期内可为旅客免费变更，对持有5折及以上等级舱位客票的旅客不得自愿签转，但可在客票有效期内免费更改航班、乘机日期等信息一次，若旅客需再次变更，则每次需额外收取票面价10%的手续费（升舱免收）；对持有4折及以上等级舱位客票的旅客不得自愿签转，但可在客票有效期内免费更改航班信息一次，若旅客需再次变更，则每次需额外收取票面价20%的手续费（升舱免收）；对持有3折及以下特价机票的旅客，不得签转、自愿变更和退票。

中国东方航空公司对4折及以下优惠价格的客票仅限政府规定的"下浮不限"航线。经济舱3折（含）以下客票不得变更、签转、退票。对于购买经济舱5折及以下舱位等级的客票变更航班或日期时，需收取经济舱全票价5%变更费（变更航班或者日期收取的变更费不退）。变更费不得低于50元人民币。旅客非自愿更改舱位等级，多退少不补，低舱位改高舱位，无须补差，高舱位改低舱位，退还差额。旅客自愿更改舱位等级，旅客低舱位改高舱位，收补实际舱位差额。旅客高舱位改低舱位，差额不退；旅客高舱位改低舱位，要求退舱位差额，按自愿退票规定办理，再重购新票。变更手续费与升舱费同时发生时，两者取其一，按较高者收取。

四川航空公司对 4 至 5.5 折客票的退票，收取票面价的 10% 作为变更手续费；如果没有原客票上列明的对应舱位，升舱补差费用作为变更费；对 4 折及以下客票，不得变更。所有需收费的变更和补差，均得由川航直属售票部门办理。

三、退票的分类

旅客退票主要分为自愿退票和非自愿退票两种。

自愿退票是指由于旅客原因而提出退票。自愿退票时，如果旅客客票全部未使用，需从已付票款内扣除航空运输退票费收取规定后的差额退还给旅客。如果旅客客票已部分使用，则从已付票款中扣除相当于已使用航段的适用票价的票款和退票费收取规定后的差额退还给旅客。

非自愿退票是指由于天气原因、航空交通管制或承运人航班取消、延误、提前、航程改变或承运人不能提供旅客原订座位等原因所造成的旅客退票。旅客办理非自愿退票时，如果客票全部未使用，则退还旅客全部票款。若客票已部分使用，则从已付票款中扣除已使用航段的票款，其余额与未使用航段票价相比较，取其高者退还旅客，但所退票款不得超过已付票款的总额。

四、不同情况下退票的处理方法

由于承运人或旅客原因，运输合同被终止，旅客不能在客票的有效期内完成部分或全部航程，可在客票有效期内提出退票。

一般团队旅客客票不能退票，对于特殊优惠票且机票标示"NON—REF"或"NON—REFUNDABLE"的票，不能退票。包机客票在票价栏内未标示价格，而是写上"TER"的票如果错过客票上指定的航班，则不能退票。

如旅客客票票根未依次使用，则未使用部分不能退票。例如旅客所购台北—香港—台北的客票，若旅客已使用香港至台北段的客票，则台北至香港段的客票旅客不能退票。

若已使用部分的机票价格超过旅客原购买客票的价格，则不能为旅客办理退票手续。

若旅客客票上的客户留底联"PASSENGER COUPON"遗失，则不能凭乘机联来办理退票手续。

旅客提出退票，必须要提供全部或部分未使用的"乘机联"和"旅客联"，在原出票地点、航班始发地、终止旅行地的承运人或其代理人售票处办理退票手续。旅客客票退票的期限为：一般各大航空公司规定在旅客客票填开日期起一年内有效，如超过客票有效期则不能办理退票手续。

旅客办理退票手续时，需填写退票申请单，旅客在原购客票时，如果享有赠品或加购产品时，除航空公司规定不回收或折算金额情况外，皆需一并退回，否则航空公司将折算扣除相关费用。

旅客票款只能在原出票地点退给客票上注明的旅客本人或客票的付款人，若旅客原购客票为刷卡支付，则在办理退票手续后，由航空公司将退款金额退刷给旅客。旅客在退票时，凭单独的"乘机联"或"旅客联"退票无效。在国际运输中，退票的具体计算非常复杂。收费标准不一，有些特价机票收退票费用比较高，会在机票左上角签注栏"ENDORSE-MENT BOX"内用英文缩写注明，退票的英文是"REFUND"，一航缩写为"REF"或"RFND"等，如国航，可为"REF……CNY"，中间的"……"表示具体退票额，CNY表示以人民币收取。

国际航空运输在旅客客票的退票上有不同的规定，根据航班的离站情况或舱位等级的不同，旅客退票的手续费算法不同，旅客应尽量在航班离站之前办理退票。如我国主要航空公司国际客票的退票规则如下：

中国国际航空公司对4至5折客票的退票，收取票面价30%的退票费；对3折及以下特价机票，不予退票。

中国南方航空公司对5至6.5折客票的退票，收取票面价20%的退票手续费；对4至4.5折客票的退票，收取票面价50%的退票手续费；低于4折以下的客票不能退换。

中国东方航空公司对3.5至6折客票的退票，收取票面价50%的退票费；3折及以下客票不得退票。

厦门航空公司对5.5折及以下客票的退票，在航班离站时间前，收取票面价20%的退票手续费，在航班离站时间后，收取票面价50%的退票费。

上海航空公司对4至5.5折客票的退票，收取票面价30%的退票手续费，4折及以下客票不得退票。

山东航空公司对3至5折客票的退票，收取票面价30%的退票费。

深圳航空公司对4折及以下的客票，不允许退票。

国际主要航空公司国际客票的退票规则见表9.4。

表9.4 国际主要航空公司国际票退票规定

航空公司名称	国际票退票规定
美国航空公司	W、M、K舱不可退票；H收取票价的30%；B收取票价的15%
加拿大航空公司	扣销价的200CAD
法国航空公司	CNY 2 000，行政费170，特殊视退票文件，NO SHOW不能退票
印度航空公司	用过的不能退，全程未用CNY300.00；NO SHOW CNY300
芬兰航空公司	NO SHOW另加1 000；J、D、YCNY 300；Q不能退；其他，销售价×（10%~50%）不等
意大利航空公司	CNY 1 000；V舱不能退

续表

航空公司名称	国际票退票规定
英国航空公司	NOSHOW 另加 1 000；全程未使用退票费 CNY 1 000，已使用票不退
文莱皇家航空公司	CNY500，NOSHOW CNY 500
国泰航空公司	公布运价 CNY300，文件价且没用过的 CNY 500
阿联酋航空公司	CNY500；若该舱位没有 OW 价格，则扣除全程票价的 75% 和单程 Q 值，再减 CNY500 退票费
印度尼西亚航空公司	机票一经使用不得退票；全票未使用可退票，退票收取手续费 CNY400，特殊视文件具体而定
日本航空公司	公布运价 1 000 日元，净价，24 小时前取消且没用过，CNY500
港龙航空公司	公布运价 CN300，文件价且没用过 CNY500，用过，除年票和面价其余不能退票
大韩航空公司	韩国 CNY300；东南亚、日本 CNY300；其他线 OW CNY500，RT CNY800
荷兰皇家航空公司	1. NO-SHOW（取消机位于起飞前 24 小时之内；周日/一出发为周五下午 17：00 以后）的旅客退票需缴纳 CNY 1 000 2. 全程未使用退票：欧洲 Q 舱须减退票费 CNY 1 000，其他经济舱须减退票费 CNY830；Z 舱须减退票费 CNY 2 000，其他公务舱须减退票费 CNY 1 000。以上退票均需另行扣除行政费 CNY130 3. 部分使用后退回程票，机票一经使用均不可退票，例如： ①PBM 点一年期往返票需减单程票价及退票费 CNY 1 000 和行政费 CNY130； ②除去欧洲经济舱外，其他一年期往返机票可退回程，需减相应票价 50% 及退票费 CNY 1 000 和行政费 CNY130 4. 按 IATA 公布运价出的正价票：如无退票罚金规定，则须缴纳 CNY 200 退票手续费及行政费 CNY130；如有退票罚金规定，则须减去相应退票罚金及行政费 CNY130
德国汉莎航空公司	1. 经济舱退票费：V（7～21 天）不得退票；其他 CNY 1 000，已使用过半程的来回程机票则不可退票 2. 公务、头等舱退票费：CNY500（除 Z 舱退票费 2 000） 3. 星空联盟 AIRPASS 段票：全程未使用过，付相当于 75 美元的退票费；部分使用过的机票，退还实付票价与所飞行航程的正常票价（非 AIRPASS 票价）之差额（儿童、婴儿等同成人规定）。申请退票时，记录未在首段航班出发前 24 小时取消，收取 NOSHOW 费 CNY 1 000
瑞士国际航空公司	可退机票 CNY 1 000，公务舱 CNY300，特殊视退票规定
马来西亚航空公司	没用过 CNY500；用过 CNY 300；NOSHOW 费 CNY500
全日空航空公司	一个月/三个月/六个月 CNY300；美洲退票费：CNY 1 000；只允许全程退票，在出发前一天取消并进行退票，如未在出发前取消预约而造成该记录 NO SHOW 时，将不能退票。全价票扣 1 000 日元
澳门航空公司	全退：全价票 CNY 130.00；折扣票 CNY 500.00 半退：扣去程再减 CNY 300.00

续表

航空公司名称	国际票退票规定
韩亚航空公司	美国线 CNY 830；其他 CNY 300
菲律宾航空公司	CNY 400，NOSHOW CNY 400 航班必须于起飞前 24 小时之外取消
卡塔尔航空公司	未使用过 CNY 500；部分用过的、特价不能退；NOSHOW 需另加 NOSHOW 费
新加坡航空公司	CNY 400；NOSHOW 需另加 NOSHOW 费
泰国航空公司	NO SHOW 不能退票；没用过的，国际 CNY 500，国内 CNY 200.00
美国联合航空公司	从中国始发并出票，且在自出票之日起一年有效期内完全未使用全价（F/C/Y）机票退票将收取人民币 300 元手续费。其他舱位参照相应规定
越南航空公司	一般情况下退票费 300 元，部分用过之后也可以退票，计算方法为：退票应得款=（实际收取的票款-使用过的航段的价格）×93%-退票费 300 元
英国维珍航空公司	NO SHOW 另加 1 000；退票手续费 CNY 1 000，特价不可退票

以上国际主要航空公司的国际票的退票规定仅限于一般的常规散客机票，对于特价国际机票以及团队旅客的退票规则须以各航空公司特价机票的文件规定为准，尚未有明确 NO SHOW 限制的航空公司退票，也应尽量在旅客申请退票的第一时间取消订座。其中，法国航空公司、意大利航空公司、芬兰航空公司、荷兰皇家航空公司、日本航空公司、全日空航空公司、泰国航空公司、菲律宾航空公司、德国汉莎航空公司、瑞士国际航空公司、英国维珍航空公司等航空公司退票时，必须提交取消定位的历史记录打印单，不能提供的都将视为 NO SHOW 机票。

【思考题】

1. 简述国际航线的选择与航班的安排。
2. 简述国际客票的使用规则。
3. 简述国际客票的组成和填开原则。
4. 简述国际客票变更及退票的处理程序。
5. 简述我国主要航空公司对国际客票变更、退票的处理规定。
6. 简述国际主要航空公司对国际客票退票的相关规定。

拓展资料　世界主要国家（地区）航空公司二字代码

代　码	航空公司	代　码	航空公司
AF	法国航空公司	AY	芬兰航空公司
AZ	意大利航空公司	BA	英国航空公司
BL	文莱皇家航空公司	BR	长荣航空公司
CI	中华航空公司	CP	加拿大国际航空公司
CX	国泰航空公司	EK	阿联酋航空公司
ET	埃塞俄比亚航空公司	E5	萨马拉航空公司
GA	印度尼西亚鹰航空公司	HY	乌兹别克斯坦航空公司
LR	伊朗航空公司	JL	日本航空公司
JS	朝鲜航空公司	KA	港龙航空公司
KE	大韩航空公司	KL	荷兰皇家航空公司
K4	哈萨克斯坦航空公司	LH	德国汉莎航空公司
LO	波兰航空公司	LY	以色列航空公司
MH	马来西亚航空公司	ML	新加坡航空公司
NH	全日空航空公司	NW	美国西北航空公司
NX	澳门航空公司	OS	奥地利航空公司
OZ	韩亚航空公司	PK	巴基斯坦国际航空公司
PR	菲律宾航空公司	QF	澳大利亚快达航空公司
QV	老挝航空公司	RA	尼泊尔航空公司
RO	罗马尼亚航空公司	SK	斯堪的纳维亚（北欧）航空公司
SQ	新加坡航空公司	SU	瑞士航空公司
TG	泰国国际航空公司	UA	美国联合航空公司
UB	缅甸航空公司	VJ	柬埔寨航空公司
VN	越南航空公司	6U	乌克兰航空公司

第十部分

国际航班行李运输实例说明

【知识目标】了解国际航班中行李运输的计量分类及主要适
用的国家范围；

掌握国际航班旅客重量的相关规定；

了解占座行李的运输要求；

理解国际航班中特殊行李、逾重行李、声明价
值行李的方法与规则。

【能力目标】掌握国际航班行李运输中的计重制与计件制的
计算方法；

熟悉行李交运的有关规定；

能完成国际航班中特殊行李的收运；

能正确计算国际航线的逾重行李费；

能熟练掌握声明价值行李的运输过程中的处理
方法，并正确计算所需缴纳的相关费用。

【案例导入】

2008 年 10 月 28 日下午，北京首都机场的安检人员在一架国际航班的托运行李中发现了一颗子弹，经调查，该旅客为一名外籍旅客，其出入境手续没有任何问题，当天下午他从印度来到北京，准备转机飞往美国，由于该旅客在本国具有持枪执照，有权购买子弹，且对北京首都机场不允许携带子弹的规定毫不知情，无意中在其行李中夹带了一颗子弹。根据边防检查条例，民警将子弹没收。

【案例解析】

航空运输对于枪支弹药一直有着严格的管理规定，私人是不允许携带的，公务携带必须要及时申报，任何单位和个人未经批准，都不得私自携带枪支弹药出入境。未经申报的枪支弹药，我国边检部门有权扣留，如果情节严重，还将追究当事人的刑事责任。

第一单元 》》》》》》》
旅客行李票

一、定义

　　旅客在旅行中携带的必要或适量的物品和其他个人财物称为行李，一般情况下，航空公司没有行李票提前出售，需要旅客于机场值机柜台称重并交纳超重费用，国内航班超重行李一般有固定价格，而在国际航空运输中，旅客行李按照目的地国家不同，超重价格也不同，旅客则应购买相应价格的行李票。

二、种类

　　行李主要分为托运行李和非托运行李。托运行李是指由旅客交由承运人照管和运输的行李。每件重量不能超过 50 千克，体积不能超过（40×60×100）立方厘米。

　　非托运行李主要是旅客自理行李及随身携带物品，如自理行李是指经承运人同意由旅客自行照管的行李，主要是一些贵重物品、易碎物品和外交信袋等，以 10 千克为限，体积不超过（20×40×55）立方厘米。

　　随身携带物品也称手提物品，是旅客可以自行带上飞机的小件行李。如头等舱为两件，公务舱和普通舱只限一件，而且重量不能超过 5 千克，体积不超过（20×40×55）立方厘米。

三、计量方法

　　乘坐国际航班时，某些旅客总是到了机场才发现登机行李太大、太重，办理登机手续过程中，将随身行李塞到测量体积的测量箱，以免因尺寸不符合航空公司的规定而被罚款，这种尴尬场面应如何避免，国际航空运输协会建议乘客在托运行李时及早了解行李运输的相关计量方法。

　　行李免费额包括托运行李免费额和非托运行李限额，航空公司规定了一定的免费行李限额，超出部分收取逾重行李费。国际航班行李运输中的计量方法如下：美国或加拿大的航线上采用行李计件制，其他航线一般采用行李计重制。

　　计重制托运行李免费额由旅客实际所支付票价的舱位等级决定，是在计重免费行李额

的航线上，按客票座位等级的不同，对每一位付成人票价或儿童票价的旅客免费交运的行李量有所不同。如头等舱为 40 千克、公务舱为 30 千克、经济舱为 20 千克，按正常票价10% 购票的婴儿旅客享有 10 千克免费行李额。

计件制托运行李免费额只适用于来往美国或加拿大的航线上，每一位按成人票价或儿童票价付费的旅客交运的免费行李件数、体积和重量如下：头等舱和公务舱共两件，每件最大体积（三边之和）不超过 158 厘米（即 62 英寸）；经济舱共两件，其中一件的三边之和不超过 158 厘米（即 62 英寸）；两件的三边总和不得超过 273 厘米（即 107 英寸），上述每件托运行李的重量不得超过 32 千克。按成人正常票价 10% 付费的婴儿只能免费托运一件行李，其三边之和不得超过 115 厘米（即 45 英寸）。另外，还可以托运全折叠式或轻便式或手推式婴儿车一辆。超过上述规定的件数、重量或体积的托运行李，必须交付超限行李费，计件制行李免费行李额如图 10.1 所示。

搭乘舱位	数　量	重量限额(每件)	三边之和
头等舱 （成人、儿童旅客）	2件	32 kg	A+B+C≤158 cm
公务舱 （成人、儿童旅客）			
经济舱 （成人、儿童旅客）	1件	23 kg	
所有舱位 （婴儿旅客）	1件	23 kg 还可免费交运全折叠式或轻便婴儿手推车一辆	A+B+C≤115 cm

图 10.1　计件制免费行李额

随着参与国际航空运输中的廉价航空越来越多，过去搭机尽量把行李托运的习惯也随之改变。由于廉价航空多对托运行李额外收费，乘客为了省钱有时会尽可能地把行李带上机舱，甚至连略大于登机箱的行李箱都有可能跟着带入机舱。对于旅客的非托运行李，则要求每位旅客所携带进入客舱的非托运行李重量不能超过 5 千克，三边总和不能超过 115厘米，并可置于客舱行李箱或座椅下。

为更好地适应国际航线旅客行李托运的需求，从 2013 年起，南方航空公司即在国际及地区航线上实施新的行李运输规则。所有国际及地区航线全部采用计件制，除日本、美洲、欧洲航线保持当前的行李运输规则不变外，南航其他国际航线的免费行李额均有不同程度的增加。增加幅度最高的澳大利亚、新西兰、莫斯科等航线，头等舱旅客增加了 51 千克，经济舱旅客增加了 16 千克。其中，对于留学生、海员、移民旅客的免费行李额，可在成人标准的件数上额外增加一件。但旅客需在购票时提出申请，符合条件的，南航工作人员会在机票姓名栏后进行相关备注，旅客到值机柜台办理乘机手续时需出示相关证明。

第二单元 》》》》》》》》
一般行李的运送

一、行李运送规定

　　旅客行李中禁止夹带违禁、易燃、易爆等危险物品，民航运输部门在必要时有权对旅客行李进行检查，拒绝检查者其行李可拒绝收运。

　　有体积超大物品（如乐器）等，不适合于作为托运行李装在货舱内运输，旅客如需携带此类行李进入客舱，需事先征得本公司的同意并且交付相应费用。同时，需要旅客自己照管的物品，如易碎易腐物品、货币、珠宝、贵重金属制品、银制品、票据、证券、商业资料、护照、证件和样品等，不要放在行李内托运。对托运行李内的上述物品，如有遗失或损坏，本公司只按普通托运行李承担赔偿责任。

二、行李运送要求

　　在行李运送过程中，对于行李的包装及交运均有着严格的要求，如托运行李必须包装完善、锁扣完好，旅行箱、旅行包和手提包等必须加锁；捆扎牢固，两件以上的包件不能捆为一件，行李上不能附插其他物品；能承受一定的压力，竹篮、网兜、草绳、草袋等不能作为行李的外包装物；行李上应标明旅客姓名、航段等信息，能够在正常的操作下安全装卸和运输。

　　行李交运时承运人需按照旅客有效客票的指定航程以及本公司对于旅客所使用票价的条件负责为旅客运输行李，托运行李的目的地应当与客票的经停地或目的地一致，了解旅客行李运送的相关要求，可节省处理机舱行李的时间。

第三单元 »»»»»»»
特殊行李的运送

一、禁止运送的物品

禁止旅客随身携带或者托运的物品——为了安全，旅客乘机时不得托运或随身携带下列物品：枪支、军用或警用械具类（含主要部件）及其仿制品；易爆品、腐蚀物质、易燃液体和固体、压缩气体、过氧化物质、放射性物质、毒害、传染性物质和危险物品，如磁性物质、攻击性物品或刺激性物品、种子、活体动物等，以及出、入境或过境国家的有关法律、规定和命令禁止运输的物品。

二、可参与运送的特殊物品

按照《中国民用航空安全检查规则》，某些特殊物品在国际航空运输中是禁止旅客随身携带但可作为行李托运的物品，主要包括生活用刀、专业刀具、酒类（两瓶，总共不超过1 000毫升）、表演用具以及各种可能用来危害航空安全的锐器、钝器。

对于特殊旅客使用的折叠轮椅、电动轮椅也必须作为托运行李可免费运输，而不计算在免费行李额内。在上下机过程中使用自带轮椅的旅客，其轮椅按下列方法办理：待旅客登机使用完轮椅时，在登机口收运行李，将收运的轮椅装入货舱门口位置；到达站应首先将托运的轮椅卸下，运至登机口，供旅客下机时使用，并将轮椅的收运情况通报配载部门，以便向经停站和到达站拍发电报。

乘坐从中国境内机场始发的国际、地区航班，液态物品必须盛在容量不超过100毫升的容器内，并放在一个容量不超过1升、可重复封口的透明塑料袋中。每名旅客每次仅允许携带一个透明塑料袋，超出部分应交运。盛装液态物品的透明塑料袋要单独接受安全检查。国际出港旅客在过安检后，可以在机场控制区内的商店购买液态免税品带上离港航班。对于需要在国外、境外转机的旅客，应保证在旅行中，塑料袋明显完好无损，不得自行拆封，并保留登机牌和液态物品购买凭证，已备转机地有关人员查验。

第四单元 »»»»»»»»
逾重行李的运送

一、定义

乘坐国际航班时，旅客的托运行李和自理行李超出免费行李额的相关计量标准时，旅客需按规定缴纳相应的逾重行李费，国际航班逾重行李票根据旅客航程长短分为不同的运输联数。

二、计算方法

（一）计重制逾重行李费

国际航班的逾重行李费率按填开逾重行李票之日所适用的当地货币公布的直达单程成人正常经济舱票价的 1.5% 计算。各航空公司对国际航班逾重行李费率和计算方法各不相同，旅客须依据该航班的票价按各航空公司规定办理。

（二）计件制逾重行李费

计件制逾重行李费的计算方法与规定同计重制逾重行李费有很大区别，其费率的确定以超过的件数、重量、体积等因素来决定，其逾重行李费率按固定费率收取，不同地区、不同到达站收取不同的金额，中国国际航空公司计件制逾重行李收费标准见表 10.1。

表 10.1　计件制逾重行李费收费标准

经济舱	每件重量限制	每件体积限制	中日航线及美洲航线、夏威夷航线		其他航线	
			人民币	美元	人民币	美元
超出的第一件行李	23 千克内	小于 158 厘米	1 300	200	450	70
免费行李超大		大于 158 厘米			1 000	150
免费行李超重	24～32 千克	小于 158 厘米	2 600	400	2 000	300
免费行李超大且超重		大于 158 厘米				
免费行李过重	33～45 千克	小于 158 厘米	3 900	600	3 000	450
免费行李过重且超大		大于 158 厘米				

续表

经济舱	每件重量限制	每件体积限制	中日航线及美洲航线、夏威夷航线		其他航线	
			人民币	美元	人民币	美元
超出的第二件及以上行李	23 千克内	小于 158 厘米	2 000	300	1 300	200
超件行李超大		大于 158 厘米	3 300	500	3 000	450
超件行李超重	24～32 千克	小于 158 厘米				
超件行李超大且超重		大于 158 厘米	3 900	600	3 500	550
超件行李过重	33～45 千克	小于 158 厘米				
超件行李过重且超大		大于 158 厘米	5 200	800	4 800	750
头等公务舱	每件重量限制	每件体积限制	人民币	美元	人民币	美元
免费行李超大	32 千克内	大于 158 厘米	1 300	200	1 000	150
免费行李过重	33～45 千克	小于 158 厘米	2 600	400	2 000	300
免费行李过重且超大		大于 158 厘米	3 900	600	3 000	450
超出的第一件及以上行李	32 千克内	小于 158 厘米	1 300	200	1 300	200
超件行李超大		大于 158 厘米	3 300	500	3 000	450
超件行李过重	33～45 千克	小于 158 厘米	3 900	600	3 500	550
超件行李过重且超大		大于 158 厘米	5 200	800	4 800	750

注：根据加拿大当地法律规定，自/至加拿大航线运输的托运行李最大重量，每件不得超过 32 千克。

三、逾重行李票的填写规则

逾重行李票在填写时，计费重量以 0.5 千克为单位，不足 0.5 千克者应进整，按 1 千克计算；逾重行李费率计算结果保留两位小数，两位小数后的部分全部舍去，不四舍五入；收费总金额以元为单位，小数点后的数字均进至个位，不能四舍五入，不同国家的逾重行李费的单位按照各国货币规定进整。中国国际航空公司国际航班逾重行李票见表 10.2。

表 10.2 国际逾重行李票

PASSENGER TICKET NUMBER (S)	EXCESS BAGGAGE TICKET	FLIGHT COUPON1	DATE AND PLACE OF ISSUE
IN CONJUNCTION WITH/IN EX-CHANGER FOR	SKING EQUIPMENT GOLFNG EQUIPMENT PET BULKY BAGGAGE SEATS		
EXCESS WEIGHT (KG) / EXCESS PIECE (SO/OVERSIZE)			
RATE PER KG OR PIECE	GOOD FOR CARRIAGE OF EXCESS BAGGAGE BE-TWEEN POINTS OULINED BY HEAVY RULE		
CHARGE			

TAX	CARRIER	FROM	REMARKS
TOTAL	CARRIER	TO	ISSUED BY
FORM OF PAYMENT		TO	中国国际航空公司 AIR CHINA
			SUBJECT TO CONDITION OF CONTRACT IN PASSENGER TICKET
			CPN AIRLINE CODE FORM AND SERIAL NUMBER CK
			10104521234565

（一）计重制下逾重行李费的计算

例：旅客张某购买了一张经济舱机票，其携带的滑雪装备有两套，分别为 10 千克和 15 千克，其他普通行李为 15 千克，一共 40 千克，由于滑雪装备在单独交运时只能交运一套，则按何种方法选择可以在逾重行李费的收取上得到最大优惠？

如果旅客张某将 15 千克的滑雪装备单独交运，则另一 10 千克的滑雪装备将按照普通行李计重，普通行李的总重量即为 15+10＝25 千克，超出经济舱免费行李额 20 千克的重量为 5 千克，而单独交运的滑雪装备则按逾重重量计入逾重行李费，最后行李的总超重为 8 千克。

（二）计件制下逾重行李费的计算

例：旅客王某在乘坐航班时托运了一件 22 千克重的行李，一件 30 千克的行李和一件 8 千克的滑雪装备，在采用计件制的逾重行李费计算时，旅客托运行李的总运费应如何收取？

由于旅客王某携带的两件行李每件都低于 32 千克，且数量为两件，并未超件，故不收取逾重行李费，而对于滑雪装备，在托运时需单独计件，故应按照 2 倍费率收取该名旅客的逾重行李费。

民航旅客运输

第五单元 》》》》》》》》
声明价值行李的运送

一、办理条件

在国际航线上，旅客的托运行李每千克价值超过 20 美元，自理行李价值超过 400 美元时，即可办理行李的声明价值，办理声明价值的行李重量不计入免费行李额内，应另外收费。每一位乘坐国际航班的旅客办理行李声明价值的最高限额为 2 500 美元。

二、计算方法

承运人应按旅客声明价值中超过最高赔偿限额部分价值的 5‰收取声明附加费，当旅客申报价值为外币，应按当日银行公布买入价折算成人民币。国际航班声明价值行李运输的计算方法与国内航班类似，其计算公式为：声明价值附加费 = ［旅客的声明价值 - （规定每千克限额的 20 美元×办理声明价值的行李重量）］ ×5‰。

三、运输要求

办理了声明价值附加费的行李除与另一承运人有特别协议外，一般只能在同一承运人的航班上办理，在运输过程中必须与旅客同机运出。同时，航空公司值机工作人员在载重平衡表备注栏内须注明办理声明价值的行李件数、重量、行李牌号码和装舱位置，并应与装卸人员严格办理交接手续，办理了声明价值的行李在运出时应发电报通知到达站。

四、声明价值行李的填写规则

办理声明价值行李在填写时，计费重量为千克，不足 1 千克者应进整，但其实际重量应保留至小数点后一位，声明价值附加费以元为单位，不足元者应四舍五入，近整为元。

例：旅客吕某自武汉飞往东京，申报了一件价值为 8 000 元人民币，重量为 11 千克的声明价值行李，请计算吕某需支付的逾重行李费和声明价值行李附加费。（注：武汉飞往东京的经济舱票价为人民币 4 500 元，当日发布的买入价为 1 美元兑换 6.3 元人民币）

由于该航班为国际航班，旅客吕某所应支付的声明价值附加费 = （8 000 - 6.3×20×

11） ×5‰=33（元）；

逾重行李费=11×4 500×1.5%=742.5≈743（元）；

故旅客吕某需支付的总费用=33+743=776（元）。

【思考题】

1. 简述国际航空运输中旅客行李的种类及计量方法。

2. 简述国际航空运输中特殊行李的分类及运送规定。

3. 简述计重制逾重行李费的计算方法。

4. 简述计件制逾重行李费的计算方法。

5. 简述声明价值行李运送的要求及计算方法。

参考文献

［1］何光勤,罗凤娥,马志刚.签派程序与方法［M］.成都:西南交通大学出版社,2009.

［2］程小康.民航国内旅客运输［M］.成都:西南交通大学出版社,2008.

［3］石丽娜,周慧艳,景崇毅.航空客运实用教程［M］.北京:国防工业出版社,2008.

［4］李宏斌.服务创造价值［M］.北京:中国民航出版社,2012.

［5］陆东.民航订座系统操作教程［M］.北京:中国民航出版社,2009.